多元文化视域下的文化认同研究——以四川羌族为例

鲁炜中 赵荣 著

九州出版社

图书在版编目（CIP）数据

多元文化视域下的文化认同研究：以四川羌族为例 / 鲁炜中，赵荣著. -- 北京：九州出版社，2021.5
ISBN 978-7-5225-0124-6

Ⅰ. ①多… Ⅱ. ①鲁… ②赵… Ⅲ. ①羌族－民族文化－研究－四川 Ⅳ. ①K287.4

中国版本图书馆CIP数据核字(2021)第108569号

多元文化视域下的文化认同研究：以四川羌族为例

作　者	鲁炜中　赵荣　著
责任编辑	石增银
出版发行	九州出版社
地　址	北京市西城区阜外大街甲35号（100037）
发行电话	(010)68992190/3/5/6
网　址	www.jiuzhoupress.com
印　刷	北京旺都印务有限公司
开　本	787毫米×1092毫米　16开
印　张	13.25
字　数	255千字
版　次	2021年5月第1版
印　次	2021年5月第1次印刷
书　号	ISBN 978-7-5225-0124-6
定　价	78.00元

★版权所有　侵权必究★

基金资助：

1. 教育部 2013 年度人文社会科学研究青年基金项目："多元文化与民族认同关系研究——以四川羌族为例"（编号：13YJCZH119）；

2. 四川历史文化故事普及基地 2020 年度一般项目："多元文化视域下的文化认同研究"（编号：LSPJ202101）。

序一

全球化背景下羌族文化的再造与新生

在哲学社会科学领域中，认同是一个复杂且重要的概念，它强调群体或是个人的归属意识，是一个关于特殊群体的身体、情感、心理或社会属性的选择。从本质而言，它以"我或我们是谁"为核心思想，是对自我意识的反思。

羌族有自己独特的风俗与文化，同时也与汉族、藏族等民族有密切的联系。这种联系源于各民族共同的文化渊源关系，而不是靠某种政治因素来维系的。可以说，羌族与中华民族在文化根脉是联结在一起的，这种联结形成了一种巨大的文化凝聚力，促使羌族人在农耕文化的适应中，先是完成了生产生活方式的转型，然后逐渐在精神文化上接纳和吸收他族的文化养分。只要能够直接纳入羌族现有文化体系的，就被迅速接纳；不能直接纳入羌族现有文化体系的，就得经过一番文化的再创造和再加工。所创造出来的新的文化体系，既不是全搬他族的，也非纯粹羌族传统的，而是既继承和发扬了羌族传统文化，又适应了历史、社会文化等诸多方面不断变化的全新的自有体系。

随着时代的发展，文化的多元性日益为人们所觉察和重视。在国内外文化多元化发展趋势不断呈现的过程中，民族关系、民族认同越来越被强调。羌族在日益发展变化的社会经济文化中，逐渐融入多元文化中，尤其是汶川地震后，相当数量的羌族人开始迁移到异地开始全新的生活，眼前的世界再不是熟悉而亲切缓慢的样子，每天都在遇到新的挑战。在传统与现代相碰撞和融合的过程中，羌族人不得不进行文化的选择和适应，逐渐将外来文化吸收纳入既有的文化概念之中。在这种背景下，羌族的民族认同也逐渐上升到全球化层面，被越来越多的民族所认同和接受。

世界在不断变化和发展，羌族人已逐渐走进这个充满现代文明的日益高科技化的全新世界，但这并不意味着羌族文化和文明的遗失。历史证明，世界各民族的文化适应，都是在传统文化基础上进行的再选择、再吸收和理解与包容。外来文化不可能全部被吸收，传统文化更不可能被彻底地抛弃，两者经过取长补短，去粗取精、批判和接纳，最终构成新的文化体系，这是一个缓慢而痛苦的新生过程，羌族文化亦是如此。

鲁炜中是西南科技大学文学与艺术学院副研究员、中国非物质文化遗产研究院副研究员，他和研究伙伴赵荣多年从事羌族文化研究，主持完成过包括国家社科基金项目《羌族非物质文化遗产活态研究》等多项与羌族文化紧密相关的国家级、省部级科研课题，形成了自己的理论体系。《多元文化视域下的文化认同研究——以四川羌族为例》是其又一科研成果力作，值该书出版之际，谨撰此文以为序！

冯骥才
2021 年 4 月

序二

中国多元文化的交融与适应

中国自古以来就是一个多民族国家，中国各民族共同缔造了祖国的和平统一，开辟了辽阔的疆域，创造了繁荣的民族多元文化，千百年来代代相传、生生不息。

在古代，中国是指国家领域的中心部分，而整个国家的概念是以"天下""四海""海内"等词来称呼的。中国历代皆认为天下既包括中原地区，也包括四方的少数民族地区，历代中原王朝的统治者，不管是汉族还是其他民族，都有"天下一统"的思想。尽管在存在部分华夏和狄夷的区分，但几千年来，"夷夏一体""四海一家"的思想始终与这些民族歧视的观念并存。历代统治者都或多或少地执行善待异民族的政策。在中国历史上，任何一个中原王朝，境内都包括了众多的民族，"夷蛮狄戎，犹错处内地"，即便是少数民族的地方政权，也往往是多民族杂居的局面。几千年各民族日益密切的交往，特别是少数民族的入主中原，使得华夷之分的概念逐渐淡漠，各民族大一统的思想、中华民族多元一体的思想则日益深入人心。

在漫长的历史发展进程中，中国各民族共同创造了多姿多彩的中华民族文化，美美与共，和乐融融。各民族不仅发展完善了自己独具特色的民族文化，在与其他民族的历史交往中还不断互相学习和互相融合，逐渐产生了中华民族共同的文化和心理特征，中国的主体民族——汉族就是各民族大交流大融合的产物。随着各民族之间在政治、经济、文化等方面的交往日益密切，民族之间杂居、通婚、通商等愈加频繁。受汉族的主流文化影响，少数民族在文化上主动选择、适应和融入汉族，汉族也积极学习和了解少数民族的风俗文化。在多元文化的交融适应过程中，中国各民族努力实现文化适应和民族认同。那么，在这样一个多元文化交相辉映的历史格局中，中国是如何实现民族认同和国家构建的，多元文化与民族认同究竟有怎样的深层次关系，就非常值得探究。

由此来看，作者对多元文化与民族认同关系的研究是具有较强的现实意义和学术价值的。这个以羌族为案例的研究，从多个维度梳理和展现羌族历史，探寻在中华文明的历史进程中羌族的血脉如何延续，同时又是如何与华夏人群及其他人群在时空的延伸中互动、影响、融合,共同绘制出一幅中华民族的千年历史画卷,做出了自己的理论探索。

张善云
2021 年 4 月

前 言

全球化时代的多元文化发展与民族认同的问题对人类未来发展具有重要意义。"从世界范围来看，21世纪人类社会的发展将处在相互矛盾而又相互依存的两个过程中：一方面是全球化与一体化，主要是经济、科技甚至某些物质文化的发展趋向全球一体化，另一方面却是多民族与多元文化主义，主要是作为民族及其文化的哲学、宗教、伦理、文学、艺术等走向多元化。"① 在全球一体化与多元化并行的历史进程中，多元化激发了全球一体化前进的脚步，全球一体化亦为多元化的发展壮大创造了基本条件。在一体化与多元文化的关系中，还有一个中介性的概念，就是民族认同。

"民族认同主要体现为一个民族的人们对其自然及文化倾向的认可与共识，主要依赖于体貌特征、共同记忆、血缘关系和历史文化传统等。"② 在全球化的发展过程中，各个国家和民族的文化相互交流，相互借鉴，相互融合，相互促进，又保持着各自的特色，呈现出多元和谐发展的局面。"认识民族认同的双重性具有重要的理论价值和现实意义，这对解决中国当前存在的'台独''藏独''疆独'等民族问题以及多元文化背景下各民族共生共荣发展上具有重大启发意义；这在促进港澳台地区与祖国内陆、少数民族地区与汉族地区民众的融合，保持自身族群特色和强化中华民族认同等方面提供了现实解决途径。"③

此外，探究多元文化与民族认同的关系，有助于人们理解自己的民族文化和享有应有的文化尊重，并在认同民族文化的基础上，平等地包容、理解、尊重和珍惜其他民族的文化，并从中汲取精华部分，以便获得参与多元文化社会所必需的价值观念、情感态度、知识与技能，树立和平共处及维护文化平等和社会公平的意识和信念。

我国自古以来就是一个多民族国家，在源远流长的历史发展过程中，各民族之间在不断的磨合中逐渐实现了文化的适应和民族的认同，从而成就了中国的伟大富强。我国的文化呈现以汉民族为主流的多元性，那么在这样一个多元文化交织的历史格局中，中国是如何实现的民族认同和国家构建，多元文化与民族认同有着怎样的关系？本书将以中国古老的民族"羌族"为例，对多元文化与民族认同关系进行深入探讨研究。

羌族是一个有着悠久历史的少数民族，在中华民族的发展史上占据着极其重要的地位，被誉为是一个不断向外输血的古老民族。汶川地震后，北川县城全部异地重建，

---

① [美]约翰·奈斯比特：《大挑战——21世纪的指南针》，朱生坚等译，上海远东出版社1999年版，第143页。
② 陈敏荣、宋利君：《梁启超民族主义思想论析》，《理论月刊》，2012第3期。
③ 王付欣：《民族认同：爱国主义理论的新拓展》，《天津市社会主义学院学报》，2010年第4期。

汶川等其他羌族聚居区部分异地重建，原有的聚落文化形式被完全打破。因此，如果不能使作为羌族文化载体的羌族民众自觉主动地传承本族文化，不能在多元文化中交融、和谐共生，那羌族这一古老、活态文化的生存与延续将充满危机。

本书以灾后重建的四川羌族群体为研究样本，探究在多元文化环境中羌族认同的现状和趋势，借此理解全球化时代下文化多元化发展的特点与民族认同表现出的与文化认同密切的关系。我们认为，可以从以下四个部分去认知多元文化与民族认同的关系。一是民族认同与民族文化。主要包括三个方面：民族（族群）认同研究，主要对"民族"与"民族认同"、民族认同研究的内容、意义等进行探究；民族多元文化研究，主要从宏观的视角审视族群的多样性与多重认同的形成、多元文化主义理论与民族国家建构、多元一体格局下的民族多元文化发展；民族认同与文化适应研究，主要从理论的视角对民族认同与文化适应、民族文化适应方式与压力的关系、文化认同与民族认同进行阐述。二是历史长河中流淌着生生不息的羌人血脉研究，主要从文字、神话传说与考古中的"羌"的历史踪迹何处寻觅这个两方面进行理论梳理。三是以"文化自觉"之眼看羌族文化的变迁、适应与认同，主要辨析"文化自觉""文化认同"与"文化自信"的逻辑关系，并就20世纪后期的羌族社会及其文化的变迁进行细致入微的"麻雀解剖"研究。四是多元文化与羌族文化生态重建研究，主要探究多元文化环境下羌族文化生态现状、多元文化环境下羌族文化生态保护与重建的问题与困难、多元文化环境下羌族文化生态的保护与重建等问题。

本书在参考大量文献的基础上，结合作者多年的田野调查和实证研究撰写而成。由于时间匆忙，加之作者水平有限，书中难免出现疏漏、偏颇与不足之处，需要不断修正、完善和提高，恳请专家和广大读者不吝赐教。

2020年6月

目 录

序一

序二

第一章 民族认同与民族文化 ... 1
第一节 民族与民族认同 ... 1
第二节 民族多元文化 ... 17
第三节 民族认同与文化适应 ... 43

第二章 历史长河中流淌着生生不息的羌人血脉 ... 67
第一节 文字、神话传说与考古中的"羌" ... 67
第二节 历史记忆中的"羌" ... 86

第三章 以"文化自觉"之眼看羌族文化的变迁、适应与认同 ... 127
第一节 文化自觉、文化认同与文化自信 ... 127
第二节 20世纪后期的羌族社会及其文化的变迁 ... 134
第三节 十多年来羌族社会及其文化的变迁 ... 157

第四章 多元文化与羌族文化生态重建 ... 169
第一节 多元文化环境下羌族文化生态现状 ... 169
第二节 多元文化环境下羌族文化生态保护与重建的问题与困难 ... 171
第三节 多元文化环境下羌族文化生态的保护与重建 ... 174
第四节 多元文化环境下羌族非物质文化遗产的保护与传承 ... 175

参考文献 ... 187

后记 ... 198

第一章　民族认同与民族文化

"民族，作为一种社会历史现象，一个较稳定的人们共同体，是如何形成的？有何发展规律？马克思主义有哪些卓越的观点？马克思主义民族问题理论有何指导意义？诸如此类的问题，学术界已有相当的论述。但是，何谓民族？时至今日仍然没有形成统一的认识。"① 何谓"民族"至今仍没有一个明确的概念。用休·希顿－沃森（Hugh Seton-Watson）的话说，"要给民族下一个真正科学的定义几乎是不可能的；而且，这种现象一直存在，现在仍然存在。"② 在民族认同问题被热议的今天，探寻化解民族认同问题的理论基础或许是最有益的尝试。

第一节　民族与民族认同

一、何谓"民族"

（一）概念的起源

"英语 nation 源于拉丁语 natio、nationis，或许还源于拉丁语词根 natio 演变的法语词语发展的过程。"③《伊利亚特》第一卷"阿基琉斯同阿伽门农王争吵结怨"中有"神的族群"④一语，实指"众神"，或许混含有民族的意思。

"'民族'一词，最早出现于1882年出版的《洋务运动》第一册载王韬《洋务在用其所长》一文中，是19世纪末20世纪初中国的知识分子从日语中借来的，并在报刊中逐渐使用。从此以后，这个词便开始被国人逐渐认识和接受。"⑤ 民族是一个

---

① 陈茂荣：《马克思主义视野的"民族认同"问题研究》，中国社会科学出版社2014年版，第12页。
② ［英］休·希顿－沃森：《民族与国家——对民族起源与民族主义政治的探讨》，吴洪英、黄群译，中央民族大学出版社2009年版，第7页。
③ 陈茂荣：《马克思主义视野的"民族认同"问题研究》，中国社会科学出版社2014年版，第13页。
④ ［古希腊］荷马：《伊利亚特》，陈中梅译，花城出版社1994年版，第17页。
⑤ 周建新：《中越中老跨国民族及其族群关系研究》，民族出版社2002版，第261页。

群体组织，它包括了种族的发展脉络。在《家庭、私有制和国家的起源》中关于"希腊人的氏族"的解释，恩格斯曾说："在荷马的诗中，我们可以看到希腊的各部落在大多数场合已联合成为一些小民族（kleine Völkerschaften）；在这种小民族内部，氏族、胞族和部落仍然完全保持着它们的独立性。"[①] 可见，民族是在氏族不断演化的历史进程中逐渐形成为一个有组织的群体的。

（二）定义及历史演进

1.历史性

民族是一种具有独特性的历史领域范畴。随着封建制度的逐步解体和封建剥削的逐步消除，人类渐次进入近代。此时资本主义制度已经开始建立，资本主义经济蓬勃发展，资本主义国家纷纷成立。消灭封建制度和发展资本主义的过程就是人们塑造民族的过程，因此当研究西方民族发展史的时候，不难发现组建西方民族的过程同时也是将其转变为独立国家的过程。根据马克思主义的国家消亡理论，一个民族会在时间的流逝中慢慢消失。因此"民族"是特定时代的历史范畴。

2.要素性

民族一般具有四个基本要素，即"共同语言""共同空间""共同经济生活、经济关系""共同文化中表达的共同心理素质"。判断一个共同体是否已经成为一个真正的民族，这四个要素缺一不可。鉴于此，斯大林说"必须着重指出，把上述任何一个特征单独拿来作为民族的定义都是不够的。不仅如此，这些特征只要缺少一个，民族就不成其为民族。"[②] 通过斯大林对民族概念的分析可以判断资本主义民族发展的基本规律，其对民族的定义其实是参考了资本主义国家的发展历史而得出的结论。民族的四个基本要素的相互融合，形成了差异性，这种差异同时区分了资产阶级革命时期的民族与其他历史时期民族之间的种族差异。

3.稳定性

在某一历史阶段，民族必将伴随国家的消亡慢慢地告别历史。同时，民族是一个相对稳定的"人们共同体"，具有相对的稳定性。"民族不是偶然的，昙花一现的混合物，而是由人们组成的稳定的共同体。"[③] 如果说历史性是民族在政治领域的一种体现，要素性是组成民族的各个元素之间的整合特性，那么稳定性就是民族在历史的发展中所具备的一种其他历史范畴都不具备的固定性特征，即"稳定性"。民族的"稳定性"体现在很多方面，如对领土的积极捍卫、对经济的发展要求、对语言的自觉保护，民族性格对于民族发展的持久作用等。

[①]《马克思恩格斯全集》卷21，人民出版社1965年版，第119页。
[②]《斯大林选集》（上卷），人民出版社1979年版，第64页。
[③] 同上书，第61页。

第一章　民族认同与民族文化

虽然许多民族都会消失，但是在这些民族所产生和生活过的土地上仍然会出现共同的经济生活方式、共同的语言习惯，共同的心理素质等，这些基本要素会始终影响在这片土地上继续的生存的民族性格，也就是说共同的民族心理素质会呈现"稳定性"的特征，并在该民族的历史发展中持续地发挥作用。

（三）民族概念的争议与困境

1. 民族概念的争议

中国是一个多民族国家，由 56 个民族构成。我国对民族概念的争论可以追溯到旧民主主义时期，当时马克思主义刚刚引入中国，成为共产党人的理论基础。而马克思主义民族理论的研究一直被共产党人拿来分析，甚至相关学术界还针对民族概念进行了 5 次学术大讨论。时至今日，民族概念的争论依旧没有从根本上得到解决。[①]

民族概念的争论主要体现在"民族"与"族群"概念的差异性上，即民族与族群是否是同一个概念，西方学术界一直盛行用"族群"概念代替"民族"概念的观点，而我国学术界则通常有以下几个基本观点。

（1）"族群"可取代"民族"。支持这类观点的学者的出发点就是向西方学习，努力使中国的思想界、学术界与西方学术界接轨。因此，这部分学者积极认同用"族群"概念来代替"民族"的概念，也就是说要用"族群"一词来指称我国 56 个民族。

（2）坚持只使用"民族"这个专用词汇。支持这类观点的学者认为应该坚持独立的学术话语权，也就是反对西方学术界用"族群"概念取代"民族"概念的这种观点，他们认为民族这个概念更能够代表中国多民族国家的基本特点，因此支持对我国 56 个民族沿用"民族"这一称谓。

2. 民族概念的界定

根据以上所述，可以判定"民族"的概念其实并没有确切统一的定义标准。民族是一种人类社会的现象，对于人类社会的发展起到了巨大的作用。它不仅制约了人类社会的政治、经济与文化领域的活动实践，而且还与人类赖以生存的自然环境息息相关。因此对民族概念的界定应当从当前的实际进行考量，如该民族人民的历史发展情况，以及当代人们对信息的各种把握与掌控等，客观与主观不同条件的纷繁复杂更是直接提高了民族概念界定的困难程度。

（1）客观条件的影响。只要是人类社会发展的产物，都离不开客观物质世界的制约与影响。前面说过民族带有鲜明的历史性，也就是说民族生活在不同的社会环境，不同的自然环境，那么必定会有显著的差异性。如果忽视这种时空因素对民族概念的影响，那么这个概念的界定也一定不够准确。

[①] 王东明：《关于"民族"与"族群"概念之争的综述》，《广西民族学院学报》（哲学社会科学版），2005年第 2 期。

（2）主观条件的影响。主观条件对民族概念的影响虽然没有客观条件的影响大，但是主观条件也会使民族概念带有一定的倾向性。主观条件主要体现在不同的学者对于理论研究的方向与角度不同，其分析民族问题的视野也不同，学者自身拥有的文化认知的差异都会直接影响民族理论发展的同步性。与此同时，不同民族的学者也会为了民族国家的相关利益，而主动制造带有政治色彩的民族学术活动。

（四）不同语境和历史时期民族的含义

1. 不同语境下的民族概念

民族概念在东西方具有不同的解释。在西方学术界，民族的概念产生于资产阶级革命时期，但其本质在不同学派具有不同的特征，如认为民族来自自然的原生论学者的关注点在于民族具有切实的血缘根基。与之相反，也有人认为民族是虚拟的没有物质基础的工具主义，把民族架构在人类的意识层面。

民族概念在我国的发展界定根据历史时期的变动而被延伸出不同的含义。春秋时期，"中国戎夷，五方之民，皆有其性也，不可推移"①正式将中国边疆人民称之东夷、南蛮、西戎、北狄。南朝宋末齐初，"今诸华士女，民族弗革，而露首偏（编）踞，滥用夷礼，云于蔫落之徒，全是胡人，国有旧风，法不可变"②。由此可见，汉语经历了由"族"到"民"，最后再到"民族"的发展过程，其实就也否定了"民族"一词的舶来说③。除了从原先古代的历史文献来探析"民族"之外，对于中国民族概念的界定还应当把近代考虑进去。无论是救亡图存初期的改良派，还是民主主义革命时期的革命派，都对中国的民族问题做了独特的分析与见解，他们分别就来自不同区域、不同国家的有关学术著作进行研究，学习近代化的民族主义思想，并吸收借鉴西方关于民族研究的最新理论成果，最后再把这种民族概念融入民主思想中。

虽然在中国近代初期民族概念已经具备了西方学术的特性，但其具有中国特色还是在2005年。当时，我国第一次正式对"民族"做出了特殊的界定与科学的理论阐释，即"民族是在一定的历史发展阶段形成的稳定的人们共同体。一般来说，民族在历史渊源、生产方式、语言、文化、风俗习惯以及心理认同等方面具有共同的特征。有的民族在形成和发展过程中，宗教起着重要作用。"④该定义将构成民族的四要素扩展到六要素，即"共同历史渊源""共同生产方式""共同语言""共同文化""共同风俗习惯""共同心理认同"。这个阐释标志着具有中国特色的民族概念正式出现在

---

① 李学勤主编：《十三经注疏·礼记正义》，北京大学出版社1999年版，第398页。
② 萧子显：《南齐书》，中华书局1972年版，第192页。
③ 邸永君：《"民族"一词非舶来——正史见于〈南齐书〉》，《中国民族报》，2004年2月20日。
④ 《中共中央国务院关于进一步加强民族工作，加快少数民族和民族地区经济社会发展的决定》，《光明日报》，2005年6月1日。

学术界、理论界、思想界，表达了一种自觉的主体立场，具有鲜明的科学性与民族性。

2. 不同历史时期的民族特性

民族是特定历史时期人类社会的一种特定历史现象或历史事实，不同历史时期的民族概念具有独特的性质。民族是伴随着部落不断发展而逐渐产生的，因此一定会有原始民族的一些基本特性，这些特征会体现在一个族群的血缘关系上。进入近代以后，民族特征开始具有显著的"政治性"特征。由于民族不仅会根据人类历史的不同阶段而呈现出不同的特性，而且还会根据其所在国家的具体社会环境表现出不同的特性，那么此时处于这一过渡时期的民族的政治特性就可能被不断淡化，但"文化性"的特性却始终保留着。例如，古罗马时代的"民族"原指地位低于罗马公民的外国人，同时也包括基督教统辖之下的几所大学里来自某些地区的外国学生群体。可见最原始的"民族"是指那些所谓外籍人，同时具有低等级的含义。到了中古时期，民族开始与人类的出生地发生关联，即从这个时期开始，民族开始具有人民的相关含义，随着西方资产阶级革命的全面爆发，民族又开始具有涵括政府、领土等政治意义。

纵观当今社会，国家民族特性尤其引人注目。随着人类社会开始向公民社会演变时，后现代性逐步取代现代性，人们向往和追求的理想目标开始投向构建民主国家。"如果民族国家作为现实的此岸与民主国家看成理想的彼岸，不仅存在一定的距离，而且很难找到连接彼此的桥梁。为了寻求一个结合点，就唯有超越民族国家，即人为地建构一个没有民族存在的现代民主国家。然而，这违背了民族是历史的产物，并在不同历史时期民族特性的差异性的事实。"[①]

二、民族认同的一般理论

（一）何谓"民族认同"

从中西语"认同"的语义来看，"认同"既可以表示肯定、认可某事的行为，也可以理解为是对类似或相似事物的情感体验。当然，"认可"一词也有区分自我与他者的本质规定性过程的内在含义。

学术界对于"认可"一词的内在含义有不同学派的不同见解。一部分学者主张社会认同理论，而另一部分学者则主张自我分类理论。抛开这两种学派所持观点有何本质上的不同，这两种见解都揭示了"认同"一词既可以代表认同客观的行为，也可以代表认同主观的意识。也就是说认同既代表某种行动的实践过程，也可以代表某种特殊情感的共鸣体验。综上，"认同"一词具有内外两种形式，外在形式就是表现出来的具体行为，内在形式就是无法表现出来的心理活动。

由此可见，认同是对某种事物或特定现象的承认与赞同的基本态度，以及为此付

---

① 陈茂荣：《"民族"概念的困境、原因及建议——兼论马克思主义民族概念》，《云南社会科学》，2012年第6期。

出的具体行动。这两种形式相互交融、互动后，就会外化形成"同一性"。正是因为"同一性"的存在，促使人们在社会实践的过程中产生了"类聚"与"归属"之类的自主意识，此时的人们自然会对"他者"与"异类"有本能的抗拒心理。

通过上面对"认同"一词的理论剖析，可以把认同一词引入民族概念上来，民族认同这个词汇的概念也就浮出水面了。按照我国学术界、思想界、理论界对民族认同一词的概括，可以把民族认同这个专属概念解释为一个民族的所有成员通过各种意识形态的展示，如民族语言、历史文化、宗教信仰等来表达对该民族的一种归属精神，这种归属意识会在民族成员的日常的饮食习俗、衣着打扮、家居摆设、建筑风格上突显出来，这些都是体现民族的精神与文化特质的具体表现。

1. 民族认同的基本内涵

从本质上来讲，民族认同可以归属于哲学范畴，也可以归属于历史范畴。由于民族认同是在民族这个概念的基础上进行理论延伸的，因此民族认同在更多时候被归属于民族意识范畴之内。

民族认同作为一种意识形态，深深扎根在民族文化中。现代社会越来越关注文化领域的发展，这是由于人们的需求发生了改变，由原先的物质需求转向精神需求，更热衷于探究内心世界。在这个社会大背景的影响下，"认同"这个带有哲学色彩的词汇就从"意识"层面中跳脱出来，开始与民族相融合，"民族认同"（民族认同意识）应运而生。

民族认同感的强弱是影响一个民族集体凝聚力的关键。虽然一个民族的生产实践能力会影响凝聚力的展现，但是民族认同与民族文化更有密不可分的关系，如民族意识、民族意志、民族精神等等。因此，要了解民族认同，就必须科学认知民族文化。而民族意识、民族意志、民族精神正是民族文化的重要组成部分，它们在文化上的逻辑关系是民族意识、民族意志、民族精神，其载体是民族文化。因此，发展民族文化就是要不断地对民族认同施加影响与作用。

（1）民族认同是一种原生性认同。这一理论的基础认为民族是自然形成的。因为从某种角度上，民族认同确实是基于自然的馈赠，如迷信始祖、坚守祖先的生存发展根基、坚信血缘关系等。民族认同强调了孕育民族始祖的土地是需要后代子孙世代信奉与保护的，其血缘关系也是连接民族成员之间的无形纽带。很多人用根深叶茂来比喻民族认同，通过强调孕育民族的土地，带动民族发展的根（血缘）等这些自然生活的比喻来描绘这棵充满蓬勃生命力的参天大树。与此同时，由于"民族大树"是独立生长的，因而民族认同感也必然带有一定的"排外感"。

（2）民族认同具有浓厚的乡土情怀。乡土情怀是民族认同的表现形式之一，具有地域特色。民族形成的客观条件之一就是拥有共同生长的地理环境，也就是说民族

第一章　民族认同与民族文化

认同需要对民族所在的土地抱有敬畏、感恩之心,这片土地也被认为是该民族的领地。西方学者也曾阐述过对土地与民族认同的关系,即"疆域、边界的界定往往能够产生身份认同。"[①] 所以,现代人也经常用"大地—母亲""故国""故乡"之类的民族范畴词汇。

（3）民族语言是民族认同的重要标志。语言是人类文明起源的标志之一,几乎每个民族都有自己独特的语言,这种特殊的语言与该民族的文化历史息息相关,可以说文明孕育了语言的诞生,语言的发展推动了历史向前迈进。民族语言具有独特性,同时也是不同民族之间相互区分的重要标志之一,对维系一个独立民族的精神纽带具有强大的支撑作用。不同民族语言的发展情况并不相同,对于一些已经趋于成熟的民族语言,大多带有强烈的自我认同要素。民族语言是建立一条无形的、有民族边界的、最为根本的要素,这条"边界"比地域性更具排他性,比种族性更具有排外性。

（4）同种族的人群具有一定的归属感。这个归属感其实就是民族认同的最终目标,即让民族的所有成员都对自身所处地域产生依赖与迷恋。可以说,强化民族认同感就是为了让民族成员能够产生更为强烈的民族归属感。从外因来分析的话,人类社会发展的大背景就是影响其发展的原因,因为社会的进步带来更大的社会生存发展压力,这种社会压力还会反映在民族心理层面上。资本主义的无形压迫,促使各民族都需要通过加强民族认同来稳定民族成员的精神状态,使民族归属感成为民族成员的精神支柱,只有这样才能提高其民族的凝聚力,让民族在波澜壮阔的历史环境中"百折不挠"并"越挫越勇"。从内因来分析的话,就是民族荣光的一种反映,可以简单地理解为民族认同是源自民族成员生存的客观环境与主观精神的需求,增强民族认同感可以在意识层面提高民族成员的地位,人为的形成一种精神激励。

（5）民族认同虽然具有一定的稳定性,但仍要有不断前进的方向和动力,才能不在历史的长河中湮灭。抗拒性是民族认同的重要动力之一,民族认同其实也是对外来民族的一种本能抗拒,这种抗拒是在认同外来民族存在性的基础上形成的,当下国家与国家之间的抗衡,其本质就是不同民族认同感之间的相互对垒。

全球化的大背景,催生了各种意识形态领域的竞争。换言之,地球上的每个国家为了生存与发展都需要自发地融入全球化这个大环境中,但是这个大环境有太多不可控的因素,而一个独立的民族想要在万变的环境中"以不变应万变",就需要在发展的过程中不断增强民族认同,因此民族认同的抗拒性也就愈发突出。除了国家之间民族认同感的抗衡,地方族裔民族主义也不堪现代社会的种种压力,试图打着民族精英分子的旗号来蛊惑民族成员,从而达到激发民族成员的认同感。这种做法从本质上来说就是分裂多民族国家的文化策略,利用各种意识层面的灌输手段,让民族成员放弃

---

① [法]阿尔弗雷德·格罗塞:《身份认同的困境》,王鲲译,社会科学文献出版社2010年版,第12页。

对国家的深厚情感与孜孜不倦的忠诚。

2. 民族认同的分类

民族认同是一个包含众多意识层面逻辑结构的集合体，其形式与内容有具体的分类。

（1）个体认同与集体认同。把民族认同分为个体认同与集体认同其实是最为简单，也最为直接的分类，这种分类是从认同主体的角度来考虑的。民族认同具有两方面的内容：一是个体对于民族共同体的归属感，二是某种特定背景下形成的集体认同感。因此，个体认同就是民族成员对本民族的忠心程度以及顺从情感，集体认同就是只在异类之间建立起同一性，重在不同民族群体之间的区分与划界。

（2）自我认同与他者认同。民族认同还可以分为自我认同与他者认同，这种分类较少，且较难理解，但是其分类法呈现出了民族认同的发展历史。民族认同其实就是一个民族心理活动的整个过程，它是基于心理层面的。因此，可以从本民族成员的内在角度去进行民族认同，也可以从其他民族成员、从他人的外在角度去进行民族认同。

那么这里就有疑问了，自我认同与他者认同并不是从一个角度去思考衡量的，那么它们是否具有"同一性"呢？这里也不能给出一个确切的答案。但是从相关理论的研究中可知民族认同就是从民族成员的自我认同开始产生与发展的，之后民族认同会经过他者认同这个"关卡"，也就是在与其他民族进行交往互动中，获得其他民族的认可，民族认同才完成了一个完整的认同过程。

如果说自我认同是一个民族成员的自我审视，反映了该民族的历史存在事实，那么他者认同就是其他民族的外在分析，反映了该民族在历史发展过程中寻找其他生存空间而努力奋斗的艰辛过程。由此可见，一个民族的强大与否要看民族认同的强弱，而民族认同的建构过程也正是自我认同与他者认同之间的相互碰撞与交融的过程。

（二）民族认同的源流变迁

1. 民族认同之源

"民族认同的生发或形成，与民族的诞生相依为伴，并以民族的真实存在这一实体为依托。我们知道：人类社会的最早民族是一种原生型民族或原始民族，即由氏族到部落再到部落联盟而形成的民族。这种早期的民族，更多的是一些小民族，构成民族的基本单位除主要的是联盟的部落外，也掺杂着部落、胞族、氏族等组织形式。"[①]在这么小规模的民族里，不同的组织形式还保留着其独立性。那么使其民族内部稳定的单位组织就是家族，即家庭。在这个最小的组织里，每个成员都具有血缘关系，因

---

① 陈茂荣：《"民族认同"的源与流及其认同变迁》，《黑龙江民族丛刊》，2012年第6期。

此他们之间所构成的关系就具有确定性、永恒性与稳定性。家族成员的个体在经历出生、成长、死亡的过程中，逐渐形成了对家族的一种认可，也就是依赖性与忠诚度，当然这种依赖会在个体的社会实践中逐渐得到增强。随着人类社会的进步，"一夫一妻制"与"家"的观念开始出现，民族的认同感变得丰富起来。"寻根认祖是一种民族认同的表现，而它的具体内容就是对自己血缘根由的追寻。"[①] "由此，中文之'同胞手足'既是部分家庭成员的真实代表，又是民族认同的根基所在。"[②]

早期的人类社会都集中在某个特定的地域进行生产活动，人类活动会受到生产能力的限制与自然环境以及自然灾害与人为战争的影响。为了生存，人类会不断"举家迁移"，更换适合其生存发展的地域。因此，一起进行生产并在同一片土地上生活的人群，会自动成为一个共同体。这个不限制数量、性别、年龄、能力的组织会受到诸多主客观因素的约束与限制，如族内婚姻、原始宗教、地理区隔等等，这些局限确保了组织成员在种族上具有一定的同质化特性，这种组织就是后来的家族。家族经过一定的发展阶段后，规模会变大，组织便逐渐由家族扩展到氏族。由氏族开始就有了成员之间的划分标准。如血统、肤色、容貌和体格等都具有相同性或相似性的，便是氏族的基本成员。在这种划分标准的影响下，种族主义便出现在人类历史中，具体表现在同种族成员之间的相互认可，彼此团结，具有了一定的互助意识。在同其他氏族群体进行争夺生存资源的行为中，成员会产生一种独特情感，即对氏族成员的信任与支持，还有对其他种族群体的排斥情绪。个体的内心认同便从这里开始，以自我认同与个人认同为特征的原生性民族认同逐步形成。

2. 民族认同的流变

民族认同经过了初步的产生阶段，就随即进入到发展阶段，这个阶段自然也要从氏族开始发展，因为氏族这个组织单位在进行自我发展与完善后，便开始进入部落的组织形态，而后才是民族的诞生。

每个组织形态的变化都离不开人类对自然资源的争夺，其争夺的结果就是组织的分裂或重组，以血亲认同为主的血缘认同开始被打破，并逐渐向地域认同发展，这种新的转向与民族的产生与发展有着密切的关系。

完整意义上的民族在历史上出现后，为了让本民族更加团结，具有民族凝聚力、维护民族的根本利益和塑造民族精神就显得格外重要，因为一个民族的和谐发展离不开上述精神层面的引导，于是民族意识便应运而生了。

"考古学、人类学与历史学揭示出：社会分工出现并愈来愈明显，引起工商业劳动和农业劳动的分离，商业和生产的分离，工场手工业的出现，随之而来的是私有制

[①] 王希恩：《民族认同发生论》，《内蒙古社会科学》，1995年第5期。
[②] 王明珂：《华夏边缘：历史记忆与族群认同》，社会科学文献出版社2006年版，第251页。

的产生。"① 而工场手工业的出现，直接带动了人类社会政治领域的变革，影响人类上千年的私有制开始出现。由于私有制的出现，人类社会开始进入到一个全新的发展阶段。

与此同时，也应看到战争带给民族发展的推动力。战争具有双重性，它既是一种破坏，也在客观上促进了民族内外的交往与互动。在各个民族之间的文化交流中，外貌的不同，体质的差异，语言的不同，截然不同的饮食、服饰、风俗等都给双方带来强烈的文化冲击。不同民族的个性特征会不断刺激民族交往双方的感知，这种刺激不仅可以带动民族文化的创新与融合，还可以加强民族成员对本民族个性特征的认同，使其不会在强烈的冲击下变得"摇摆不定"，反而会愈加牢固与稳定。

民族间的交流也不仅仅只有良性的互动和沟通，同样也有交恶。因为不同民族的发展情况不一，有可能出现强势民族压迫弱势民族的情况，这样在民族交往中处于劣势的民族就会有危机感，害怕被外来民族所吞噬或同化。人类总是能在危机中爆发潜能，因此民族认同也会在民族危机下变得愈发明显。正如学者王明珂指出的"在生态性的资源竞争中，一个人群强调特定的文化特征，来限定我群的'边界'以排除他人"。②

3. 民族认同含义的历史演变

民族认同在不同的历史阶段具有不同的含义。如远古时期的原始民族的认同其实就是血缘认同，起源于血亲关系，后来被慢慢淡化。但是如果没有血缘认同的话，那么民族也会因没有族源而失去族性。因此，血缘认同始终存在于各个历史阶段中，只不过存在感强弱不同罢了。

现代民族的认同无论是形式与内容上都比血缘认同涉及的含义要丰富得多。因为民族的发展历程是从血缘再到地域的，那么民族认同的发展历史也是从血缘认同再到地域认同的，这种转变虽然缓慢，却对民族认同的发展起到了巨大的推动作用。地域认同直接打破了民族先前的血缘认同的种族主义狭隘观点，通过民族的重组实践，不断汇总、融合各个部落的民族精神资源，从而促进形成新的民族认同意识。

民族认同含义的历史变化既可以从概念的内涵，也可以从概念的外延拓展来对民族认同进行深入剖析，主要体现在以下四个维度上。③

（1）血缘性—地域性。早期的民族认同主要体现在血缘认同与地域认同中，伴随着家族的产生，氏族的发展，部落的演变，血缘关系被割断了，取而代之的便是地域认同，也就是"生于斯，长于斯"的独特情感。

（2）生物性—文化性。早期的民族认同是以血缘关系为主要特性的，那么家族

---

① 陈茂荣：《"民族认同"的源与流及其认同变迁》，《黑龙江民族丛刊》，2012年第6期。
② 王明珂：《华夏边缘：历史记忆与族群认同》，社会科学文献出版社2006年版，第16页。
③ 陈茂荣：《"民族认同"的源与流及其认同变迁》，《黑龙江民族丛刊》，2012年第6期。

成员的外貌特征便具有共性，从而使成员之间的关系更为牢固，这就是生物性特征的体现。随着历史的发展，原始民族逐步发展到了现代民族，民族成为基于对各部落或部落联盟的习俗、信仰、方言的长期有效整合后而形成的一种文化特性的人们共同体，这就是文化性的体现。

（3）时间性—空间性。早期民族或原始民族的认同与血脉的传承有密切的关系，因此早期的民族认同具有线性的特征，即时间性。此后血缘关系与生物意识被人们不断地淡化，文化性逐渐代替了地域性，因而使中期的民族认同不具备线性特征，即非时间性，但是因为文化性是人类漫长的发展史中的一个历史阶段，因此民族认同也就具有跨越空间的基本特性，即空间性。

（4）自然性—社会性。早期民族或原始民族的发展与自然环境息息相关，民族认同会受到自然规律的制约，而且早期的民族认同也基于人类本能的生存欲望，自然性便是如此体现出来的。现代民族则是在整合民族的内外部资源后，在一定地域范围内，共同生产劳动而形成了具有相同经济生活、共同历史文化、共享宗教神话的文化性民族，也就是说现代的民族认同与社会的政治、经济、文化有关，并且民族认同是在一次次社会实践中完成"升华"的，因而现代民族认同具有鲜明的社会性。

三、民族、族群的概念及其关联

（一）民族概念的定义

民族概念的界定已经是学术界公认的难题。正如西方学者德拉诺瓦指出"理论可以涵盖民族，但是不能穷尽民族"。[①] 既然有被低估的民族，也会有被低估的民主主义，因此西方对于民族概念的共识还没有出现。

除了西方学术界对民族概念的争论不休，国内也就民族概念的界定开始了漫长的争论，但是国内的争论点与西方不同，国内讨论的重点是民族这个专属词汇到底是不是舶来品。

首先，民族这个词汇确非舶来品，因为在我国古代的一些著作中就有关于民族概念的概括，近代还有学者将我国古代有关民族一词的相关观点拿了出来，做了更为翔实的论述。《南齐书》列传三十五《高逸传·顾欢传》有"今诸华士女、民族弗革、而露首偏踞、滥用夷礼"[②] 语句。所谓"民族弗革"，"系指国人的族属未变，而所谓族属即华、夷之分"，民族仅仅指中原和江东的汉族。南齐书体现出来的南北朝民族观念跟华夷之辨的汉本位有关，是要求对汉民族文物、衣冠、风俗、礼法的保持。

其次，汉语"民族"概念有多重含义。根据一些学者对"民族"含义的考证，同

[①] [法]吉尔·德拉诺瓦：《民族与民族主义》，郑文彬、洪晖译，生活·读书·新知三联书店2005年版，第48页。
[②] （梁）萧子显：《南齐书》（第三册），中华书局1972年版，第934页。

时与自己的研究相结合,何叔涛认为在汉语中"民族"一词具有非常丰富的内涵和宽泛的外延。"具体地说,汉语'民族'概念,既包括了国家—政治层面上的民族,也包括了历史—文化层面上的民族;既指原生形态的民族,也指次生、再次生乃至多次生形态的民族;主要是指单一民族但也指复合民族和民族支系;既指现代民族,更泛指人类社会不同发展阶段的所有民族。"①

(二)民族与族群

民族与族群这两个词汇的含义具有一定的相似性,因而区分这两个词汇具有一定的难度。20世纪70年代末,英文单词ethnic group传入中国,当时的翻译学家在结合了西方与国内的相关论点之后,将该词汇直接翻译为"民族群体"("民族集团"),后又进行了一次修改,将该词汇的中译统一为"族群"。

最早界定"族群"内涵的是西方著名的学者马克斯·韦伯,他认为:"体型或习俗或两者兼备的类似特征,或者由于对殖民或移民的记忆而在渊源上享有共同的主观信念的人类群体,这种信念对群体的形成至关重要,而不一定关涉客观的血缘关系是否存在。"②

我国民族学学者徐杰舜对相关的西方观点进行梳理后,对族群的概念与内涵进行了论述,他认为:"所谓族群,是对某些社会文化要素认同而自觉为我的一种社会实体。这个概念有三层含义:一是对某些社会文化要素的认同;二是要对他'自觉为我';三是一个社会实体。""从性质上看,族群强调的是文化性,而民族强调的是政治性"。在分析了其原因后,他指出:"简言之,一个族群可能是一个民族,也可能不是一个民族;而民族不仅可以称之为族群,还可以包含若干不同的族群。"③

(三)"民族"与"族群"之争

民族与族群这两个词汇是否可以彼此代替,也是我国学术界的争论焦点。学者朱伦在研究民族与族群的代替问题时,直接通过族群这个概念在中国错位的情况,分析研究了欧美国家关于"族群"与"民族"的使用中的异议,并通过对两个词汇不同的内涵与学理的剖析后,得到了下述的结论:

"总而言之,中国共产党人基于马克思主义立场从政治学角度看待中国的'少数民族',并以'民族'来界定包括汉族在内的各族人民没有什么不妥。把中国少数民族由'民族'改称'族群',不单是术语转换的问题,更重要的是立场和理论取向的问题,即对少数民族采取什么样的'民族'观的问题。无论古希腊人的'族种'观,

---

① 何叔涛:《民族概念的含义与民族研究》,《民族研究》,1984年第3期。
② [德]马克斯·韦伯:《经济与社会》(上),林容远译,商务印书馆1998年版,第439页。
③ 徐杰舜:《族群与族群文化》,黑龙江人民出版社2006年版,第76、77、82页。

还是现代欧美社会的'族群'观,至少都体现了一种主体对非主体居高临下的姿态,这在任何时候和任何地方都不利于构建和谐的民族关系。"①

除上述支持用民族来代替族群的相关观点外,也有不少学者持反对意见,如学者马戎坚持用"族群"这个概念代替"民族"概念。他认为"中国传统中把少数族群'文化化'的成功思路,没有被我们继承下来,却在太平洋彼岸的美国发挥着积极的作用,这种历史错位的现象应当引起我们的反思。""在思考少数族群的有关问题时,应逐步把它们看成是'文化群体'逐步减少它们作为'政治群体'的色彩。"②

其实持鲜明立场的学者并不多,更多的学者还是对是否用"族群"代替"民族"持怀疑的态度,如学者纳日碧力戈就从"ethnos"概念在不同语言之间所具有的含义不同,不同历史时期的解读不同,学界的不同理解以及该词汇的定义和使用等方面来质疑从西方流传过来的"族群"词汇。

(四)民族认同与族群认同

中国是典型的多民族国家,民族文化源远流长,且民族成员具有强烈的民族认同感。有西方的学者对中国的民族认同做了理论上的分析与解读,提出了民族认同这一概念——即把文化作为一种原始的解释性特征保留下来,同时也显然考虑到相反的事实,就是在结构互动过程中,文化内容与族群联系在一起常常承受着意义上的变更。

现代西方的"民族认同"概念源于安东尼·史密斯对于文化学视角的解释。史密斯在分析民族认同的层次性后指出:"'民族认同'始终是被每一代人重新解释和重新塑造的。"③而我国学者对于民族认同的主要观点是:"就民族认同的组成部分而言,民族认同是民族意识的基本构成,社会成员对自己民族归属的认知和感情依附,它属于族性的认同范畴;民族认同也是族性认同的第一内容,即族性本身,也就是原生要素的认同。"④

民族认同与民族意识、民族主义联系密切。从民族认同的类型来看,多民族国家的民族认同大抵有两类,一是人口多数、文化优势民族的认同;二是人口少数、文化弱势民族的认同,可见民族认同具有复杂性。

在上述观点的基础上,有学者认为民族认同是社会成员对自己所归属的民族国家的成员身份的一种自我认知,以及在自我认知的意识基础上引发的一种对本民族的归

---

① 朱伦:《西方的"群体"概念系统——从"族群"概念在中国的应用错位说起》,《中国社会科学》,2005年第4期。
② 马戎:《理解民族关系的新思路——少数族群问题的去政治化》,《北京大学学报》(哲学社会科学版),2004年第6期。
③ [英]安东尼·史密斯:《民族主义:理论、意识形态、历史》,叶江译,上海人民出版社2006年版,第97页。
④ 王希恩:《族性与族性认同》,《中国民族报》,2002年6月3日。

属感。与此同时,还有不少学者认为民族认同在单一民族国家与多民族国家具有不同的特性。对于中国这个多民族国家而言,其民族认同主要分为以下两类:一大类是民族成员对于本民族人口数量众多、拥有强大的文化历史优势的强势认同;另一大类是民族成员对于本民族人口少,不具有强大的文化历史优势的弱势认同。由此可见,多民族国家的民族认同具有一定的复杂性。

世间万物都存在着联系,民族认同与族群认同也是如此。虽然学术界的重点是在如何将其区分开,或是双方是否可以融合代替,但是民族认同与族群认同之间到底有怎样的关联性还有待进一步研究。

族群是文化范畴,民族却是政治范畴。从这两个词汇的不同范畴来看,族群认同更注重文化性,而民族范畴更注重政治性。民族概念自古有之,其含义比从西方引进过来的族群概念更为清晰与规范。正因如此,使用民族认同和族群认同的学者会被模糊不清的族群概念所困扰,不知该如何选择,以至于得出的结论也不具备明确性。通过已有研究成果的整理可见,许多关于族群认同研究的核心其实就是民族认同方面的问题,可见要科学界定民族认同和族群认同的内外边界实属不易。但也不是说现阶段无法把握这两个词汇的相关含义。还可以换一个视角,如从族群认同所表现出来的特性与民族认同所呈现出来的特点进行整体性的划分,即文化性与政治性的划分。

基于以上所述,可以简单地对民族认同与族群认同进行区分与联系。民族认同与族群认同的联系在于双方可以彼此包容,具体体现在族群认同中一定会有民族认同的成分。与此同时,民族认同中又存在族群认同中的某些特定元素。换言之,族群认同在某种程度上可以转化为民族认同,即文化性到政治性的转变。这种性质上的转变其实就是族群认同被来自族群内部的某种强烈力量所干扰,出现了可能会分解、破裂的现象,在主观因素(族群成员的意识)与客观因素(外界环境)的影响下,可能会在原有族群的成员基础上诞生出新的民族。根据现代主义的相关观点,民族其实是人类社会发展的产物,它是人为制造出来的东西。一个独立民族的出现,不管其规模大小,不论其民族认同强弱,如果民族的成员通过某些特定的手段把该民族原有的社会地位降低到与族群相似的社会地位上的话,那么就忽略了民族认同本身所具有的政治性。如此一来,会引起这个民族(族群)的不满与反抗,从而导致这个民族(族群)自主独立的强烈诉求在社会中出现。

四、民族认同的研究意义

(一)民族国家的文化认同

民族国家是民族与国家这两个概念相结合的复合型词汇,代表了民族与国家的双重含义。民族国家作为拥有独立主权的国家,其国家的综合国力也将影响组成该多民族国家的其他少数民族的发展。同时,各个民族的发展也将直接提高国家的软实力。"一个国家的软实力主要来自三种资源:文化、政治价值观以及外交政策。"① 在这里只针对其中的文化元素来进行分析与解读。一个强大的主权国家一定是组成国家的民族拥有强烈的文化认同感,这种认同感不局限于民族成员的自我认同,还包括外来民族对本民族文化的认同,可见民族国家的文化认同与民族认同有着千丝万缕的关联。

在全球化大背景下,许多民族国家都在利用文化传输的方式向其他国家宣传自己民族的文化,以达到向外来民族传递本国政治文化认同的最终目的,同时民族国家也会在此背景下,加大对本民族文化的保护,保证本民族的价值观念和文化认同不受外来民族的侵蚀。

邓肯·赖特(Duncan Light)在《罗马尼亚的恐怖旅游:文化认同与国家》中指出:"政府是文化含义的仲裁者,它在旅游发展、计划编制与政策制定方面扮演着重要作用。许多国家进行了很多向外国游客促销本国文化遗产的活动,其目的是通过让游客体验和理解他们的历史和生活方式,更大程度上激励出该国家的民族文化认同。对于那些希望吸引可观的外来投资进行国内建设的国家来说,旅游体现出的本国文化认同成为影响外来投资的重要力量。"②

此外,一个民族的灭亡,伴随着民族国家的消失。反之,新的民族国家的建立,也要重新构建民族的文化认同。

(二)地方族群的文化认同

"由于族群与文化相互关联、不可分割,族群的发展只有凭借文化认同,才能自觉且有选择地与其他文化交流,维持自己主体性的地位。反之,若一族群失去了自身文化认同,而任凭外来文化的冲击,这对一个族群发展来说无疑是致命的打击。从这个意义上说,族群认同与文化认同具有同质性。"③ 我们可以简单地将地方族群的文化认同理解为地域认同的一种象征。此基础上,该族群的成员希望能够保护好祖先留给后代的文化遗产,从而促进和加强该民族的文化认同,此时的民族文化具有了更为丰富和现代化的深层文化内涵。

"文化认同的构建或者传统的创造发明是人类心智不断变化发展的产物,并在当代语境下不断被重塑。"④ 由于族群本身是在一个较大的社会文化体系下建立的,故族群认同的形式是多种多样的。地方族群根据其所生存的特定环境和条件,而相互在

---

① [美]约瑟夫·奈:《硬权力与软权力》,门洪华译,北京大学出版社2005年版,第11页。
② Light D, "Dradula, tourism in Romania: cultural identity and the state", *Annals of tourism research*, Vol.34, No.3, 2007.
③ 张小倩:《印尼西加里曼丹省华人族群文化认同初探——以坤甸和山口洋为例》,《八桂侨刊》,2016年第4期。
④ 吴其付:《民族旅游文献中的文化认同研究》,《广西民族研究》,2011年第1期。

不同层次上选择其认同。"这种认同反映了一定区域内族群情感的归属和行为规范的认知，而且其认同层次并不会随着族群间文化的互动而丧失各自本身的文化特性。"①应该说，它是在同一地区的地方族群关系互动中产生的一种同乡意识，即对所处地缘文化的认同意识。这一认同有着很大的包容性，因而在一定程度上密切了这一地区族群间的关系。

有学者认为社区节庆活动可以帮助地方族群提高族群的文化认同感，从而得出了族群认同和地方认同与节庆内涵有着紧密的联系的观点。"旅游节庆活动在地方认同方面也有着非常重要的作用，即使是一个非常小的节庆都可能达到强化地方认同的显著结果。美国卡萨斯河沿岸社区举办的'罗林跳河节'就是这样。'罗林跳河节'主要包括卡萨斯河舞蹈、乡村怀旧、土著美国舞蹈、自然环境体验、地方农事庆典等内容。尽管'罗林跳河节'带有旅游商品化的特征，但这些事件却对地方社区的自我认同起到了积极作用。"②

（三）族群身份与文化认同

族群身份是族群认同的重要元素，因为族群认同就是族群身份的一种确认，具体指的就是族群成员对自己所属的族群具有自我认知与情感方面的依附。对于少数民族的传统文化的复兴和民族身份、民族精神来说，全球化为族群文化的认同和传播提供了前所未有的场景和舞台。"外来者与当地的族群形成了一种特殊的族群关系。虽然表现出来的仅仅是一些很浅显的东西，但它依然在地方民族的文化认同上有着重要价值。"③

民族之间的交流必定会影响族群的文化，这种影响可能是良性的，也可能是恶性的。但不可否认的是，这种文化的冲击可以促进族群成员对本族群的文化认同，最终引起族群成员对族群身份的强烈关注。一个多民族国家的影响力不仅会影响现代文化事业、文化产业的发展，而且还会对族群身份与文化认同产生重大影响。文化产业的发展与现代化社会之间的结合会导致族群传统文化的认同形式发生扭曲，影响族群文化认同的稳定性。

---

① 马建春：《浅析族群关系中的文化认同——以河湟地区族群为例》，《西北民族大学学报》（哲学社会科学版），2005年第4期。
② 吴其付：《民族旅游文献中的文化认同研究》，《广西民族研究》，2011年第1期。
③ 麻国庆：《全球化：文化生产与文化认同——族群、地方社会与跨国文化圈》，《北京大学学报》（哲学社会科学版），2000年第4期。

第一章 民族认同与民族文化

第二节 民族多元文化

伴随着人类社会的发展,信息高速传播,文化建设开始面临着新的转型,社会文化发展过程中充斥着挑战和机遇,对于新文化同样也是机遇挑战并存。在如此复杂多变的环境中,如何挖掘并优化民族文化,并将它付诸社会建设中,是值得深思的重要课题,因此多元地培育文化,是适应复杂社会环境的重要方式。本节主要论述了民族多元文化的相关内涵,包括族群认同、族群划分、族群基本理论、族群认同的形成与族群的形成与发展。

一、族群多样性与多重认同的形成

(一)族群认同概述

20世纪80年代,中国引入族群概念和相关理论,为我们提供了一个研究、观察和分析民族与国家民族之间关系的新视角和新工具,但同时容易与当时国内社会科学界流行的民族概念相混淆。必须在充分理解族群理论的基础上,才可能正确地对多元文化背景下的民族国家构建问题进行分析。宁骚教授表示民族这一词语被广泛运用到了社会各个层面,在西方国家也喜欢用多种表达方式去表述民族概念,在中文语言中也提及了"民族"词语具有多重含义。[1] 多民族塑造了多元文化内容,多元主义与族群紧密联系,这也是辨别不同民族族群之间差异的标志。正如安东尼·史密斯(Anthony D.Smith)曾经指出,要想能够深刻地理解政治、民族、种群之间的关系,首当其冲的是需要了解什么是民族,什么是族群。只有认清了这两个概念才能真正地理解国家历史形成过程中,民族或是种群所发挥的重要作用。由此可以看出种群在国家历史形成中的重要作用。[2]

从社会学研究的角度出发,认同强调的是心理的归属感,认同强调代表着身份的一致性。认同会受到多种因素的影响,除了主体因素外,还会受到外部环境的影响。这些影响因素是内外共同作用的,个体的认同是个人对个人的认知,也是个人对他人的认知,个人的认同是多层次的,受到种族、家族、国家、生活环境等影响,具有多样性。

---

[1] 宁骚:《民族与国家——民族关系与民族政策的国际比较》,北京大学出版社1995年版。
[2] [英]安东尼·史密斯:《文化、共同体和领土——关于种族与民族主义的政治学》,徐文娟译,《马克思主义与现实》,2009年第4期。

依照范围划分，认同不仅有族群认同，还有民族认同、国家认同等，按属性可分为政治认同、文化认同等。随着经济的发展，社会文化越来越多元化，民族国家的矛盾已经升级为认同矛盾，这是不可忽视的现实问题。族群认同、国家认同等都对当代民族国家建构有着至关重要的影响。

（二）族类群体的分类

从全球范围看，有近80%的国家是由多民族，多种族组合而成的，他们通过长期共同生活，最终发展形成了一个民族国家。以中国为例，在中国土地上就形成了56个民族，这些民族彼此融汇贯通，共建和谐家园。受多民族文化交融的影响，多元文化得到了进一步发展，最终形成了多元化社会群体。

族类群体分类方式主要有三种：一是按照种族进行分类；二是根据民族信仰进行民族分类；三是按照族群进行分类。

1. 按种族进行分类

种族是依据人类的肤色、头发、面容等不同的遗传特征来进行区分的。例如，将人类群体分为黑色人种、高加索人种、蒙古人种等，这种分类是生物学、人种学上的分类。随着交往日益频繁，不同种族之间互相影响，甚至繁衍形成新的群体，这些种族特征越来越被淡化。根据统计显示，拥有纯正基因或纯正血统的种族已经荡然无存。因此在研究学界中，单独以基因作为种群划分的研究被否定。大部分研究学者表示，种族具有社会性，其存在受到社会因素影响，当然也会受基因因素，但绝不是决定性因素。简言之，族群的形成，除了生物因素外，更多源于文化因素的影响。因此以生理特征为基础的种族分类方式，成为种族主义的理论基础。

2. 按民族进行分类

对于人类群体的划分依据，比较常见的是民族分类法，但是当前学术界关于民族的理解各有说辞。其中，安东尼·吉登斯（Anthony Giddens）认为民族具有政治性质，他认为民族生活在同一领土范围内，隶属于同一行政机构的群体，通过这一概念的描述不难发现，他认为民族具有国家色彩，民族属性从某种层面上也就是代表了国家属性。[①]

威尔·金里卡（Will Kymlicka）的研究认为，民族具有政治性和文化性两方面属性，民族是指在拥有统一组织，拥有统一的领土空间，拥有统一的语言和信仰的共同体，民族与国家密切相关，有的国家存在单一民族，国家信仰和文化呈现单一化；有的国家则是由多民族组成的，文化多呈现多元化，但是多拥有普遍性信仰。从人群基数上

---

① [英]安东尼·吉登斯：《民族——国家与暴力》，胡宗泽等译，生活·读书·新知三联书店1998年版，第67页。

看，基数小的，人数少的民族可以称之为少数民族，与之对应的则是大民族。①实际上，金里卡将民族、人民、文化三个概念进行了转化诠释，他给出的定义突出了民族的文化特性。很多学者已经给民族赋予了文化性和政治性色彩，民族已经成为"政治场所中最富有情感色彩和艺术性地词语之一"。②

综上所述，民族的概念可以从两个层面去注解：一是主观层面的诠释，像情感、习俗、信仰等特征。斯大林认为："民族是人们在历史上形成的有共同语言、共同地域、共同经济生活以及表现于共同的民族文化特点上的共同心理素质这四个基本特征的稳定的共同体。"③二是民族客观层面的注解，如语言、领土等。安东尼·史密斯给出的定义是："民族是拥有共同领土，承载了共同的国家历史、神话传说、公共文化，承担着共同经济体，享受着共同的法律义务与责任，且拥有自己名称的群体。"④史密斯的定义是当前学术界中普遍认可的定义，他将民族的特征凸显出来，但其定义中也存在一些不足，即必须跳出"主观—客观"的谱系标准。

民族分类标准有很多，与种族相关、与生物基因相关，与民族文化信仰更是息息相关，但是每一种定义强调的重点也不尽相同。按照史密斯的定义，民族是一个或多个种族构建而成的，国家又是由一个或多个民族构建而成的，之间是相互联系、相辅相成的关系。

3. 按族群进行分类

"族群"（Ethnic group）一词的出现可以追溯到20世纪60年代末，在此之前，人们都习惯用种族或民族等词语形容，很少有人用族群去形容。20世纪60年代英语词典中开始出现该词语，使用渐广。族群一词让人们重新以新视角去分析和解剖问题。纵观国外研究可以发现，最早对族群进行研究的是马克斯·韦伯（Max Weber），他对族群给出了最早的解释："在主观意识上认为拥有共同祖先的群体，他们认为正是拥有共同的祖先，才让他们在外貌、信仰、习俗等方面相似；或者是各自对殖民和移民的回忆，受到主观意识的影响，群体构建逐渐形成新格局，不管是否存在血缘关系或基因关系，他们都认为同一祖先信仰决定了他们属于同一族群。"⑤史密斯根据族群的特征将族群定义为："拥有名称的人类群体，具有共同祖先神话，共享历史回忆和一种或数种共同文化要素，与某个祖国有关联，并至少在精英中有某种程度的团

---

① [加]威尔·金里卡：《多元文化公民权：一种有关少数族群权的自由主义理论》，杨立峰译，上海译文出版社2009年版，第14—16页。
② [英]安东尼·史密斯：《民族主义：理论、意识形态、历史》，叶江译，上海人民出版社2006年版，第11页。
③ 《斯大林全集》卷2，人民出版社1953年版，第294页。
④ [英]安东尼·史密斯：《民族主义：理论、意识形态、历史》，叶江译，上海人民出版社2006年版，第13—14页。
⑤ Max Weber, "The Ethnic group", Theories of Society, Glencoe Illinois: The Free Press, 1961, p.306.

结。"①他着重强调了不能把族群理解为少数群体或弱势群体,这是完全不同的概念,其观点具有科学性和客观性。

"在西方文献中,'民族'(nation)通常表示政治实体,'族群'则强调带有其他非政治性差异(如语言、宗教和文化习俗等)的群体。"②"目前国内众多学者认为,族群是指以语言和文化认同为特征的群体,强调的是社会群体的文化特征,而民族则具有民族国家的意味,突出其政治性。也就是说'族群'是情感——文化共同体,而民族则是情感——政治共同体。"③

族群中的移民个体或移民群体是普遍存在的,他们称之为族裔,这是创新的术语,此概念介于种族、族群之间,它强调了拥有共同祖先、文化、语言的部分群体离开固有居住地迁往其他地方。这类人群被称之为族裔,简言之就是代表移民,像是法裔、亚裔等即指法国移民者或亚洲移民者。基于此,族裔具有与固有居住地族群之间拥有共同祖先、乡俗、文化、语言等特征,这些特征是划分或界定族裔来源的关键因素。

(三)族群的基本理论

对人类群体进行族群划分,其主要价值体现在生物价值。若要深入分析群体特性,还须从文化、历史等多方面加以分析。比如从国家政治层面看,族群代表了民族共同体,它是不断优化建设的过程,族群分类越多,其代表的文化就越多,族群文化多样性对民族发展、融合具有重要影响,文化多元性的存在,让族群自然成为民族政治学、社会学对民族国家多元文化进行研究的基本视角。下面主要围绕族群的基本理论,即族群的特征、族群意识的产生和族群理论的适用性进行具体阐述。

1. 族群的特征

(1)共同的祖先和文化。不可置疑的是,同一族群拥有共同的祖先和文化,这是最根本的特征,尤其是在族群大事件活动中,他们会将祖先或族群文化信仰放在重要位置,突出强调了祖先或文化核心。并常常宣扬自己族群形成和发展历史,让本族群的人们能够充分意识到自己祖先是谁,自己族群的文化信仰是什么,从而影响本族群的凝聚力。

(2)族群边界的相对性。族群边界具有相对性。族群与族群在交往发展中,都会意识到彼此之间的差异性,并包容尊重这些差异性。不同族群拥有不同的特征,这种差异性是相对的。"社会边界"是族群边界的一种,是随着发展而变化的,具有垄断性和归属性等特征,随着族群社会变化,历史发展等都会发生改变,像是族群信仰、

---

① 叶江:《当代西方的两种民族理论》,《中国社会科学》,2002年第1期。
② 王彦、唐荣德:《在民族与国家之间——边境民族地区教师的文化认同与教育变革关系之研究》,《广西师范大学学报》(哲学社会科学版),2016年第5期。
③ 李仲先、唐自群:《攀枝花尼罗人社会身份的变迁》,《攀枝花学院学报》,2007年第4期。

形式等都不是一成不变的。

（3）族群优越感。在族群中，每一位成员都会有族群意识，这种意思是潜移默化形成的。每一个成员也都会拥有族群优越感，他们认为自己所属族群附带的文化、信仰等都是优秀的，是其他民族无法媲美的，这种优越感一方面让族群成员团结紧密，另一方面也会造成族群矛盾。很多成员会肆意评判其他族群的价值观等，甚至轻视其他族群的习俗、信仰等，如此一来势必会造成族群与族群之间的矛盾。

（4）族群的主体想象性。族群的主体想象性综合反映了族群意识。当一个人在与其他族群成员交往中，会发现彼此之间存在很多差异，这些对差异因素的捕捉是潜意识的。当族群中的某些人群受到政治、经济等不公平对待，他们会不自觉地将自己与族群联系到一起，甚至会认为自己所属族群属于社会少数群体或劣势群体，因此受到了不公平待遇。但是一些优势群体享受到了特殊的权利和待遇，往往不会意识到这与族群有密切关系，他们一般会认为是通过个人努力所得到的成果，与族群没有太大关系，更不会意识到他们所获取的优势实际上是剥夺了其他族群成员的待遇和权利。

（5）与生俱来的族群身份。很多族群成员身份是与生俱来的，这也体现了身份的传承性。也就说个体从出生那一刻已经注定了族群身份，这是不容易改变的。多数情况下，个人成年后所带有的族群身份是不容易改变的，更无法自由选择。随着交流发展，不同族群之间互相通婚会有可能改变族群身份，当然这样的比例是非常小的。

2. 族群意识的产生

"人们关于族群（或'民族'）的意识和观念并不是先天遗传而来，而是在后天环境中逐渐萌生、明晰并不断变化。在变化的过程中，认同的对象与程度或者强化，或者弱化，或者在两者之间多次反复，甚至关于某个族群的认同意识也可能彻底消失"。[1]族群意识具有边界，且边界是不断变化发展的，这些边界不管如何发展，始终建立在群体主观意识之上，且族群个体始终与族群紧密联系，任何活动都脱离不了族群意识。个体拥有独立的意识，但是这些独立意识又与族群的普遍意识存在较紧密的关系。

关于族群意识的产生和发展，当前学术界并无统一界定，但是比较普遍的看法主要有以下三种：

（1）原生论。持这种观点的认为族群意识是天生的，和本能一样是从一出生就具有的。

（2）工具论。将民族意识看作一个工具，主要功能是促进族群成员之间团结，共同为族群目标而奋斗不息，增强成员对民族国家政治的认可和支持。

（3）情境论。民族意识实际上加强了族群成员凝聚力，能够在特定环境中唤醒

---

[1] 马戎：《试论"族群"意识》，《西北民族研究》，2003年第3期，第6页。

多元文化视域下的文化认同研究——以四川羌族为例

成员的意识,让成员对自己的身份有明确的认知。

亚里士多德认为"政治是人的天性"[①]。人从出生的那一刻就处在复杂的社会关系中,在现代化社会中,人作为独立个体构成社会,社会亦由这些个体有机组合而成的。从呱呱坠地那一刻,这些个体就被附带了族群的印记,随着后期的成长和发展,经过社会教育后,他们的族群意识越来越丰满,且还会逐渐发生潜移默化的改变。托马斯·许兰德·埃里克森(Thomas Hylland Eriksen)曾说:"族群(the ethnic group)是经由它与其他族群的关系而确定的,并通过它的边界而明显化,但(族群)边界本身即是一种社会的产物,其强调的方面各有不同而随着时间变迁而变化。"[②] 由此不难看出,族群中成员的意识与外界环境有重要的关系,复杂多变的外界因素会对族群成员意识形成有着直接关系,要么加强族群意识;要么削弱族群意识。族群意识会醉着国家颁布的政策、国家经济发展、社会文明程度等而变化,甚至还会影响不同族群之间的关系。

在一个国家中存在很多族群,这些不同的族群生活在同一个政治范畴内。统治者为了更好地控制社会资源和权利,会利用一些手段或工具最大限度地摄取社会利益,如此一来统治者所在族群与其他族群相比就存在不对等性,主流族群拥有更多的资源和利益,也拥有过硬的政治工具,从而维护本族群最大化的利益和权利。米尔顿·戈登(Milton M, Gordon)的研究中就对比性地用了"偏见"和"歧视"来形容族群之间的关系。[③] 所谓的偏见是族群意识里存在的偏见;而所谓的歧视则体现在人们对待其他族群的行为表现上。造成歧视或偏见的主要原因则是:一方面统治者族群拥有强大的优越感,他们会认为自己所在族群具有其他族群不能媲美的权利;二是有限的社会资源,为了获取更多社会利益和资源,他们会采用垄断手段去排斥其他竞争族群。对于族群歧视,从微观方面看是对个体或某个成员的歧视,这些都是小群体歧视;从宏观方面看则是利用政治制度歧视,这是组织机构造成的后果,虽然在形式上无法展现,但是在实施过程中会逐渐体现出来。

族群意识是族群研究的核心内容。要想研究族群,必须从族群意识入手,这不仅关乎民族内部的文化发展、民族平等待遇等,甚至还会与国家发展息息相关。族群意识影响了族群分类,直接决定了族群身份,这也是社会关系研究的重要内容。一直以来,学者们热衷于研究多元文化主义理论,而多元文化也与族群意识有最直接的关系。族群身份具有独一性,每一个族群都具有特定的文化背景,一旦族群文化在与社会主流文化相悖时,势必会影响到本族群文化的发展,而族群成员会为了保护自身的文化,会强调和凸显自身的族群意识,以期望通过族群意识的宣传,让族群成员更加团结。

---

① 亚里士多德:《政治学》,颜一、秦典华译,中国人民大学出版社 2003 年版,第 4 页。

② Thomas Hylland Eriksen, *Ethnicity and Nationalism*, London: Pluto Press, 1993, p.180.

③ [美] 米尔顿·M. 戈登:《美国生活中的同化》,马戎译,译林出版社 2015 年版,第 65 页。

第一章 民族认同与民族文化

因此,在国家建设中必须坚持各族群平等发展,彼此相互尊重,和谐共生,只有如此才能真正调和国家与族群平衡关系。

3. 族群理论的适用性

(1)对族群范围的界定。20世纪60年代后,学术界关于族群的研究如火如荼,从族群流动发展、族群分层、族群迁徙等方面做了较全面的研究,形成了丰富的研究成果,也关注族群与民族国家、少数族群之间的政治关系。这些研究中比较普遍的观点是:族群是拥有共同文化、历史、祖先记忆、习俗的群体,这些共同体共同组成了族群,这也称为共同划分的主要标准。当前,关于族群的划分还没有统一标准,多数学者表示族群保持的特定行为特征在某种程度上使它们区别于社会主流文化或典型文化。综上内容不难发现,学者们强调族群是次级的社会群体,即族群具有少数性,与主流文化体具有差异性。与次级群体相对应的主流群体便成为族群、民族范畴之间的群体,从某种意义上看,它不属于族群、更不属于民族,关于族群范围的界定是存在明显缺陷的。

随着研究的深入,西方学术界对以往研究做了更正和优化,在族群研究中还纳入了多数族群和主流族群。埃里克森就表示,族群性倾向的是次民族群体,或其他少数群体,但是多数群体或主流群体同样具有族群性。[1] 也有学者认为族群极有可能是主流群体,他们的族群意识是批判了少数族群意识之后体现出来的差异性意识。当代西方学术界普遍推崇主流群体族群理论,也就是说族群包含了少数族群和多数族群。

(2)族群理论的应用。"族群"一词既指"文化群体",又指"社会群体",而且其内涵与外延具有流动性,所以"族群"一词有着较大的伸缩性。由此不难看出,必须就具体问题界定族群的范围,并且要认清所研究问题的语境,合理地使用族群理论,以避免产生歧义。

民族国家中的族群可分为两类。一是民族群体,他们拥有统一的领土,实行民族自治管理,具有独特的民族文化,会推行各种政治、经济以及文化策略。二是"族类群体",多指外来群体,他们族群形式比较散漫,会主动接受主流文化,甚至会潜移默化地改变族群意识,让少数族群文化意识能够与社会主流意识融合发展,这二者之间的转化也印证了自治权利的得失。

这是一种相对较新的界定,不过在这里需要强调一点,即金里卡这么做的原因在于可以让其论述更加方便。但是他提出的这种分类方法是有缺陷的,主要表现在以下两个方面:一是分类中忽视了黑人群体,他的研究中就曾表示黑人群体不是民族也不是族群;二是忽略了移民成员的政治自治权利。因此从以上列举的两大内容就可以看出在他的研究中并没有真正实现民族、族群转化发展。如此看来,要想分析多元化主

---

[1] Thomas Hylland Eriksen, *Ethnicity and Nationalism*, London: Pluto Press, 1993, p.182.

义对民族国家建设的影响，就必须理解族群理论。学术界内关于族群研究有很多，普遍推崇的是西方民族学、政治学中的主流标准。它强调的是族群低于国家民族，具有文化统一性特征。族群种类界定既包含了少数群体，也包含了多数群体。

（四）族群认同的形成与认同的多重性

"认同"一词最早是在哲学研究中出现的，指变化中的同态或差别中的同一问题，之后弗洛伊德将认同研究纳入心理学领域中，而埃里克森也表示赞同，并将认同视为心理学中的重要概念，他表示所谓的认同是个人价值观与群体价值观的关系，价值观的产生受到历史发展影响。认同是对个体所在群体精神的认同。① 发展至今，认同问题已经是西方现代化研究理论的核心内容，关于族群认同、国家认同问题研究更是上升到了政治层面。

1. 认同的含义与建构

在探讨族群认同的形成与认同的多重性之前，有必要先对认同的含义与建构达成共识。

（1）认同的含义。关于认同的定义可以从学术和日常两个层面进行分析，大致分为三个方面内容。认同代表同一、等同。指两种事物或多种事物能够共同存在，具有同样的性质，又表示某种事物与其他事物之间有相同关联的现象。认同表示确认、归属。事物或群体本身能够明确自身的特殊性，能够明确自己所属的范围或种类。认同表示赞同、同意。一个主体对某一个概念或意见表示赞同或同意，对于不同群体范围内的主体出现了偶然性的汇通。

在社会学、政治学领域中，广泛认可的含义是第二种，他们认为认同是自我意识的体现，更是通过这种认同实现区别的目的。因此政治学或社会学种认同的概念是：个体与群体、组织或单位之间具有统一的确认关系，这种注解很显然强调的是认同与归属之间存在非常密切的关系，即能够了解自身的特征，也能够通过这些认知区分自己所属的群体。认同不是单一的，而是互相的，自我认同是一方面，同样也是需要其他群体对自我认同，这是一个持续的过程，不仅影响到个人主观认识，同时也会体现其他个人对自我存在肯定或否定的认知。

简言之，自我认同形成的途径有两种：一是主体自我认识、自我认同；二是他人对我的认识和认同。这两个辨识渠道是相辅相成的，不可将二者裂开来。这两种认同方式过于依赖认同的两大特性，即同一性和特殊性，如塞缪尔·菲利普·亨廷顿（Samuel Phillips Huntington）所理解的"认同是个人或群体自我认识的过程，认同是意识思想决定的，或者我们没有什么特别凸显的特征，但是我们存在某个因素却是与

---

① 陈国强主编：《简明文化人类学词典》，浙江人民出版社1990年版，第68页。

第一章 民族认同与民族文化

其他物体不同的"。① 经过长期的研究和发展，学者们对认同的特征进行了归纳和分类，其中主要凸显的特征有：一是不管个体或团体都有认同需求；二是认同是在多方压力下共同构建而成的；三是认同是多层次的，是多重的；四是认同定义最终是依赖自己决定的，它是个人产物，也是个人与他人的共同影响的产物；五是认同特征是多变的，有同一性，有特殊性，还有差异性。在特定场景中，认同特征也就不一样。

通过上文所述可以看出，认同群体有个人单体，也有群体团队，认同可以是单一层面，也可以是多层面的，因此对于认同现象的解释可以是个人行为也可以是群体行为。它逐步由个人行为最终发展成共同认同感。群体之间的差异是产生认同的根本，差异化越大，认同感则越强，在互动和交流发展中，互相感知和对比是认同产生的条件，这也从侧面反映出了认同的本质。每个个体都是差异化的存在，他们生活的国家、与生俱来的阶级、民族等都会形成个体或他人多层面的认同。随着时间推移和社会发展，这些认同也会发生改变，有的会互相影响，互相衬托，有的会互相冲突。

认同的建构。不管对个体或是群体，认同向来不是单一的，认同最终是被构建而成的。"没有名字，没有语言，没有文化，我们就不知道有人。自我与他人、我们与他们之间的区别，就是在名字、语言和文化当中形成的……自我认识——不管如何觉得自我是发现出来的，终归是一种建构的结果——永远不会和他人按照独特的方式所作出的判断完全相脱离。"② 认同建构的元素有很多，如历史元素、宗教信仰元素、社会元素、地理环境元素等都会影响到认同构建。综合分析看，这些元素基本分为两大类：一方面是客观因素，共同的历史、宗教、语言、环境等会造就认同；另一方面是主观因素，个人或群体本身因素构建了认同。

认同建构的形式可以从以下三个方面总结：

合法性认同。这种构建方式主要通过建设社会制度、强制性地让政府对社会成员进行合法性支配。不同社会构建的进程，造就的结果不尽相同，合法性认同的最终结果是形成市民社会，有一套相对完整的组织、制度和大量的社会行动者，他们会根据组织或制度内容构建出社会，这种合理化认同实际就是对结构性支配的认同。正如葛兰西的研究中将市民社会比喻成为一架机器，由社会各个团体组成，他们为国家活力不断传输新能量，同时还能够深入民心。换言之，就是通过社会内部组织自发形成一些合法化认同，这些认同具有支配性、强制性、规范性、差异性等特征。

计划性认同。社会行动者搜集了各种题材，并将这些文化题材整合构建出来了新认同，其目的是为了重新界定他们在社会中的地位，同时也希望通过新构建实现社会

---

① [美] 塞缪尔·菲利普·亨廷顿：《谁是美国人：美国国民特性面临的挑战》，程克雄译，新华出版社2010年版，第17页。
② [美] 曼纽尔·卡斯特：《认同的力量》，曹荣湘译，社会科学文献出版社2006年版，第5页。

转型发展。多元文化主义者们希望实现差异化公民权利,不同民族享受不同的公民权利,但这是很难实现的是对平等权制度和国家中立制度的挑战。计划性认同的建构是从不同生活层面设计的计划,可以底层人群的认同为基础构建社会转型认同,也可以从高层社会人群认同出发,构建社会转型认同。

抵御性认同。抵御性认同是由那些地位和环境被支配性逻辑所贬低或污蔑的行动者产生的认同。顾名思义,这种认同往往是在抵抗压迫中形成的,以历史、地理或生物的认同为边界。这种认同方式是社会认同构建中最终的方式之一。举例说明:以族裔群体为例,他们的民族主义是在复杂的社会背景中产生的,他们有可能会厌恶反感当下政治、经济待遇不公平,甚至会被歧视或排斥,长此以往这类群体形成了抵御性认同,这是被排斥的群体对排斥者的控诉。对于被排斥的人群而言,这实际上也是一种重要的防御性认同。

需要特别指出的是,上述三种认同的构建方式并没有先后顺序,其排序也并不是一成不变的,社会环境不同,形成的认同条件也就不同,认同的逻辑顺序也就不同。一般情况下,合法性认同的出现实际上是伴随着合法认同产生的,抵御性认同的出现则是合法认同出现问题后造就的,计划性认同则是重新构建合法性认同。这三者之间看起来互相独立,互不影响,实际上却相辅相成。受文化多样性的影响,文化构建过程中会自然形成多重层次。族群认同的基础是文化基础,国家认同的基础则是政治,这两者既相互联系又相互矛盾,一直处于循环交替变化的过程中。优化二者的关系,有助于实现和谐发展。族群认同和国家认同是至关重要的两种关系,他们不仅关乎民族存亡,甚至会威胁到国家安危,因此正确处理好二者关系至关重要。

2. 族群认同的内涵与形成

族群文化的多样性并不意味着会带来真正的平等和尊重,很有可能会产生一种消极的现象,即人为地强化"差异"。如此一来,认同所包含的政治意义可能会表现出两种取向:一是民族国家内部成员通过历史、文化、信仰等主客观因素形成自有的族群认同;二是民族国家构建各种措施,以公民的身份或民族的身份构建共同的国家认同,通过对国家的承认感、归属感的培育淡化社会差异。纵观全球绝大多数国家都是多个民族共同组成的,民族矛盾是国家矛盾的体现,族群之间,族群与民族之间,族群与国家之间的矛盾都是国家矛盾的分支。

(1)族群认同的定义和构成要素。族群认同是一个持续发展的过程,从认同到情感到行为,族群认同是由天性和价值两个部分组成的。有"整合、分离、同化以及边缘"等几种组合方式。一个人从出生那一刻起就已经注定了族群特征,如肤色、体格等,且随着个人不断成长,他们开始步入社会群体中,随着社会复杂因素的影响,他们会慢慢建立新的认识,建立起族群特有的气质。族群成员会受到历史经验的影响

第一章　民族认同与民族文化

形成经验认知，这与传承密不可分。个体的族群认同实际上是由内外多种因素综合影响形成。

受到内外因素综合影响，族群认同可以解释为"一个人由于客观的血缘连带或主观认定的族裔身份而对特定族群产生的一种体感"。[1] 构成族群认同的各种要素表面上独立存在，实际上却存在紧密联系，在认同形成过程中，个体对个体的认知，个体被其他个体的认知是认同形成的关键，而我们所提及的归属感或自尊心都是由这些因素组合而成的。族群认同特征是具有集群性的，他们拥有共同的心理感受。

族群认同的形成需要两个类型的因素，这些因素都具有凝聚性，分别是"原发基础的"因素和"利益的"因素。所谓的原发基础是指族群所拥有的文化、习俗、血统等因素，这些都是原发的，纯粹的，这些因素能够让族群秉承共同的文化精神，团结在一起，一旦他们的原发文化意识受到威胁，这些族群人员会自动迸发出保护欲望，为保护和发展独特的族群文化而斗争。利益因素是个体将族群视为利益权利的保护组织，这种过程的形成主要在于社会发展的不平衡，社会出现严格的等级制度，很多成员为了寻求更好的保护，会将希望寄托在族群组织上，加之社会中存在隐形的歧视，势必会造成利益因素的形成。不管是在中国还是西方国家，为了让劣势群体利益能够得到更好的维护，族群成员之间都会紧密团结在一起。根据相关研究显示，在当今社会中，族群成员的共同利益已经成为族群冲突的主要诱导因素。在诸多影响族群认同的变量中，我们对族群认同而言比较重要的几个因素做出归纳。具体如下：

共同的生物学特征。与认同的其他因素相较而言，身体受基因遗传影响，发生改变的可能性极小。虽然对于族群种类划分是以文化为主，但是最直观的差别还是在于身体特征。对于族群认同而言，身体特征是最主要的特征。我们是谁？他们又是谁？通过身体特征就能够判断出来。比如：黄色肤色的群体势必会是亚洲人。通过皮肤颜色可以判断出种族，乃至领土。而族群表现出来的思乡情怀等同样也能读取很多有效信息。

共同的传统和文化。族群成员之所以能形成认同，主要原因是成员之间拥有共同的历史经历，这些经历具有相似性，共同的记忆、共同的文化因素让族群中的个人归属感和安全感得到满足。传统文化或历史记忆能够让当前的族人感受到自己与已经逝去的人们是相互关联的，除了有族群血缘维系外，更重要的是文化联系，他们拥有共同的祖先信仰，拥有共同的价值观，享受着共同传统文化的熏陶。由此看来，个人认同与族群认同是紧密联系着的，个人认同的稳定直接关系着族群认同的稳定。

共同的语言。文化是具有多样性的，不同族群使用的语言也有所不同。作为区别不同族群的重要依据之一，语言是人群互相交流和倾诉的工具，能够帮助人们描述族群特征，增强族群文化信仰。语言对于个人认同具有重要的影响，它能够帮助个人验

---

[1] 江宜桦：《自由主义、民族主义与国家认同》，扬智文化事业股份有限公司1998年版，第15页。

证自己的身份。语言也是文化遗产的元素，它唤醒了族群意识，并将族群意识不断流传。① 语言是认同构建的重要元素，在当前族群发展、国家发展和矛盾关系处理中，语言问题往往成为文化冲突的焦点。

共同或不同的宗教。宗教同样也影响着族群认同，但宗教因素在认同研究中常常被忽略不计，尤其是在政治领域中，很多政治学家认为宗教这一因素不会对认同有太大影响。宗教信仰源于自然崇拜，经过不断发展延续形成了多种宗教教义和信念，人们以宗教信仰作为链接，组成一个共同体，共同的信仰将族群成员紧密团结在一起。若宗教信仰不同，那么两个群体则会自动变成相互排斥的两个阵营。纵观西方国家的政教分离，宗教信仰不再附属于政治需求，而是成为独立的信仰。共同的宗教对各个族群文化和谐发展具有重要影响作用，更是族群之间兼容并存的关键因素。

权利关系的变化。除上述几项影响因素外，权利因素也是影响认同的关键因素。权利关系一旦发生改变，族群认同也会发生改变，这样往往就会形成不同的族群认同以及不同的国家认同。这种权利关系变化反映了政治制度与族群内部之间的关系，可以从国家结构形式、族群政策上表现出来。比如：民族国家若是单一管理体制或联邦体制，这会对族群权利分配会造成很大影响，结果便是会致使多种族群认同的产生。民族国家所推行的族群政策对认同同样会有关键性影响，国家推行某项政策，势必会从全国进行普及，且具有强制性，常常会用国家政府或法律作为实施的保障。而这些政策制度势必会对国家族群关系造成一定影响，要么鼓励扶持了某一族群更好的发展，要么制约了族群长远发展，给族群带来压迫。总而言之，民族国家采取不同政策，对族群就会形成不同的认同。

（2）族群认同产生的方式。关于族群认同是如何产生的，不同学者给出了不同意见，比较普遍推行的主要有以下几种：

情境论。情境论认为民族认同是由特定的民族成员或领导者在必要的情况下引起的，该理论强调民族认同具有多样性，情境论中所提及的民族群体构成是个人或群体组合而成的，考虑到不同的情境，就会有不同的选择组合。马克斯·韦伯对"社会亲密"的定义就是对情境论的最好诠释，为了掠取更多竞争优势，所有的经营集团都会制定一系列有助于集团打败竞争对手的政策。换言之，民族认同情景是构建本民族发展的关键因素。当一个少数民族进入主流社会，为了赢取社会地位或更好地在社会中生存，他们会吸收主流社会意识，并在竞争中保存优势，增强当前的民族认同或是重新创建新的认同，不管决策如何，其最终目的是为了实现竞争中的优势。

原生论。原生论认为族群认同是人类与生俱来的，族群的归属就是族群认同的根基。在族群认同的原生论中，生物性特征的遗传以及共享的历史和文化这两个因素非

---

① ［美］爱德华·萨丕尔：《语言论》，陆卓元译，商务印书馆2000年版，第196页。

第一章 民族认同与民族文化

常重要。这两大因素直接决定了个体的归属,且是族群互相区别的主要因素。原生论是最基本的认同方式,族群是社会中的一个组成部分,由于这些族群呈现了不同的认同,社会也就会呈现出多元化。

工具论。族群认同的工具论主要强调族群认同和政治权利二者之间的关系,把族群认同看成是一种社会工具。工具论就是族群中的个体将族群领袖或组织当作利益和权利的保护工具。而族群认同的工具论将族群看作是社会竞争的载体,族群有优劣之分,既然有对比自然就会产生竞争,族群认同感自然是族群竞争的砝码,因此优势族群能够获取更多的利益或权利。在工具论中还提及了认同边界是随时变化的,工具论中将族群视为集团单位,认同是工具,通过这个工具将自然、文化、历史等综合起来,以保持自己族群的竞争优势。

(3)国家认同的形成与二元结构。族群认同是国家认同的基础,国家认同是以族群认同为基础形成的,族群认同除了是以共同的文化为基础的文化认同,还兼具政治性。个人对族群的认同一定是个人利益与族群利益有关系。要么个人利益能够在族群保护下得到保护,就像是保护伞一样,能够庇护每一位成员;要么就是认同族群能够获取更多的利益和更多权利。正如安东尼·吉登斯所指出,"族群认同也是社会建构的结果,在这一点上它丝毫也不亚于民族认同。所有的族群认同在某种程度上都是运用权力的结果,并且是从多样化的文化资源中创造出来的"。[1]

文化具有多样性,多元化的个人或群体也是切实存在的,多元化的主旨在于承认社会共同体文化,承认社会次级共同体文化,对于不同层次的集体同样给予认可。在多层次中最重要的两个层次分别是国家认同和民族认同。国家认同是国家对个人的政治认同,国家认同个人或族群;民族认同是随着出生、文化、地区、血缘等因素产生的文化认同,也是自我成长中最重要的认同方式。国家认同和民族认同也是比较稳定的,一旦认同后则不会轻易被改变。

民族不仅有血缘性,最重要的是还兼具政治属性。正如安东尼·史密斯对民族的理解,它是政治契约的体现。自从该概念被传播后,不少学者开始思考民族与政治体的关系,二者在某些方面存在共同性,但是不能等同。政治共同体的认同就是国家认同,它是合法的,国家会利用法律手段保证认同过程;民族认同则是将政治功能、法律功能赋予某一民族,让该民族能够确定自身的定位和特征,同时在民族认同中也能弘扬本民族习俗和价值观。民族认同是国家认同的基础,更是推动国家认同的动力,民族认同与国家认同本质上存在很大区别,民族国家有很多种,有的群体认同国家但不认同民族,有的认同民族却不一定认同国家。前者如在铁托时代的前南斯拉夫、西

---

[1] [英]安东尼·吉登斯:《第三条路:社会民主主义的复兴》,郑戈译,生活·读书·新知三联书店2000年版,第137页。

班牙加泰罗尼亚、加拿大魁北克等地就比较典型,而后者最普遍的例子如国家发生的政治动荡、起义等就是对国家不认同的表现。

综上内容可以看出,国家认同具体包含两个方面:民族认同是个人或群体对居住的领土或祖先、历史传统等表示认同、认可,并对这些元素会有归属感。从某些方面看,"国家认同或民族认同是国家社会个体或群体对国家或民族表示认可,心理上表示归属的现象。从而确定自己最终的身份,属于哪一个国家,属于哪一个民族、因此在心理研究领域,常常把这种认同形象地称之为'归属性国家认同'。"① 政治认同或制度认同,"'国家认同'也指公民对国家政权系统的认同,即公民对国家政权系统的同意、赞同、支持,亦即公民在把自己视为公民—民族成员的基础上、基于对一个国家'特定的政治、经济、社会制度有所肯定所产生的政治性认同',国家政权系统及其国家制度安排成为国家认同的标的或对象,这是公民政治取向的国家认同,我们称之为赞同性国家认同。"②

"归属性国家认同与赞同性国家认同融合在一起,就会形成广义上的国家认同,它具有强制性,若在认同中只是强调政治、经济制度的认同,那么范围过于狭隘,最终认同只会变成弱势国家认同。政治文化是国家的最高层面,他们共同创造了公民的忠诚归属。"③ 一个国家整体是否稳定,不仅取决于政治制度,更与国家文化和发展历史有很大关系,否则国家非常容易被外来文化侵蚀,被多民族文化分化,国家认同建立在民族认同上,民族认同又为国家认同提供了活动力。

二、多元文化主义理论与民族国家建构

在多元文化背景下的民族国家建构中,为了解决多元化发展中存在的矛盾,促进政治经济一体化发展,西方思想家提出了多元文化主义理论。自由主义理论所提倡的国家中立以及强调个人平等的理论并不会给特殊文化以公平对待,更不会给某些小众文化以特殊待遇,而是本着相对公平的态度去处理矛盾,在这些理论指导下的种族融合措施要么完全失败,要么未能实现预期的目标。当前,民族与国家之间的诸多矛盾和冲突日见增多,多元文化主义理论可以有效减少这种矛盾和冲突。

多元主义产生的背景主要是西方民主国家对族群文化持有不同的态度和倾向。西方民族国家之间的矛盾日益突出,多元文化主义的出现为厘清认同问题,更公平地分配资源、更好地创建社会制度、缓解冲突和问题,提出应对策略给出了很多启示。从本质上看,多元文化主义实际上就是西方国家解决矛盾的工具和手段。

---

① 肖滨:《两种公民身份与国家认同的双元结构》,《武汉大学学报(哲学社会科学版)》(哲学社会科学版),2010年第1期。
② 同上。
③ 江宜桦:《自由主义、民族主义与国家认同》,扬智文化事业股份有限公司1998年版,第90页。

第一章 民族认同与民族文化

（一）多元文化主义理论的产生与发展

1. 多元文化主义的产生

"'多元主义'（pluralism）一词承载了众多含义。但是，在美国的背景下，多元主义——尤其是文化多元主义——的意义经历了独特的发展历史。一种说法认为，它植根于威廉·詹姆斯（William James）和约翰·杜威（John Dewey）（以及他学生）的实用主义。"[①] 多元文化主义的产生有一定背景和历史原因：

（1）多元文化主义的理论渊源。在近几百年历史中，西方政治思想、经济思想都取得了丰富的成果，为多元文化主义在18世纪的诞生奠定了理论基础。现代多元文化主义理论创始人乔瓦尼·巴蒂斯塔·维柯（Giambattista Vico）认识到社会层次的多样性和社会文化的多样性，否定了西方政治永恒论的说法，他认为"每个社会都是一个独特的文化共同体，一个独特的民族，每个文化都有自己独特的价值观和价值尺度。不同社会代表着不同的思维和生活方式，每个社会所弘扬的价值与理想既不能与其他社会的价值理想混为一谈，也不能在另一个社会得到认可和弘扬"。[②]

多元文化主义的认同目标既不是建构个人的文化认同，也不是建构国家认同，而是更大程度上建构基于文化共同体的所谓的族群认同。这种基于差异而产生的族群认同与国家认同之间有着极为微妙的关系。多元文化主义试图在两者之间寻求一个完美的契合点，以维护多元社会中族群差异与少数权利存在的合法性根基。[③]

18世纪中期，法国启蒙思想家孟德斯鸠（Charles de Secondat, Baron de Montesquieu）意识到了文化的多样性，提出"文化的多样性是人类生活的一个不可避免的特征。每个社会不仅习俗、法律和政治制度不同，而且人们的情感、道德生活、性格特征也不尽相同。虽然人类有共同的本质，但是不同社会人们的能力和欲望不同，因此就形成了'民族'的特征"[④]。文化是人们生活的体现，不同民族在民族道德和环境因素上展现出来不同的结果，这与本民族生存的地理环境有很大关系，不同的地理环境，造就了不同气质的民族，进而形成了不同特质的民族文化。

德国思想家约翰·哥特弗雷德·赫尔德（Johann Gottfried Herder）认为："人性是一块'易受影响的黏土'，不同的文化可以造就出不同的人性。"[⑤] 文化特质不同，

[①] 理查德·J. 伯恩斯坦：《文化多元主义》，高莉娟，张国敬译，《国外理论动态》，2017年第3期。
[②] 转引自王天孜：《多元文化主义与民族主义》，《理论月刊》，2008年第3期。
[③] [加] 威尔·金里卡：《少数的权利：民族主义、多元文化和公民》，邓红风译，上海世纪出版集团2005年版，第29-40页。
[④] 转引自王天孜：《多元文化主义与民族主义》，《理论月刊》2008年第3期。
[⑤] J G Herder, *Herder on Social and Political Culture*. Cambridge: Cambridge University Press, 2002, p186.

多元文化视域下的文化认同研究——以四川羌族为例

但文化地位确是平等的,没有哪个民族生来就是优越的,不能用本民族文化标尺去衡量其他民族文化。赫尔德强调文化之所以存在差异和特性,是因为文化具有非接触性,他并没有看到文化与文化之间经过交流接触后出现的变化,只是一味地认为文化摩擦容易造成冲突。

以赛亚·伯林(Isaiah Berlin)文化多元论和价值多元论为基础的自由主义思想为多元文化主义提供了重要的理论资源。他反对以某种价值尺度或特定文化作为衡量所有文化的标准,认为"任何文化都不仅仅是走向另一种文化的工具;每一项成就,每一个人类社会,只能根据它自己的内在标准加以判断。不同的文化,就像是人类大花园里众多和睦相处的鲜花,能够也应当共存繁荣"①。

"从维柯和孟德斯鸠的多元意识,到赫尔德的文化民族主义,再到柏林的自由民族主义,这些理论对民族认同的确证和民族文化的强调都为多元文化主义的产生奠定了深厚的思想基础。此外,后现代主义对多样性和差异性的尊重以及对西方现代主义的思维方式和人类中心论的解构和颠覆,使现代社会的思维方式发生了根本的转变,正是在这一转型过程中,多元化的思想逐渐成为社会文化的基本原则。"②

多元文化主义与民族文化多样性存在一定联系,前者的内涵不断拓展延伸,超越了经济、政治层面,超越了国家民族范围,形成了世界意识。如果用多元文化主义的理论看待民族文化的发展,势必也存在多样性,有学者表示美国黑人民族文化与文化多元性都诞生在20世纪初。二者是否有相互联系性值得考证,但是可以肯定的是,多元文化主义的思想势必会影响美国黑人民族的多元化发展,甚至对民族价值观取向也有一定影响。

杜波依斯(William Edward Burghardt Du Bois)在《黑人的灵魂》对美国的种族歧视政策与"熔炉理论"③进行了否定。"黑人感到他的两重性:既是美国人又是黑人,因此,在他黑肤色躯体里存在着两个灵魂、两种思想、两个不断争斗的理想和两种无法调和的奋斗精神。美国黑人历史就是这样一个奋斗历史,即:渴望获取自觉的人类尊严,把他的双重性合二为一,成为一个更好、更真实的自我。他不会使美国非洲化,因为美国有许多东西可以贡献给世界和非洲。他也不会让黑人灵魂在美国白人思想文化的洪流中漂白蜕变,因为他知道,黑人血液里潜藏着整个世纪的信息。实际上,美国黑人仅仅希望有可能既做黑人又做美国人。"④

霍勒斯·卡伦(Horace Kallen)对熔炉论进行了批判。"卡伦在《美国的文化与民主

---

① [英]以赛亚·柏林:《反潮流:观念史论文集》,冯克利译,译林出版社2002年版,第13页。
② 王天孜:《多元文化主义与民族主义》,《理论月刊》,2008年第3期。
③ 黄兆群:《熔炉理论与美国的民族同化》,《山东师大学报》(社会科学版),1990年第2期。
④ W. E. B. Du Bois, *The Souls of Black Folk*, Chicago: A. C. Mc Clurg, 1965, p. 3.

第一章 民族认同与民族文化

导言中首次使用'文化多元主义'(Cultural Pluralism)。认为在美国具有各种亚文化,每种亚文化都有独特的方言和言语方式,乃至自己审美的和思考的形式,每一个民族的精神和文化都在美国社会里占有一定地位。"[①] 他认为熔炉同化理论将非盎格鲁—撒克逊族群看作是低等人群,给予他们不公平的待遇,歧视他们的民族思想,与多元文化主义的思想背道而驰。虽然每一个族群之间的文化差异不能被完全消除,但却可以被同化或包容。"文化多元主义理论所包含的'文化'的内容超越了传统意义上的'文化'范围,实际上成为一种更为深刻和广泛的政治诉求,成为20世纪六七十年代美国学术界和大众媒体解释美国社会架构和文化态势的经典理论,对美国社会产生了极为重要的影响。到20世纪90年代,'多元文化主义'更是得到了普遍的认同和广泛的传播,不再是局限在美国国内的运动,不但其形成受到世界形势发展的影响,它本身也是对全球化时代世界秩序的一种探索。"[②]

（2）多元文化主义产生的社会背景。多元文化主义产生的社会背景主要可归纳为以下三个方面。

多民族发展的社会现实。第二次世界大战结束后,北美地区的人口结构发生巨大改变。为了弥补人口缺失,美国开始调整移民政策,吸引世界各地的人来美国,这些移民从欧洲各个地区来到美国,他们拥有共同的祖先,相同的文化饮食习俗,同质性文化非常多,北美民族国家的文化特征也就越发明显,呈现多元化且同质化的特点。在美国和加拿大独立之前,他们都是欧洲殖民地,独立之后,国内民族众多,这些民族携带着多元文化元素,族群和文化多样性是这些国家不得不面对的现实问题,也进一步推动了多元文化主义的诞生发展。

第二次世界大战后,民族主义情绪高涨,北美民权运动令民族意识开始觉醒,少数族裔要求得到主流群体的尊重和重视,为了争取更多权利,在世界各地都爆发了民族运动,各民族代表如火如荼地宣扬着民族平等的思想意识。迫于这些运动的压力,美国、加拿大等国家不得不重新审视国内的移民群体和少数民族群体,在政府颁布的宪法中提到了自由和平等两大概念。但是颁布的新宪法与实践还是存在一定差距,要想实现歧视彻底消除,还需要时间。民族运动给人群带来政治意识的觉醒,他们纷纷要求废除不平等法律,主流社会也认识到这些移民群体和少数民族群体的文化特征,以美国为首的西方国家政府制定的新的民族政策,为民族文化多元性发展提供了条件。

同化政策的推行,并没有缓解民族之间的矛盾,相反还增加了冲突,为解决这一社会现实问题,政府必须寻找最妥帖的政策处理民族关系。早在1960年,美国、加拿大、澳大利亚这三个国家就针对外来移民群体事件施行了盎格鲁-撒克逊民族同化政策,

---

[①] 南开大学历史研究所：《美国历史问题新探》，中国社会科学出版社1996年版，第48页。
[②] 冯广兰，孙龙存：《美国多元文化教育思潮探源》，《内蒙古师范大学学报》（教育科学版），2008年第5期。

即"熔炉理论"。其主要内容就是强制要求外来移民放弃本国文化，必须接受美国的盎格鲁－撒克逊文化，只有如此才能将这些移民转化为真正的美国人或加拿大人。正如亨廷顿所说的，在美国历史中，对所有盎格鲁—撒克逊新教白人而言，必须完全接受新教文化和价值观，只有如此才能被称为美国人。这一政策于国家有利，于新教有利，唯独忽略了外来移民的感受。[①]熔炉理论的施行使得美国国内黑人、墨西哥裔等族群与英裔之间的矛盾日趋深化，英裔针对有色人种的歧视，特别是白人警察对有色人种的暴力执法却能逍遥法外的行径，引发了大规模的游行与暴动。加拿大地方政府合并和去合并化运动失败之后，魁北克法裔人的独立要求及原住民的自治要求使得加拿大联邦面临分裂的威胁。在这种情况下，美国和加拿大不得不以多元文化主义政策替代熔炉论的民族同化政策。这样一来，两国国内的族群矛盾便得到了有效的缓解。

2. 多元文化主义的发展

1971年，加拿大通过《双语框架内的多元文化政策实施宣言》，初衷是平息加拿大国内说英语和说法语地区的文化差异争议，减弱魁北克人的独立意愿。1982年，加拿大正式司法独立，通过名为《加拿大权利与自由宪章》的事实宪法，其第27条明确列入"宪章一定要保护和改善加拿大的多元文化传统，与它一致"，自此，多元文化成为加拿大国策和最基本的"政治正确"之一，这是首次关于多元文化主义实践的结果。在西方国家中，以北美学术界内最为活跃，他们直接面对社会现实问题，对民族差异如何解决、民族冲突矛盾如何解决等发表了自己的见解。

多元文化主义汇合了很多当代西方学者的思想，他们有的还是跨界学者，这也让多元文化主义更具有丰富的内涵，多元化思想构建了多元文化主义，具体可以归纳为以下三种：

（1）基于对北美多元文化主义实践的思考。金里卡以加拿大群体为研究对象，创新性地提出了群体权利的概念。他表示文化是平等的，少数民族群体应该享有差异文化的平等权，如此一来才能体现公平正义。具体内容是要对少数民族的文化进行保护，让他们拥有自治和自管的权利。值得一提的是，他还提出了特别代表权，实际上就是对群体实行代表制并限定比例。如此一来，少数民族才能在政治方面有一定地位和作为。

亨廷顿剖析了多元文化主义引发的社会"马赛克"化现象以及民族国家认同消失的原因，并总结归纳为以下几点：一是民族国家是多民族存在的摇篮，自然会存在很多文化种类，二是全球化和一体化的发展使个人和民族的更广的宗教与文明认同变得更重要。考虑到多元文化主义主张的一些政策内容，对部分族群会带来不好的效果，

[①] [美] 塞缪尔·菲利普·亨廷顿：《谁是美国人：美国国民特性面临的挑战》，程克雄译，新华出版社2010年版，第53页。

比如某些政策内容会不会让民族矛盾冲突更大？政策是否存在倾斜条款？这些研究当前还没有同意界定，因此对于文化多元主义的评价也是有褒有贬。

（2）基于对自由主义个人平等理论的反思。多元文化主义作为一种政治理论，它的核心问题是身份或认同问题，主要是围绕现代社会里少数群体的平等性问题展开的，主张不同的民族、种群都享有平等权利。如在平等权利问题上，多元文化主义不同于自由主义，前者讲究的是基于群体之上的平等，后者表示基于个人之上的绝对平等。

多元文化主义关注的对象不是抽象的，而是针对族裔、族群、妇女、残疾人等各种少数群体，为他们争取更多的平等权利，这都是自由主义理论无法媲美的。有些学者批判到这些自由主义会忽视少数群体文化的现象，会形成文化压制专政。不管是查尔斯·泰勒（Charles Taylor）所研究的"承认的政治"，或是艾丽斯·M.杨（Iris Marion Young）研究的"差异政治"，都是对自由主义表示批判，强调个人忽略了群体平衡和群体差异，尤其是忽略了对少数群体文化的认同。自由主义是针对个人提出的理论，但是国家不仅有个人，有群体，还有少数群体，因此在他们看来，自由主义理论是不合理的。

（3）从宪政理论的角度进行论证。为了让少数群体切实得到平等和保护，许多学者们主张从国家立法着手，将少数民族诉求纳入宪法内容制定中。其中詹姆斯·塔利就是政宪主导者的代表，他给多元文化主义运动归纳了两大特征，即寻找文化承认与争取某种自治。政治共同体要想被个人或群体认可，则必须能够对各种文化给予承认，并将这些民族文化纳入宪法章程之中，不管是土著民族、移民或是少数群体，都需要得到宪法保护和尊重。迈克尔·沃尔泽（Michael Walser）表示多元文化主义旨在多数里面求得统一，不同之中求得相同。而尤尔根·哈贝马斯（Jürgen Habermas）主张的宪政理论也是从民族国家角度出发，分析探讨民主制度对社会人权利的保护和监督。此外，他在其他研究中也提及了民族、法律、国家三者之间的关系，并提出了承认实现平等的主张。

（二）多元文化主义在民族国家建构方面的主张

在民族文化多样性的背景下应如何建构民族国家，多元文化主义者认为少数民族群体在文化与政治等诸多方面的诉求应该得到满足。少数民族的主张是超越文化的，已进一步扩展到政治和经济领域，这就要求多元文化主义不仅要解决文化问题，还要解决政治、经济等诸多方面的问题。

少数民族群体为了保证民族自身的发展，为了获取社会地位，为了让国家承认民族文化，平等对待民族群体，让民族特色文化得到长远发展，要求民族国家赋予其特

多元文化视域下的文化认同研究——以四川羌族为例

殊的民权或差别公民权,这与民族区域自治对教育、语言、经济发展和倾斜的居住地的管辖权有关。多元文化主义认为,能否满足少数群体的诉求,直接关乎社会公正问题,这也是当前政治领域中研究的热门课题。换言之,即群体权利与社会公正。

只有解决了群体权利和社会公正,才能实现国家真正的民主建设和国家统治。民族国家建设中,受到多民族、多文化的影响,形成了多种文化层面,多元文化主义有其特定的政治观点,即如何解决国家与民族之间的冲突。民族国家应该怎样建构才符合社会正义的标准,金里卡将多元文化主义称之为一体化公平条件,认为一定要认识到民族国家建构的一体化的实现过程是比较漫长的,对于少数群体的态度应该是尊重和包容。综合看来,民族国家建构需要联邦自治、特殊代表、多元族群权、补偿措施、多元化公民教育等方面配合发展,如此一来才能够使政治共同体与多元文化之间保持平衡的发展关系,让民族国家构建历程中存在的民族一体化和族群自我发展矛盾得到有效缓解。

1. 联邦制与少数族群自治

在多元文化社会中,很多族群常常面临着被分离的风险,在历史发展中,族群分离会让国家瓦解,对国家凝聚力也会带来不好的影响,一旦疏忽了分离或默许了分离,结果则是会带来更多的分裂运动,国家民族随时会被分别,甚至会带来全球暴动的结果。正如金里卡所形容的那样:"分离会带来国家内战的爆发,甚至会引起连锁反应,分离的领土会被少数群体占领,领土又会被再一次分类,且分离会影响各种群体的发展,最终国家走向四分五裂。"① 关于民族自决原则并不主张也不适用多民族国家使用,关于自决权的解释常会用于国际上的解释,指主权国家在国家内部建立民主组织的权利,也就是说,可以对族群内部事务进行有效处理,有权利选择具体的治理方式,但是族群内部却不能拥有分离权利,若无法对族群的差异进行合理调整和妥善处理,非常有可能爆发分离现象,对国家和民族而言都是重创。

金里卡表示:"除了分离方法,还可以选择联邦制,这能够让少数族群的特殊文化得以保存发展,也能够满足这类群体的特殊需求。"② 究其原因是联邦制具有极大的优越性和先进性,它非常灵活且具有很大弹性,能够满足不同族群的需求和自治管理。在欧洲很多国家,如瑞士、加拿大、西班牙等国家都是运用联邦制度和解决了民族国家建设和发展认同过程中的矛盾,使族群之间的冲突降到最低。联邦制讲究和平、民主原则,他们能够引导群众放弃分离,消除歧视。哈贝马斯非常认可联邦制,认为这是具有很强包容性的制度,联邦制是消除种族歧视问题的有效制度,它避免了自决

---

① [加]威尔·金里卡:《少数的权利:民族主义、多元文化主义和公民》,邓红风译,上海世纪出版集团2005年版,第78页。
② 同上书,第90页。

第一章　民族认同与民族文化

或分离的方式。综合看,这些制度能够让族群文化得到包容,让少数族群权益得到保护。

联邦制实际上是承认族群能够自我治理和管理的机制。金里卡在研究中提出联邦制与行政分权有很大差异,分权是联邦制度的特征。金里卡在《少数的权利:民族主义、多元文化主义和公民》中提出:"包括两个或两个以上的次级单位(省/州/邦/地区)根据宪法规定分享权力。这种体系建立在领土的基础上,因此每一级政府都在一些方面拥有一定的主权。"①在联邦制运作下,少数族群居住地区实行联邦制度,并根据权限和地区的不同进行划分。在此基础上,少数群体的行政单位可以由少变多。联邦制度帮助少数群体进行自治管理,尤其是在一些遗留问题和历史问题上拥有绝对的权利,在生存发展的问题上,即便以压倒性多数投票赞成,他们也可以不去执行,按照自治权利执行即可。比如在魁北克省、努纳武特地区,行政单位拥有法裔、因纽特人的民族文化管理权利,不仅如此,在这些地区内还制定了教育、语言、文化、外交等权利。通过上述可见,联邦制能够保护并发展少数群体文化,也可以间接地削弱少数群体特权,从实践的联邦制度看,有些地区的联邦制度并不是为民族多样化而设计,联邦与文化多样性保护没有太大关系。如:美国和澳大利亚联邦制设计是殖民时期遗留的结果,解决的是历史遗留问题,与民族文化多元性没有关系。当然联邦制并不适用所有国家,因为权利分配存在风险和争议,只有灵活调配,才能更好地运作。

联邦制在一定范围内能够有效地缓解民族国家建构与族群自我发展的矛盾。顺利施行族群自治的前提是国家领土完整,且不被侵犯。联邦制可以给予少数民族一些自治空间,从法律上给予他们自治管理的一些权力。族群自治的模式并不统一,每一个民族国家情况不同,自治方法也就不同。据世界范围内的族裔民族主义冲突的调查表明,自治能够有效降低冲突和矛盾爆发。相反,若拒绝自治则会激化矛盾。实行自治的成功案例有很多,如北美印第安人对领地的保护、中国实行的少数民族地区自治等。通过实践结果可以看出:自治的确有效解决了族群冲突和矛盾,自治方式和制度推行越来越重要。第一,推行实施的联邦制度可能在权利分配上无法满足少数群体的利益与需求,需要结合当地实际情况进行调整;第二,自治权力的下放,让族群不再考虑分离方法,使其不会得到民众的支持并缓和族群关于土地权利的矛盾。

对于民族国家,可以适当将权力下放给少数群体,让他们能够自行解决族群内部的事务和矛盾,实现族群的发展。族群自治的政治单位与历史家园领土应该是一致的,因此这些权利是长久且固定的。对于新建的移民国家,一些原住民拥有对居住地的世袭权利,他们与殖民者签订了一些条约,面对这些复杂的内容,只有族群自治才能较好解决族群问题。如此一来也能够满足原住民在历史上拥有自治权利的心理。但是土

---

① [加]威尔·金里卡:《少数的权利:民族主义、多元文化主义和公民》,邓红风译,上海世纪出版集团2005年版,第103页。

著群体的自治还是需要谨慎进行的，只有少数土著居民才能拥有自治，其他族群或移民则不可实行自治权利。一旦所有族群都有自治权利，势必会给国家带来灾难，甚至在管理上还会出现混乱。虽然联合国实施了关于民族自决、群体权利、自治管理等诸多措施，但是很多学者表示在自治发展过程中，还有在很多问题及对应对措施研究比较单薄，会导致民族自决问题执行起来比较困难。

族群矛盾与冲突解决的根本在于族群实现自治管理。自治能够保证少数族群发展其自身的传统文化，同时还能实现自我管理。当然，少数群体自治也会给国家建设带来一定威胁和风险，若是民族国家整体管理能力下降，极有可能会被少数群体掌控，会对国家凝聚力造成分化。但是实行联邦制和族群自治共同管理，可以避免上述问题的发展，同时还能够保护少数族群不再受到歧视和排挤。综合来看，联邦制和自治具有很强弹性，联邦体系设计是有机的，可以团结少数族群，多数族群互相包容，和谐相处将冲突降到最低。因此使用地方自治和联邦制度，能够帮助全国民族享受民族权利。

2. 多元族群权与补偿措施

少数民族的多元性的表现主要包括：尊重少数民族的文化习俗，让他们不放弃原本的文化内涵，取消对民族文化发展不利的条款，消灭民族歧视，切实推行一些能够保障民族群体利益的政策和举措。比如：可以通过创建新的立法或推行差异化文化保护的政策，让少数民族文化不会在主流文化中受到发展阻碍。

族类群体一般都会比较尊重象征性肯定，这是对本族的尊重，更是在国家社会中地位的体现。比如曾在加拿大爆发的"第一民族"之争，原住民族与外来民族争论到底谁是第一民族，不仅激化了各个族群之间的矛盾，还影响了少数民族文化的发展。为此加拿大政府颁布实施多元族群权法规，要求在国家制定决策时也要将少数族群的诉求考虑进去，不能忽视这一特殊人群。族群文化具有一定差异性和特殊性，一旦这种文化体系形成后，就会特别稳定，不容易被同化或取代，即便是投入到主流文化熔炉中也很难被取代。少数民族要想在主流群体中更好生存，除了要寻找最佳方法保护发展本族文化，还要以宽容的心态去接受主流文化，只有在彼此了解的基础上，才可能更好地相互共存发展。国家推行的多元族群权可以帮助少数民族更好地保护自己的特殊文化，文化的发展可以促进国家政治、经济、文化等相互融合，但是如此一来又会涉及少数族群的居留地政策和利益补偿政策等。

除了多元族群权之外，居留地政策也关乎少数民族文化的平等性。虽然在国家建设成立之初，要求一个国家缔造其独有的国家文化，但是这种独有的文化很难实现，而缔造共同文化却是可行的，这就需要各种特殊文化在彼此包容、尊重的环境中共同发展。多族群的国家中很难做到真正的公平，只要做多相对公平即可，比如美国创建的社会机制，一些少数族群在迁入美国以前，已经形成了固定的生活模式，他们不愿意改变，也不愿意参与到国家政治中，为此要尊重他们的意愿，而这种灵活的机制实际上就是对他们的保护，施行居留地政策来依其原有体制自我发展，这对多元文化主义的发展无疑是利好的。

在对原住民居留地进行开发时，是要给予一定补偿，经济补偿或精神补偿均可。原住居民长时间居住在某一地区内，综合条件并不好，人口稀少，基础设施不足等，但是为了科技发展和经济发展的需求，需要对这些地区重新规划开发，如一些居住区域地下埋藏了众多的矿产资源，或是一些地区可以开发成为旅游景区，如何开发这些原住居民的自然资源和人文资源，如何公平分配这些资源都是值得关注的重要问题。

若只是一味地关注经济开发需求，对当地需要迁走的居民不给予一定补偿，是不公平的。原住居民世居在他们熟悉的土地上，是土地的合法拥有者。在国家建设之前，需要对原住居民做好安抚，尽量满足他们的诉求，对原住民给予适当的补偿。

在资源开发和环境保护问题上，人类是具有权利的。但是不可忽略了自然本身的权利，从非人类中心主义的内容上看，经济开发中需要重视环境保护，切不可处于经济开发的目的采用强制手段对自然环境进行破坏，或者改变原有居住人群的生活方式。相反，要对当地环境和居民给予足够的重视。当然，对无地、贫困的少数群体而言，若是他们自愿为了经济开发建设而牺牲，以此实现资源合理分配也是可取的。

三、多元一体格局下的民族多元文化发展

中国民族的发展历史展现了各种关系的发展，在上下五千年历史中，中国各个民族互相融合发展，坚持和谐共生，为我国的多元一体格局奠定了基础和明确了方向。下面以中华各民族之间关系的发展趋势为例对多元一体格局下的民族多元文化发展，以及中华民族关系发展的大趋势进行总结，分为"从多元融合走向华夏一体、从民族互化到以汉化为主、从以汉化为主流走向中华民族认同"[①]三个阶段。

（一）从多元融合走向华夏一体

我国民族自从诞生之时起就呈现文化多元化的特点。最初，中华大地上共同生活着五大部落，分别是炎黄、东夷、苗蛮、百越、戎狄，其中主流群体当属炎黄部落，黄帝和炎帝是控制管理部落的两大首领。在黄帝族群中又被细分为若干个小部落，这些部落分别用熊、狼、豹等命名，都是属黄帝部落管理的。发展至公元前2070年，由炎黄组合形成的华夏民族形成并登上了历史大舞台，华夏民族的融合发展宣告了中国民族开始由多民族向着华夏民族融合发展，中国民族格局出现了一体化发展趋势。在这片土地上，各个族群开始联盟发展。此后出现的夏族被称之"万国"，下辖若干

---

① 徐杰舜：《中华民族关系发展大趋势论》，《学术探索》，2011年第10期。

多元文化视域下的文化认同研究——以四川羌族为例

个小部落,如颛顼、帝喾、伯益、皋陶等。发展至商,部落更是繁多,具体已经无从考证,但是结合相关历史记录资料发现,在夏商时期的部落至少有近62个小部落组成。商族的最终形成也是由多元化变为一体化的趋势所造就。商汤灭掉夏族之后,就将族群联合发展,其族群号称"万邦""万方"等。发展至周族,多元化融合发展,关系更加复杂,周王朝将中国一体化发展趋势推向了高潮,也是在此刻中国华夏一体格局基本定型,族群中除了遗留的夏、商、周、楚等旧有部落外,还掺杂着夷、蛮、戎、狄等其他族落。此时的民族认同发展是比较散乱的,没有集中性。

到春秋时期,西周的民族壁垒逐渐被打破,开始出现新融合趋势,民族间的文化开始多元融合。比如在周朝,孔子被统治者被称为尼父,孔子是商朝后人,但他却忌讳自己的族群部落。直到孔子逝世之后,周朝统治者还曾写文悼念孔子。"天不遗耆老,莫相予位焉!呜呼哀哉,尼父!"可见,当时族群之间的关系已经非常融洽,族群界限已经逐渐被打破。

春秋时期多元化民族联合的标志事件当属于秦晋联姻。分封诸侯时,周成王的弟弟成为晋国首领,他带领周族部落统治了晋国。秦国又是另外一部落,并非周族人,秦晋联姻第一次打破了族群界限,颠覆了外族与本族不能联姻的传统。"秦晋"的联姻在中国历史上留下深刻影响,而古代关于婚姻的代名词也常常会用"秦晋"表示。从地理分布上,夏、商、周、楚、越等部落是散落到中国大地上的,春秋时期,以夏商周三朝为首,又一次推动了民族融合发展,甚至这种影响逐步扩散到楚、越与夷、蛮、戎、狄等部落中,促进了民族融合发展的格局。民族融合的形式有很多种,除联姻外,还有文学、商贸等形式。《诗经》就选择了多个民族的题材,记载了多民族风俗习惯,并通过优美的语言组织形成了诗句,让后人代代传颂。《诗经》形成后,开始向四面八方广泛流传,通过这一文学载体,各个民族之间更加熟悉了解,彼此之间的边界被逐步打破。

《左传·僖公二十一年》中曾提及,东夷的须句国与邾人战争过程中,曾经向鲁国发出求救的信息,而鲁僖公之妾的须句人成风说,"崇明祀,保小寡,周礼也;蛮夷猾夏,周祸也"[①],可见,周朝的族群礼秩已经形成,这一时期民族融合又进入新的发展阶段。

整个周王朝之内,几乎所有的民族或族群几乎都被卷入春秋战国时期民族或族群多元融合的激流之中,形成了多元化民族融合的热潮。这一时期的民族常常被称之为"诸夏",是中华民族统一的关键历史时期。直至秦始皇统一天下,使多元融合而形成的华夏族从分散走向统一,实现了真正的融合发展。纵观前朝历史可以发现,从公元前2070年夏崛起到秦朝统一,民族发展无疑不是从多元化到统一化发展,最终在

---
① 杨伯峻:《春秋左传注》,中华书局1984年版,第181页。

秦朝带领下实现天下大统一，尽管如此还是有很多小部落，但是受到大环境的影响，他们还是臣服于主流群体的。

（二）从民族互化到以汉化为主

纵观整个中国历史，多民族统一后并没有立即形成华夏体，但各民族互相共存，彼此和谐兼容。到了汉朝，华夏民族的多民族发展格局转化为以汉族为首的发展格局。汉朝开始与西域少数民族进行通商贸易，族群之间的交往活动更加频繁，但是这一时期的主流族群是汉族，汉王朝的军队被称之为"汉军"，出行的使者们被称之为"汉使"，汉族这一名称也是从这一时刻诞生的。在民族结构中，汉族数量占据了一半以上，其他则是少数民族，这是与秦王朝时期民族结构不同之处。

民族互化是需要过程和时间的，互相影响，互相磨合，互相发展，形式也多种多样，有的是少数民族融合于汉族，有的是汉族融合于少数民族，彼此之间互相学习和借鉴。民族融合发展的例子有很多，如在东汉末年，匈奴人迁徙进入了八郡，当政者曹操将这些群组划分为5个部落，并让他们保持游牧生活，部落人们开始安定下来，逐水草而居或定居务农。匈奴人与汉族长期发展中，受汉族文化的影响，到魏晋南北朝时期时，已经习惯用汉字命名姓氏，逐渐接受和吸收汉族文化。如十六国时期前赵政权开国皇帝刘渊就曾努力学习汉族经典著作，并让其后代子孙仿效学习。同样，历史上也存在汉族融合于少数民族的现象。如历史上著名的嫁给松赞干布的文成公主，随行的和亲人群抵达少数民族地区后，生活习性也逐渐与当地少数民族趋同。与此同时，随行的工匠给当地带去了先进的技术，促进了藏族地区的经济社会文化发展。

（三）从以汉化为主走向中华民族认同

"在入关之前，大清的最初奠基者努尔哈赤等曾对当时称为'中国'的明王朝表示臣服和尊崇，他们尊大明为'天朝上国'，自认其为华夏边缘之'夷'。"[①]1840年的中英鸦片战争彻底打开了中国大门，给长期闭关锁国的中国重重一击。接连的战败让当政者重新审视了中国与西方国家的关系，他们开始意识到民族的重要性，开始思考民族意识的重要性。"当时种种关于民族的概念，都彻底颠覆中国传统的'夷夏之辩'或'华夷之辩'民族观，使中国人开始认识到民族并不是仅仅对华夏文化和汉文化认同的问题，认同则为'华'或'夏'，不认同则为'夷'或'蛮'的简单划分。民族应该是具有血统、生活、语言、宗教、风俗习惯等特征的人们共同体。这种悄然而入的民族概念，真是一两拨千斤，轻而易举地拨转中国民族关系发展两千多年来从

---

① 黄兴涛：《清代满人的"中国认同"》，《清史研究》，2011年第1期。

民族互化走向以汉化为主流的大方向。"①

鸦片战争后，中国进入旧民主主义革命时期，彻底推翻了中华五千年封建王朝中的"天下为国"的思想意识，人们对世界的认知被彻底颠覆，他们认识到汉族也只是世界众多民族中的一员，认识到世界是多元化的，中国是多元化的，中国是世界各国的一员，民族与国家概念在世界交往中更加凸显，这也促进了新思潮出现。在民族国家随时灭亡的时刻，如何去理解民族，如何去发挥民族意识，都是关乎存亡的重要问题。显然，单凭一个汉族不能代表中华民族，单凭某一个少数民族也不能代表中国，在这个大背景下，激活了中国民族意识。

《马关条约》签订后，世界列强疯狂瓜分中国国土，掠夺中国资源，中华民族开始陷入民族存亡的危机之中。中国部分群体推动了维新运动，这次创新民族意识的群体运动拉开了中华民族新思潮的序幕。以孙中山为代表的维新派人员成立了兴中会组织，主张"驱除鞑虏，恢复中华，创立合众政府"。1905 年，梁启超在《历史上中国民族之观察》一文中指出的"中华民族"概念极大丰富了"民族主义"的内涵。1912年 1 月 1 日，孙中山发表《中华民国临时大总统宣言书》，第一次提出了"五族共和"论，开始向全世界宣扬中华民族的"五族共和"思想及其政策主张，标志着中国的传统"华夷之辩"彻底被抛弃，中国民族关系发展大趋势从此开始从以汉化为主流转向中华民族认同。

1919 年"五四运动"爆发，这一时期民族意识不再是被动灌输，而是以自发接受为主，民族团体组织一方面反对清朝封建政府的统治，一方面反对帝国主义列强的侵略。他们坚决捍卫中华民族利益，这一时期民族意识逐渐强大，民族团结力量蓬勃兴起。

1924 年 1 月 20 日至 30 日，由孙中山主持的国民党第一次代表大会在广州举行。会议通过了共产党人参加起草的《中国国民党第一次全国代表大会宣言》，重新解释了三民主义，把旧三民主义发展成为"联俄联共扶助农工"的三大革命政策的新三民主义。向全世界宣布了反对帝国主义和军阀，积极联络各民族，争取民族统一平等地位，为国家利益不断抗争。在民权主义思想上，以孙中山为代表的群体力求通过解放实现中国内部各个民族平等地位，让全国各民族都发挥最大的力量参与到反帝反封建斗争，如此一来极大地调动了全国各族力量，并对国民党和革命军建设夯实了基础。随后爆发的北伐战争重重打击了封建残余势力。以上对中华民族、中华民族意识具有重要影响，也是历史上书写歌颂至今的主要原因。

1931 年，日本侵入中国，开始新一轮掠夺，中国民族又一次陷入了生死存亡的关头，卢沟桥事变爆发后，全国一切能够团结的力量共同抵御外敌，组织成为了一支强大的力量，浴血奋战，终将日本赶出中国。在民族存亡选择前，中华民族凝聚力发挥

---

① 徐杰舜：《中华民族关系发展大趋势论》，《学术探索》，2011 年第 10 期。

重要作用，这一时期也是中华民族意识最强烈的时期。

综上可见，对于民族意识的变化是从中英鸦片战争后开始转变的，随后中华民族关系开始出现微妙变化，直到中日甲午战争爆发，中华民族意识被彻底爆发，面对共同敌人，各民族团结抗战。随着五四运动新思维影响，直到中日抗战，中华民族意识达到顶峰，中华民族关系彻底实现以汉化为主流转向中华民族认同的路线图。

第三节　民族认同与文化适应

如何在新形势下加强各民族的文化认同，加强民族团结和融合，从而实现中华民族伟大复兴的光明大道，是当今社会的一项重要任务。我国社会的快速发展和价值观的多元化，给少数民族地区带来了经济的进步和活力，同时给少数民族的核心价值观和主流文化带来了冲击和挑战，也可能造成文化认同的混乱，增加少数民族文化适应的难度。本节主要探讨民族认同与文化适应的有关问题，主要是民族认同与文化适应、文化认同与民族认同，以及我国文化适应现状和问题等，旨在探寻在民族认同与文化适应过程中增强民族的文化认同的策略和办法。

一、民族认同与文化适应

（一）适应与文化适应

1. 适应的概念

适应是指个体为了满足心理需求与外界环境保持的关系，适应一词最早是属于生物学领域内的名词，代表着生物机能体对外界的适应。后来学者们在心理学领域中也开始使用适应一词。"适应涉及的范围较为广泛，适应不仅可包含个体生存于世必须具备的对外界温度、湿度、空气等的适应，还可包含心理适应、文化适应和行为适应等内容。究其本质，适应是主体对环境变化所做出的一种反应。"[1]

2. 文化适应的概念

文化适应这一说法是人类学家从个体感受角度出发，创新性提出了文化适应概念，随后在跨文化研究上，心理学家就文化适应方面也做了众多实践调查与研究，国外文献中综述性文章一般都使用"文化适应"这个术语来表述这种现象。

文化适应最早的研究可以追溯到美国，早起20世纪初期，以罗伯特·雷德菲尔德（Robert Redfield）、拉尔夫·林顿（Ralph Linton）和梅尔维尔·赫斯科维茨（Melville Jean Herskovits）等为代表的美国学者，提出了文化适应这一概念。其中，雷德菲尔德

---

[1] 史慧颖、张庆林等：《中国西南少数民族民族认同与行为与适应研究》，重庆大学出版社2012年版，第172页。

多元文化视域下的文化认同研究——以四川羌族为例

认为跨文化适应是一个综合体，它是由个体有机组合而成的，将两种以上的文化模式进行融合、转化最终形成新的适应体。① 从理论层面看，文化模式的变化是双向的，对甲乙双方文化模式都会产生影响。但是在实践中，群体接触中发生变化的往往是弱势群体，他们会主动适应主流群体。

在过去几十年里，文化适应的理论、模型和研究获得了很大发展。人类的文化差异是文化适应产生的原因，不同的社会群体所营造的社会文化亦不同，具体表现在生活方式、行为伦理、思想工艺等各个方面。当不同的社会群体在一定情况下交流或交往时，"外来人"刚开始经常表现出对"异地"文化环境的不适应，在精神或者行为方面产生冲突，随着对环境的逐步熟悉，接触"当地人群"而慢慢习惯，这种过程就是文化的适应过程。

20世纪70年代，关于跨文化适应研究已经进入了发展阶段，这一时期的主要研究内容是跨文化适应造成的后果，多数研究都是从理论层面做出了大量研究成果，却忽视了实践运用。在引入研究对象上，虽然列举了大量旅居者的实际案例，但是缺少旅居者与当地居民的横向对比。

20世纪80年代以后，跨文化适应研究达到顶峰时期，研究方法越来越成熟，研究范围越来越广泛，研究成果越来越体系化，研究内容不再局限于群体层面的文化变迁，开始朝着文化融合、跨文化交际以及影响因素等方面进行研究。研究人员涉及面广泛，人类学家，心理学家，社会学家、语言学家等纷纷投入研究队伍中。开阔了研究视野，实现多学科交流学习和借鉴，丰富了研究内涵，构建了多元化框架。②

概括起来，文化适应可分为广义和狭义两个方面。

（1）广义的文化适应。广义上文化适应是指不同群体相互接触后，群体成员心理或文化行为上表现出来的变化，人类学研究领域称之为"涵化"，民族学研究领域称作"文化融合"，还有其他学者称之为"文化移入"。文化适应广义的定义主要反映在两方面：一方面是文化适应的发生存在差异化的文化交流和影响；另一方面是文化适应后会带来心理和文化的变化，即"外来人"在逐渐适应"当地"的文化。无论是人类学家、民族学研究者还是其他学者对"文化适应"的定义或者研究，都是立足于交流双方的文化差异，有的从不同研究角度进行分析和阐述，有的更注重交流的群体，有的更注重交流的个体，但是都体现了他们对"文化适应"这一现象的重视。

最早的文化适应研究是由人类学家和社会学家发起的，研究重点主要是文化相对落后的社会群体与文化发达的社会群体在一定情况下产生交流，相对落后的社会群体

---

① Robert Redfield, Ralph Linton, Melville Jean Herskovits, "Memorandum for the Study of Acculturation", *American Anthropologist*, Vol.38, No.1, Jan.-Mar.1936.
② 同上。

第一章　民族认同与民族文化

升级和改善自己的文化，尤其是在习俗、传统与价值观方面进行升级和改善的过程。

在20世纪，美国芝加哥大学的社会学家开始研究移民融入主流文化的文化适应过程理论。其中美国社会学家罗伯特·E. 帕克（Robert Park）曾提出著名的"生态同化理论"。当两个集团发现不得不相互面对的时候，不论这两个集团都是移民还是只有一个是移民的，他们都必须经历这一过程：第一阶段，接触（contact）；第二阶段，冲突（conflict）；第三阶段，适应（accommodation）；第四阶段，同化（assimilation）。文化同化的产生就是因为移民尝试找到方法来适应主流群体的过程，通常表现为族际通婚或者文化同化。文化同化表现出来的是进步性，而且必定会在有文化差异的群体交往发生，一旦发生，便往往不可逆转。

加拿大跨文化心理学家约翰·贝利（John W. Berry）将文化适应分为个体层面和群体层面两种。前者主要包含了：社会结构、经济环境、政治环境、民俗习惯等；后者主要包括心理变化和对新事物新环境的适应能力，能力包括了认同、价值观、态度和行为能力的改变。由此可以看出，文化适应是两个群体或两个以上的群体接触中，或在不断接触中所产生的心理变化或文化变化的结果。造成变化的可能是个体也可能是群体。①

综上可见，广义层面上的文化适应是指群体或个人通过交往接触的过程，给双方群体或个人带来的变化，变化主要集中在文化或心理两个方面。文化适应有群体性适应也有个人适应。对于群体适应的研究主要侧重于社会因素，对于个体适应研究则是侧重于个体文化因素，像是文化认同、价值观、行为等。

（2）狭义的文化适应。狭义的文化适应是各学科对问题关注点不同的结果。人类学领域关注的内容是群体文化的改变和文化内容的改变，心理学领域关注的是两种及两种以上不同文化群体在接触时双方所产生的行为和价值观的变化。

人类学研究领域中对于文化适应的研究主要是集中在群体层面的，常用"涵化"这一概念替代文化适应。"涵化意指在两个先前独立存在的文化传统进入持续的接触，两者相互适应、借用，结果造成一方或双方原有的文化模式发生了大规模的变迁。涵化在很大程度上取决于文化差异的程度；接触的环境、条件、频率和深度以及接触的相对地位，即谁是主要的，谁是次要的，是相互作用，还是非相互作用。涵化与文化传播、科学技术的吸引与使用不同。一种文化可不经任何涵化过程，从另一个文化借用其文化特质，而涵化则是在接触中单方或双方都发生较大的变化。"②

人类学研究侧重文化融合发展、变迁消亡以及文化、环境、群体之间的互动关系。在人类学研究中，文化适应（涵化）是不同社会群体间因交流而产生的文化改变的

---

① ［加］约翰·贝利：《跨文化心理学——理论研究与应用》，剑桥大学出版社2002年版。
② 刘毅：《论社会文化的变迁对民族心理的影响》，《社会纵横》，1993年第6期。

过程。如佛教文化自传入我国起,就与我国各民族的文化进行交流碰撞,最终与我国各地区文化相融合,形成了独具特色的佛教文化,如藏传佛教就结合了藏族地区民族文化特色。

心理学的文化适应观点。关于心理文化适应研究内容主要有：个人与群体或与其他人在进行文化交流中产生的心理反应,主要从态度反应,信仰反应以及行为反应三个方面分析。在理论上,西奥多·格拉夫斯(Theodore Dumaine Graves)首先提出了"心理上的文化适应"(psychological acculturation)这一概念,他认为"文化适应并不总是单方向的同化,这一过程会产生反作用力导致交往双方行为的变化。"[①] 随着研究不断深入,学者们就此观点达成统一,认为心理层面的文化适应是文化适应的一个组成部分,最终还是归属于文化范畴内。

心理学中的文化适应主要研究个体在与其他文化的群体或个体交流时,个体与对方文化中的物质环境和精神环境的适应过程。这种适应可能会顺利过渡,但是大部分时候会产生问题,总结这些问题发生的规律或特性,找出解决的方式方法,即是心理学中的文化适应要解决的问题。

就文化适应的过程或机制而言,有学者认为文化适应就是个体对交流群体方的物质环境与精神环境的适应过程,同时也有对自身文化的取舍过程,包括个体认知体系中的知识、态度、文化信仰、价值观和习俗的改变过程。约翰·贝利从心理学领域出发,提出了文化适应实际上就是对价值观、态度和行为能力三个内容的改变,交流的双方在接触中势必会发生反应,而这一系列反应的过程就是其中一方对外在和内外适应的过程体现。

从文化适应结构上看,可以分为两个部分："行为部分和价值观部分。前者包含了语言行为、活动行为、人际关系、价值观和时间态度等多方面,但若从适应角度去划分,则可分为行为、感情和认知三个内容;后者则包含了习俗、信仰、饮食、住宿等影响。也有一些学者从跨文化的视角研究了文化适应,他们认为文化适应构建分为心理和社会文化两个层面,心理适应是在接触新文化后所表现出来的心理状况,以及对当前生活现状的满意度;社会文化适应是从当地环境出发,与当地文化接触后所产生的反映。"[②] 通过上述研究内容,可以看出于文化、适应及文化适应三者之间的关系,即互相影响、互相衬托,文化适应产生的根源在于文化存在差异化,这也是促进群体之间,个人之间交流发展的动力。

---

① Graves, T. 1967. Psychological Acculturation in a Tri — ethnic Community. *South — Western Journal of Anthropology* 23(4): 337 — 350.

② Colleen Ward, "The A, B, Cs of Acculturation", *The Handbook of Culture & Psychology*. New York: Oxford University Press, 2001, pp. 411 — 445.

第一章 民族认同与民族文化

（二）文化适应的心理学研究领域

文化适应的研究方向不同，立足点不同，得出的结论也就不同，根据前人的研究成果可以看出，文化适应研究较多集中于心理学理论方面，主要内容有：文化适应方式、文化适应压力与应对方面研究，具体内容如下：

1. 文化适应方式研究

文化适应心理学研究中普遍认为，文化分为新文化和原文化两种类型，他们之间存在一定差异，二者接触过程中要么互相适应，要么一个替代另一个。换言之，新旧文化之间因为差异，形成了组合模式，要想研究文化适应则必须从组合模式入手。常见适应模式有三种。

（1）一维模型。跨文化适应针对的对象是心理体验的个人或群体，他们一方面要承受现实生活的压力，一方面要承受心理变化。"最初的文化适应理论是单维度，且单方向的。这一理论认为文化适应中的个体总是位于从完全的原有文化到完全的主流文化这样一个连续体的某一点上，并且这些个体最终将到达完全的主流文化这一点，也就是说对于新到一个文化环境的个体来说，其文化适应的最后结果必然是被主流文化所同化。"① "这种一维模型的历史相对而言最长，最初由罗伯特·帕克（Robert E.Park）和赫伯特·米勒（Herbert A.Miller）在1921年提出，后来由米尔顿·戈登等进一步发展。"② 该模型认为，新到一个文化环境的个体会不断受到主流文化的影响，该个体受到主流文化的影响越多，原民族文化对该个体的影响就越小，该个体文化适应的最终结果是被主流文化同化。文化适应的一维线性模型如图1-1所示。

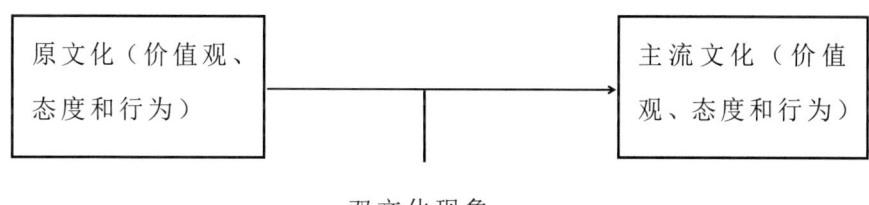

双文化现象

图1-1 文化适应的一维线性模型

米尔顿·戈登的一维线性模型把个体置于动态之中，从保持原文化到接受对方的主流文化的同时，逐渐丢失了原文化。在这一动态中，个体实际上处在双重文化中，既保持自身的原文化，又接受了对方的主流文化。但正如戈登所述，双重文化的情况只是暂时的，文化适应的最后效果是原文化丢失和被对方的主流文化同化统一。很多

---

① 余伟、郑钢：《跨文化心理学中的文化适应研究》，《心理科学进展》，2005年第6期。
② Flannery W P, Reise S P, Yu J. An empirical comparison of acculturation models. *Personality and Social Psychology Bulletin*, 2001, 27: 1035—1045.

多元文化视域下的文化认同研究——以四川羌族为例

专家学者据此认为，移民在文化适应中产生的问题，主要是因为他们没有实际接受对方主流文化的同化，在对方主流文化的物质环境和精神环境中，依旧保有大部分自身的原文化，这就必然在日常行为和交流中产生问题，使其面临压力。既然已经移民到对方的生存环境中去生活，就应该有心理预设，并逐渐适应移民地的文化。

一维线性模型理论盛行时期常被用来解释移民问题，但实际上它并不能解释所有问题，移民的个体或者群体通常无法也不愿完全丢失原文化，很多移民的个体都可以在两种文化中找到平衡点。这从另一个现实存在的角度告诉人们，文化适应的结果不一定只有同化，个体可以在两种文化中取得平衡，甚至继续把原文化传承给自己的后代，继续在双重文化的情况下生存发展。一维线性模型的局限性在于不能反映真实存在的双重文化现象，一刀切式的理论也太过绝对化，因此有关学者提出了更加有实践操作意义的理论模型。

（2）二维模型。二维模型最终否定了跨文化适应的线性过程，其中戈登曾经推崇的一维线性模型于跨文化过程中两种或两种持续接触体之间的影响和变化，并没有给出描述。为此很多学者开始尝试使用二维模式研究跨文化适应的过程，当然也会存在很多非议。贝瑞等人就不信服关于文化适应的绝对性结果，他表示跨文化适应过程影响了个体非主流文化，同样也会影响到主流文化，只是对二者影响程度不同而已。约翰·贝利等人创新构建了跨文化适应的二维模型理论。该模型的核心内容是：一是要坚决保持传统文化和身份的倾向性；二是要保持和主流文化接触并参与主流文化群体的倾向性。约翰·贝利等人根据跨文化适应中群体或个体问题上持有的态度，从非主流文化群体角度提出了文化适应策略：整合、同化、分离、和边缘化。①

依据二维模型理论，如果移民个体或者文化差异交流的个体本身想融入主流文化的意愿强烈，会自发地推进文化适应的步调，及时快速地形成文化同化的效果。当移民个体或文化差异交流的个体在主流或对方文化环境中生活，但却更愿意保持自己原文化时，自身会部分认同主流文化，同时又会找到文化分离的平衡点，保持自己的原文化，甚至会传给下一代。个体需要兼顾传统文化和主流文化，在应对策略上可以选择整合策略，但是个体的态度若是非主流文化不继承，对主流文化不感兴趣，最终只能逐渐被边缘化。

迪娜·伯曼（Dina Birman）以传统二维模型为基础，在该模型上继续细分了两个层次，一是认同上的文化适应；二是行为上的文化适应。个体对主流和非主流的文化认同度只有高低两种结果，如此一来，认同文化适应有4种结果。其中：象限1表示原文化高，主流文化低，采用的应对策略是分离；象限2表示原文化高，主流文化高，

---

① John W. Berry, Ype P. Poortinga, Marshall H. Segall, et al, *Cross-cultural Psychology: Research and Applications*, Cambridge (UK): Cambridge University Press, 2002, pp.291-326.

第一章　民族认同与民族文化

采用的应对策略是整合；象限 3 表示原文化低，主流文化低，采用的应对策略是边缘；象限 4 表示原文化低，主流文化高，采用的应对策略是同化。而以上四个象限对应的文化适应行为被称为双文化、同化、传统化和边缘化。通过个体在这两个方面上的取向，把文化适应方式划分为 16 类（4 种认同的文化适应方式和 4 种行为的广义化适应方式的组合）。①

二维文化适应模型既比较符合实际情况，也使文化适应理论更加具有创新性，其核心是把个体对主流文化和原文化的文化认同和行为参与两个方面进行区分，并充分考虑了情境性在文化适应中的重要作用。生活环境不同，文化适应模式也就不同，人们居住、饮食、接触人群等都会给文化适应模式带来很多影响。

文化适应的二维模型如图 1-2 所示。

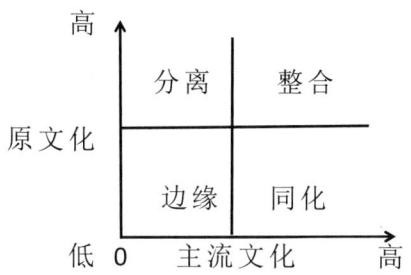

图 1-2　文化适应的二维模型

（3）多维模型。布瑞斯（Bourhis）等人认为，二维模型的不足在于研究对象的选择上忽略了移民人群，他们对应的移民文化适应取向并没有在模型中体现出来。在实践中国家政府往往采用整合性政策，帮助做好移民人群的文化适应，以此看来这也是不可忽略的群体。1997 年，以布瑞斯为首的学者们在二维模型基础上延伸文化适应的三维模型搭建，这也被称之为"交互性文化适应模型"②。文化适应者在跨文化适应过程中不仅自身会对主流文化和非主流文化产生影响，同时主流群体对文化适应者的不同态度也会导致文化适应者对主流文化和非主流文化产生不同影响。对于文化适应者来说，对主流文化和非主流文化采取什么样的态度受主流群体态度的影响，因为主流群体可能会施加某种文化适应压力限制文化适应者的选择。很多情况下，文化适应者在接触主流文化的过程中不能自由选择文化适应策略。这一模型与二维模型最大的区别在于植入了移民人群文化适应去向，分析了主流文化对移民文化适应的影响，分析了文化群体之间的关系。

继三维模型之后，随着研究深入还出现了多维文化适应模型。该模型研究内容比

---

① 转引自史慧颖、张庆林等：《中国西南少数民族民族认同与行为与适应研究》，重庆大学出版社 2012 年版，第 293—294 页。
② 转引自张劲梅，张庆林：《多维文化适应模型与国外族群关系研究》，《广西民族研究》，2008 年第 4 期。

多元文化视域下的文化认同研究——以四川羌族为例

较广泛，涵盖了主流文化对适应群体的影响、文化适应应对策略等。其中值得一提的是，该模型突出强调了"当主流群体实行多元文化主义策略时文化适应者在跨文化适应过程中能够获得较为宽松的环境，易采取整合策略，与主流群体达到和谐共生的状态；当主流群体实行熔炉策略时，文化适应者在跨文化适应过程中被潜移默化地同化，宜采取同化策略，并与主流群体和谐相处；当主流群体实行种族隔离策略或排外策略时，文化适应者在跨文化适应过程中受到伤害和不公正待遇，宜采取分离或边缘化策略，并与主流群体产生冲突。"①

综上内容不难看出对于主流文化群体成员的文化适应取向与主流文化对移民文化的态度，要么全盘接受移民文化，并不断同化发展；要么全盘否定，让更多主流文化去影响新移民群体。具体而言，有以下五种文化适应的取向。

第一，主流文化群体成员采取整合措施，因为这时主流文化群体成员既接受和尊重移民保持原文化，又赞成移民接受重要的主流文化特征。

第二，主流文化群体成员采取个人主义的措施，因为这时主流群体成员把自己和他人定义为个体而不是归属于某个群体的成员，更加注重个人成就与个人魅力，而不是某一群体的身份文化标签。

第三，主流文化群体成员采取同化措施，因为这时主流文化群体成员拒不接受移民的原文化，要求移民主动接纳并且只认同主流文化。

第四，主流文化群体成员采取隔离措施，因为这时主流文化群体成员只有在保持主流文化的纯洁的前提下，才接受移民在主流文化群体成员不可及的地方保留自己的原文化。

第五，主流文化群体成员采取排斥措施，这时的主流文化群体不接受移民保持原文化，还禁止移民采用或改变主流文化，从根本上拒绝移民或移民的文化。

文化适应多维模型的研究者们认为，两种文化持有者在交往过程中，文化适应方式取向是否一致是其能否和谐相处、共同进步的关键，一致时和谐，相背时冲突。此外，不同文化情境下的文化适应也受到了研究者的关注，在人际交往中，文化交流的场所有家庭、学校或者工作地点等，这些不同地点、不同功能领域的文化适应过程或者其中的问题也值得关注，多维模型也可以在这方面的文化适应过程给予指导。

（4）其他文化适应模型。科林·沃德（Colleen Ward）表示文化适应实际上就是将适应过程建立模型研究，他以旅居者为研究对象，分析了这类人群的心理和社会文化适应，介于研究的复杂性，时间长，需要提前创建一套运作机制。② 布瑞斯在研究

---

① 祝婕：《论跨文化适应的维度模型》，《大学教育》，2014年第10期。
② Colleen Ward, "The A, B, Cs of Acculturation", *The Handbook of Culture & Psychology*, New York: Oxford University Press, 2001, pp.411-445.

第一章　民族认同与民族文化

中发现，对于传统的二维文化适应模型忽略了异文化群体，主流文化对这些人群的倾向并没有在模型中体现出来，因此他创建了三维模型，基于二维模型的研究内容，增加模块，形成了交互模型。他强调在适应过程中主流文化除了对原文化存有倾向态度外，对于异文化群体同样存在对应的其他种态度：一是接受异文化群体的文化，并保留原文化；二是全盘否定异文化，让其群体主动接受主流文化。而应对这些态度的方法策略有"同化、排斥、隔离、整合、个人主义"①。从本质上说，文化适应交互模型理论是一种多维度的文化适应模型，与多维模型理论没有太大区别。

近年来，纳瓦斯等提出了（Navas etc.）："相对文化适应扩展模型（Relative Acculturation Extended Model），他们认为：社会领域不同，存在态度和倾向就不同，应对策略也就不同。文化被划分为了'硬核'层面和'外围'层面，像是价值观、家庭、荣誉观、两性等都属于硬核层面，而工作或消费理念等属于外围层面。具体可划分为7个领域：政治和政府体系、劳动或工作、经济、家庭、社会、宗教信仰和风俗、思维方式和价值观。"②从本质上看，文化适应过程无非是主流文化和非主流文化交流的过程，在此过程中，主流文化应对的问题较少，非主流文化应对的问题较多。大部分应对策略是从非主流文化群体出发研究的，呈现出二维思维模式。传统的一维文化模型将适应过程看作简单线性过程，相比之下，二维和多维文化适应模型适应力更强。

2. 文化适应压力与对策研究

文化适应压力通常发生在个体进入与原文化有差异的新文化环境中生活后，主要面临的是心理和精神方面的问题，主要表现为个体在新文化中的不适应所产生的心理和精神方面的压力，甚至因为压力过大而无法正确应对，进而产生心理疾病。很多专家学者从不同角度对文化适应中的问题进行了研究，以期找到正确有效的应对策略来缓解和释放文化适应过程中的压力。

（1）文化适应压力。压力是在特定环境、情景或者场合中，受到个体或者群体的刺激而使其认知到威胁而产生的机体反应，是伴随着可预测的生理变化、生物变化和行为变化的一种负性情绪体验。文化适应压力有其自身的特殊性，外部事件是否会对人造成压力，是由不同人体的不同心理承受能力或者心理适应能力决定的。同样的外部突发不利事件，有的人心理上可能无法适应，有的人则觉得事情终会得以解决，

---

① Genevieve Barrette, Richard.Y Bourhis, MariePersonnaz, Bernard Personnaz, "Acculturation Orientations of French and North African Undergraduates in Paris", *International Journal of Intercultural Relations*, Vol.28, No.5, Sep.2004.

② Marisol Navas, Maria C.Garcia, et al. "Relative Acculturation Extended Model: New Contribution with Regard to the Study of Acculturation", *International Journal of Intercultural Relations*, Vol.29, No.1, Jan.2005.

多元文化视域下的文化认同研究——以四川羌族为例

压力感稍弱或者无压力感。

早期的文化冲击研究,是文化适应压力研究的基础。1958年,美国人类学家奥博格(Kalvero Oberg)提出"文化冲击"理论,认为"当人与其他文化接触时,会产生很多心理反应,每一人表现出来的方式都有所区别,有的表示缺少安全感,有的表示失望,有的表示排斥等"。[①] 跨文化交际学专家约翰·博朗(John Braun)认为,"文化冲击指一个人离开自己熟悉的生活环境来到陌生的异域文化环境中所产生的生理上的不适和心理上的迷茫,程度随不同的主体人格而有所变化。产生冲击的原因很多,包括文化价值观不同,思维模式不同,社会行为规范不同等"。[②] 拉里·萨莫瓦尔(Larry A.Samovar)等在引用奥博格关于文化冲击的定义时说:"陌生的社会文化环境将导致心理上的焦虑,进而导致文化冲击。在成长过程中,语言、手势、表情、风俗习惯和价值观念都潜移默化地变成我们的一部分,使得我们在社会交往中能游刃有余、应付自如;而陌生的社会文化环境可能让我们不知所措,在生理和心理上产生诸多不适。"[③] 彼得森(PaulPeder-son)的看法略有不同,他认为文化冲击是一个对陌生文化的初始心理适应过程,是一种在陌生环境和文化中对情感、行为和认知的不确定,而且是一种莫名的不确定。[④]

文化冲击与文化适应有很多相同之处,它表现为个体不适应新的文化环境,而在认知、情绪等方面产生冲突后的心理体验。通常要经历四个阶段:蜜月阶段、烦躁和敌视阶段、逐渐适应阶段、双重文化阶段。1976年,布瑞斯总结了跨文化中文化冲击的一些问题,认为跨文化造成压力的主要因素有五种:沟通能力、环境因素、与当地人互动情况、民俗风气、当地人态度与信仰。[⑤]

受到文化冲击影响,约翰·贝利等人创新地以文化适应压力诠释了文化冲击。究其原因有两方面,一是"冲击"有负面意味,而"压力"可以是正向压力,也可以是负向压力,属于中性词,符合客观存在;二是"文化适应压力"能正确传达主流文化群体和非主流文化群体或个人的交往过程中双方的机体压力反应,而"文化冲击"只

[①] Oberg, K, "Culture Shock: Adjustment to New Cultural Environments", *Practical Anthropology*, Vol.3, No.7, 1960.

[②] John Braun, *Intercultural Communication in a Multicultural World*, Tokyo: Eichosha Co.Ltd.1998, p.113.

[③] Samover, LarryA., *Porter, Richard E. & Stefan, i Lisa A. (2000). Communication between Cultures*. 北京:外语教学与研究出版社,249-250.

[④] Pedersen Paul (1995). *The Five Stages of Culture Shock: Critical Incidents around the World*. Westport, CT: Greenwood Press.

[⑤] Genevieve Barrette, Richard.Y Bourhis, MariePersonnaz, Bernard Personnaz, "Acculturation Orientations of French and North African Undergraduates in Paris", *International Journal of Intercultural Relations*, Vol.28, No.5, Sep.2004.

第一章　民族认同与民族文化

是从非主流文化的个体或群体入手,侧重于新文化对其产生的不利影响。综上,我们认为文化适应压力是在文化适应过程中形成的压力,其压力的表现行为有:对环境持有消极状态,情绪反应不高等。压力直接影响了个体的适应过程。个体经历的适应压力因人而异,承压能力强的个体,其承受能力强,对文化适应压力便会较小。

(2)应对策略。应对这一概念具有广泛性,从宏观层面看,应对实际上是在压力状态下自我调节的表现,应对包含了认知、情绪和行为反应。应对是有计划有意识的行为,也有一些应对是处于自然原始的,无意识的行为。应对存在形式有静态、有动态,有积极、有消极。应对策略是指个体在应对压力或困难时候采取的认知和行为方式。

应对策略如表1-1所示.

表1-1　应对策略的不同维度分类表

应对策略的维度	维度中的具体应对策略
二维应对	问题取向应对(着重解决问题)与情绪取向应对(着重缓解情绪)
	趋向应对与回避应对
	自我取向应对与外部取向应对
	认知应对与行为应对
	主动应对与被动应对
三维应对	如评估取向、问题取向、情绪取向
四维应对	解决问题、自我控制、寻求信息支持、逃避妥协

文化压力的应对策略是非主流个体进入到主流新文化群体时,个体面对文化适应压力所采用的应对方法,具有文化压力的特殊性。由于个旧文化和主流新文化本身特性的不同,在处理文化适应压力时,采取的应对方式也有可能不同,可能会偏向于某种应对方式。罗杰里奥·迪亚兹-格雷罗(Rogelio Diaz-Guerrero)研究中认为对应应该分为两种:一是积极应对,这是有计划的应对,能够以积极形态去应对各种压力;二是消极应对,这是与之相对应的方式之一,以忍耐和自我调整为主。[①] 积极应对力求通过个体努力,将环境不断改变,并找出问题对应的解决方法,只有问题处于主流社会中,才会有积极应对的可能性和有效性,因为主流群体对文化适应需求不高,若是主流社会对非主流群体表示接受,消极应对也不失为最好决策。

跨文化适应。国外学者在跨文化适应研究中提到了分类研究,且研究成果比较丰富,最具代表性的分类方式属于沃德及其同事的观点,他提出了跨文化适应可以分为两个层面,一是心理上的适应;二是行为上的适应。前者是以个体情感为核心,主要内容是跨文化中心的综合反映,在跨文化接触中,不会存在焦虑、失望等消极情绪,

---

① Rogelio Diaz-Guerrero, "The Development of Coping Style", *Human Development*, Vol.22, No.5, Sep. 1979.

多元文化视域下的文化认同研究——以四川羌族为例

基本能够符合心理适应能力；后者主要反映的是当地社会文化环境能力，主要包含了是否能够与当地人们和谐相处和交流。① 在此基础上，多数心理学研究人员明确了心理适应研究的方向，基本上都是从认知、情感和行为三个视角研究，归纳研究了个体适应问题。主要代表成果：①在20世纪80年代，提出"跨文化适应需要从三个维度去研究，分别是情感、行为和认知。情感代表心理幸福指数；行为则代表个体与当地文化群体之间互动；认知代表对跨文化和价值观认同程度、理解程度、接受程度"。② ②在20世纪80年代末，提出了"文化适应存在正面和负面两种变量，对于生活幸福指数、积极性则代表正面变量；而最理想的文化适应则是正面变量多与负面变量"。③ ③在20世纪90年代，提出"跨文化适应包含了三个关键内容，首先是对自己所处地位的积极情绪和满意度；其次是发展与新文化成员的积极人际关系；最后是处理必须完成的任务的有效性。最后一个实际上就是任务效率问题"。④ 到20世纪90年代末，学者们提出，跨文化适应是由多方面因素共同组合而成的，如：生活满意情况、与当地居民交往能力、面对新文化所产生的情绪、情绪管理和控制、对新环境适应能力。

沃德等引入了旅行者作为研究对象，并从心理适应的角度进行研究，并细化了考核指标，对旅行者从跨区域文化接受能力和满意度上做了深入研究。最后总结了跨文化的心理适应主要包含了：发生跨区域后或接触到跨文化后，个体不会或较少产生抑郁焦虑等消极情绪。文化适应行为表示能够对当地社会环境等逐渐适应，能够与当地文化群体融合发展。心理适应问题的变化规律是：在接触后会增加心理适应问题，随着交往时间推移会减少问题数量。⑤ 在其研究中还论证了社会文化适应会随着时间推移而朝着好的方面改善，好的心理适应能力能够从个性特征、生活变化、社会外部条件等进行预估。通过上述内容可以看出，对于文化适应建设必须具备良好的心理适应能力，拥有积极向上的心态，较高的幸福指数，负面情绪较少。而良好的社会文化适应主要包括的内容主要有：个体是否适应当地文化氛围，是否能够与当地居民和谐相处，这样划分同样存在不足，比如：对于某些人虽然心理承受能力比较好，但是与人

---

① 王丽娟：《跨文化适应研究现状综述》，《山东社会科学》，2011年第4期。
② Mendenhall M.E.and Oddou G, "The Dimensions of Expatriate Acculturation: a Review", *Academy of Management Review*, Vol.10, No.1, 1985.
③ KEALEY D.J, A study of Cross-cultural Effectiveness: Theoretical Issues, Practical Applications", *International Journal of Intercultural Relations*, Vol.13, No.3, 1989.
④ 史慧颖、张庆林等：《中国西南少数民族民族认同与行为与适应研究》，重庆大学出版社2012年版，第300—301页。
⑤ Isam E. Babiker, John L. COX, Patrick M. Miller, "The Measurement of Culture Distance and its Relationship to Medical Consultations, Symptomatology, and Examination Performance of Overseas Students at Edinburgh University", *Social Psychiatry*, Vol.15, No.3, Sep.1980.

相处接触能力却不足,在适应文化方面依据存在很大问题。

（4）民族认同与文化适应。文化是民族认同的重要内容,也是最复杂的认同内容。民族认同实际上也是文化适应的表现,影响着文化变迁中个体心理适应的因素。文化适应是相对比较宽泛的概念,涵盖了很多方面内容,如文化接触中的行为、态度和价值观念等都属于这个范畴,而民族认同归根究底是个体对民族文化的认同或归属。对于非主流民族,他们在解决文化矛盾或冲突的时候最好的应对方式是积极建立本民族认同感,并不断保持民族适应能力。一旦适应能力有所下降,将会直接影响认同感的建立。文化适应是一个持续过程,它也是个体解决文化冲突的过程,因此适应能力越强的个体或共同体,在解决矛盾冲突过程中就越能更好地适应主流民族和主流民族文化。

民族认同与文化认同是不可分割,且与文化适应密切相关。"文化具有民族性,文化的民族性和多元性是个体与整体、特殊与普遍的关系。民族文化体现出文化的个体性和独特性,它使世界上各民族可以依据文化互相区别开来。在全球一体化的时代,任何民族既立足在自己的经济实力里,更立足在自己独有的文化中。"① 对于各民族或不同的文化群体,必须在交流中培育文化的适应能力,这是前提和基础。各民族或不同的文化群体必然存在文化差异,有差异就会有矛盾和冲突,促进双方在心理或行为上的改变,增进文化的融合,就是文化适应的主要作用。

文化适应压力主要来源于新旧文化之间的差异,新文化在开始之前都会存在认知上的迷惘或困扰等情绪,文化适应压力以及应对变化综合反映出了个体所感知的文化距离。文化适应过程充满了复杂变化性,不同阶段所彰显的特征也不同。文化适应既表现出了对原文化的认同,也表现出对新文化的认同。从本质上来讲,文化适应就是适应新文化,保持原文化。

民族认同或文化认同都是文化适应的重要组成部分。文化适应能够帮助人们获取更多新知识,新技能,文化认同是内在与外在的互相转化,是从心理和行为上对差异文化给予的认同。个体文化适应过程分为认同和行为两个层面,认同主要体现了主流群体政策、价值观、意识形态、信仰、态度等方面是否具有一致性;适应主要是从行为上对主流文化进行学习和接受,比如对语言的学习,对社会技能的学习,对新文化能力的学习。现实生活中,行为与认同并非紧密结合的,而是互相独立又互相影响。在外旅居的个体,依然保持着本群体文化的强烈认同。如四川羌族地区的羌族学生中,有很大一部分长期在汉族区域学习,与汉族同龄人接触频繁,基本丧失了母语能力,而在学校生活中,受其他同族同学的影响,会产生强烈的民族意识,开始积极学习本

---

① 范丽军:《论文化的民族性教育对实现文化多元化发展的促进作用》,《长春工业大学学报》(社会科学版),2013年第5期。

民族语言文化等。虽然没有很多机会参与本民族特色的文化活动，但是他们会强烈认同本民族的文化。

文化行为的参与程度并不能代表文化认同的高低，这是两个独立的指标，但是两者所表现出来的程度确实能够反映文化认同发展的趋势。文化适应、适应压力以及适应压力的应对方式之间具有密切联系，对文化适应的研究需要从个体融入新文化和保持原文化的方式、个体在这个过程中经历的压力、个体融入新文化和保持原文化中的变迁过程等层面来具体区别对待。

二、文化认同与民族认同

文化认同的发展过程是伴随着人类文化从产生于不同的群体到扩散交融为一体的过程。民族认同是以民族为载体的文化的发展阶段，是一个民族对于其文化与族群的认同，是人类文化认同发展的一个阶段。在超越了这一阶段之后，才会进入到文化大同阶段。不同民族认同之间存在差异实际上反映了民族文化差异，这种差异归根究底是由文化特殊性决定的。人类发展整个历程与文化有紧密联系，要解决文化差异带来的文化适应问题，必须要对民族认同进行研究。

（一）民族认同是民族构成的重要组成部分

1. 民族认同是民族构成中最稳定的因素

民族认同是人们对于本民族存在与发展的态度，是一个民族存在的精神内核，在很大程度上决定着本民族未来的发展与变迁。在民族发展变迁中，时代在不断变化，社会环境也在不断变化，民族与民族之间融合发展，本着优胜劣汰的原则，也有一些民族在变化中被淘汰。民族认同包括两个层次：对民族中个体相互关系的认同与对民族文化的认同。

（1）对民族中个体相互关系的认同。民族是由很多个体组成的，共同体中对个人的相互关系的认同，是民族认同中的核心问题。民族认同是区别本民族与其他民族的关键，一般来说，同一民族中的个体的民族认同是一致的，不同民族的个体无法达到根本意义上的民族认同。民族的发展经历了从氏族到部落、部落再到民族。民族所谓的同根与民族的血缘和血统有关，在民族产生之初，人们以血缘关系构成不同的氏族，氏族内部人们相互间的关系以血缘来加以维系，随着氏族的扩大与融合，人们的血缘关系虽然变得疏远了，但共同的始祖并不会被人们所遗忘，氏族的名称作为一个氏族的符号的意义越来越大。其原因在于：血缘关系不再是主要因素的时候，个体对族群的认同和归属就变得非常重要，在自己所认同的这一族群，个体之间的关系与责任，以及表现出来的情感观念、民风民俗，生产生活方式等都会因民族认同的一致而趋同，从而把自己与族群联系起来，自然地与其他族群区别开来。根据对于某个族群的认同，对外也自然地划出了自己这一族群与另一族群之间的区别。与自己认同不同的人群必然是与自己不是同源的群体，即异族。中国春秋时期曾提出了"非我族类，其心必异"①的观点，这其中提出的族类之间的差异的核心是"心"，即属于精神文化方面的内容。

民族同根是民族认同之源。在人类经历从氏族到民族的发展过程中，民族关系同样经历了从血缘到非血缘的过程。随着民族的不断融合与发展，血缘的关系在民族中日趋淡化，但民族认同却是在以血缘为纽带的氏族社会中就已经存在的。在氏族中，血缘关系意义重大，直接决定着族群内家庭、婚姻、经济生活等方面的关系。以血缘为纽带联系起来的群体是有特殊意义的，是与其他族群区别的重要参照。除此之外还有用符号区别的方式，如自称、图腾等。在这种情况下，认同了一个人的群体的自称、图腾，也就意味着认同了这一群体。因为当氏族之间不断融合、族群不断扩大时，人们不会再追溯自己与这一族群中其他成员间的亲缘关系，而只要认同于这一族群的符号，即只要宣称"我属某族"，自然而然地就要服从这一民族文化信仰，按照民族价值观约束自我，自觉履行该民族应履行的义务。随着氏族的融合、同化与发展，很多民族融合成为新的民族，尽管自己与这一民族中的主体并不同源，但却可以成为一个民族，拥有共同的文化，这就是认同的结果。

主流民族对其他民族表示认同，并将其纳入民族范畴中，而其他民族也认同主流民族的管辖，彼此共赢互相兼容，经过整合发展最终形成了统一的文化体系。中国的汉族、欧洲的日耳曼民族等都是多民族融合而形成今天的民族的，在这其中，来自不同的民族融合成一个大的族体，认同起了关键的作用。

民族的形成是一个长期融合发展的过程。尽管在今天大多数民族之间的关系已无从追溯，仅以文化认同为相互联系的纽带，但是民族产生之初，人们是有血统关系的，这点毋庸置疑。血缘、血统的联系决定了人们之间的相互关系，人与人之间在族体内的认同首先也是以此为基础的。血缘、血统关系使人们在这种生物学意义上形成一个自然的共同体。起初人们认同这种共同体，但在随后的发展中，民族发生了融合与同化，血缘关系虽然淡薄了，即使有也只是一种象征性的认识。如中国人说自己都是炎黄子孙，龙的传人，但广大中国人的血缘关系已经十分疏远。认同在民族的发展中取代实际的血统关系而成为民族间的纽带，但民族认同的起源初始于血缘与血统，是血缘关系及其群体文化的延伸。血缘关系最早奠定了人们作为一个共同体的关系，而其他民族融合进这一民族，尽管与这一民族并无共同的血统，但却认同于这一血统构成的民族。

（2）对民族文化的认同。一种文化的产生、发展与一个民族的发展密切相关，

---

① 杜预注，孔颖达正义：《春秋左传正义》，北京大学出版社2000年版，第717页。

这一点在前面已有论述。在人类历史的发展过程的很长一段时间里，文化之间的差异表现为民族之间的差异。这是因为在那段时期，一个民族就是一种文化的代表，更是一种文化的凝聚体，一个民族文化所呈现出来的信仰、习俗、地理、经济等多方面内容，影射了整个民族的发展历史。民族不同，其文化也就不同，民族文化的差异化实际上也是区分民族的标准，我们可以通过民族的独特文化判断出该民族的类别。可以通过民族信仰、习惯等可以获取更多延伸内容。族群成员对民族与文化的认同，就是成员以文化联系起来的群体的归属。各个族群之间不同的民族文化，形成了各民族不同的价值、审美、好恶、感情、意识等，这些文化元素在民族文化融合的道路上有磨合、有碰撞，异彩纷呈。我们必须意识到，民族认同的过程中存在许多问题。在族群交往中，自己所认同的文化作为衡量异文化的价值尺度，可能会引起一个民族感情的冲突，甚至导致民族之间的冲突，纵观当前国际上民族与民族之间的冲突，国家与国家冲突多数是由文化差异引起的。

民族文化的形成并非一朝一夕之事。当民族已经形成，民族逐渐融合扩大，尤其是在当今全球化进程加快的时代，对一个民族的文化的认同就更为人们所关注，人们往往是从文化上而不是从血缘上去区分一个民族。尽管这一民族可能分属于不同的国界及政治制度之下，认同了这两个要素中的一个，也就意味着对另一个要素的认同。

民族认同过程是一个与民族形成相伴随的过程，是一个民族长期发展的结果。对于个人来说，属于哪一个民族，通常取决于自己的出身，即父母的族属，但认同本民族的文化，则要经历个人认同的过程。民族与个人认同的这种长期性，会增进民族认同的稳定性，稳定性越强，民族团结力和综合力就越强，它就像强力黏合剂一样，将族群人民紧密连接在一起。一旦具有这种认同，即便民族构成的其他要素都已经改变，如共同的血统已变得模糊，故土领地也发生改变，经济活动形式也不尽相同，但是人们依旧还是拥有民族归属，这就是稳定性决定的结果。

2. 民族认同与民族发展的三个阶段

（1）血缘民族阶段。以血缘为纽带是在民族形成早期奠定的人们之间的特殊关系，这种关系可以通过婚姻、经济生活等得以体现。相同血缘的男女之间一般禁止通婚，这表现在氏族外婚上。在民族间，通婚大多限定在一定的范围内，这个范围一般是人们认同有共同祖先，实质上是有共同血统的群体，不是这个"共同祖先"的后代，即非同一族群之间，是禁止通婚的。清晰的血缘群体与血缘不清晰、人们认为有共同血统与始祖的人们之间的婚姻、经济关系等共同构成了一个以血缘为基础的族体。随着人口的增多，这一族群也在不断地壮大。这种状况在今天中国西南部的很多民族中都还可以看到，尤其是20世纪50年代民族人口调查所获得的大量调查资料都证明了血

第一章 民族认同与民族文化

缘是早期民族的黏合剂这一事实。① 在知乎的其中，人们的认同也是从血缘开始的，根据血缘关系，人们开始认同自己有直接血缘的各种关系，如父母、兄妹、叔伯、姑表、堂兄堂弟、远房亲戚等，血缘的网络不断地扩大，人们认同的范围也随之不断扩大。在人们认同的种种关系中，不仅仅是因为这些人与自己或亲或疏的关系，还因为在这层关系中隐含着不同的相互间的义务、责任、禁忌与非禁忌——血缘关系较近者有婚姻等方面的禁忌，但又有家庭生活中种种无须回避但又区别于"外人"的因素，从而形成了人们以亲属关系为核心的文化体系。由于人口的增多，人们并不能完全地认清相互之间的血缘关系，事实上血缘的网络扩张的越开，人们之间的血缘关系就越疏远。在这种情况下，人们依靠概念上的血统关系来区别彼此，认同于一个祖宗的人，其关系也就区别于非同一祖宗的人。族称、共同的始祖，是表示人们血统关系的符号，人们用不同的族称或始祖来区别不同人的共同体。在同一血统的共同体内，人们有自己的文化，有限制条件地相互通婚，具有共同的情感体验、共同的生活与生产方式。

（2）文化民族阶段。历史向前发展，族群之间由以血缘为纽带的关系逐渐演变为以共同文化来维系。如前所述，在人类文化发展较长的一段时期内，文化是以民族为载体的，不同的文化类型为不同的民族创造，不同的文化也反映着不同民族的存在，成为维系一个民族存在的纽带。作为文化的外部表现形式来说，我们可以区分某些文化现象属于某个民族，依据文化可以对民族加以区分，而对于民族内部来说，文化是表象的体现，更是具有深层次的价值，这种文化所附带的价值还会影响人们的情感、价值观、思想、行为等。这就是很多民族不惜代价维护自己的文化的实质所在。维护了民族的文化，也就维护了民族的存在，如犹太民族的割礼等种种区别于其他认同文化与认同民族是同一问题的两个方面。在这个阶段，认同文化与认同民族看似是同一个问题，实则是一个问题的两个面。认同了民族则就意味着认同了民族文化，因为民族与民族文化向来都是互相联系、不可分割的。

文化中很多核心的因素也是血缘的延伸，如不同的亲属制度及其派生出的种种有关人类繁衍的仪礼、习俗等。如果说不同的民族可能拥有共同的生产方式的话，那么这种由共同血缘而发展起来的亲属制度及人生繁衍的文化体系，即是民族有别的核心要素，这说明文化与民族二者不可分割的联系并非是相互之间的简单附和。文化亦具有血缘的象征意义，因为文化的核心都与人类的繁衍直接相关。

文化民族阶段是一个长期的过程，其上下限都难以有统一的划分，即使在全球多元文化盛行的今天，人类都还在维持着不同的文化，发展着不同的文化，不同的民族仍可以从总体上以文化来加以区分。但是随着人类文化的不断融合，文化已跨越了民族的藩篱，过去属于一个民族的文化，今天已经为人类共同拥有，随着文化的交融，

---

① 《云南少数民族社会历史调查资料汇编（一）》，民族出版社2009年版。

人类将拥有越来越多的共同的文化。这种事实在动摇着民族与文化的同体根基，促使民族随着人类文化的融合而走向新的融合。民族文化已不可能再作为维系民族的唯一纽带，新的因素也随之产生，这就是政体。

（3）政体民族阶段。政体民族是民族发展的新阶段，主要是指在相同的政策体制下形成的民族共同体，而这种政体是以国家为地域范围的，因此处于这一阶段的政体民族被认定为国家民族。随着历史的发展，政体民族在语言、文字、文化、政治、生活等方面表现出较为稳定的共性，从而使政体内的不同民族在各个方面相互融合，继而形成了新的民族共同体。同时，各个民族依然保持着自身特有的文化传统，但各族之间文化的融合已不可避免，已具有了在文化、经济、意识形态上与其他民族，即共同体不可分割的联系，人们在维持着自己原有文化的同时，通过认同而达到与共同体的一致。这种共同体在外部表现为一种政体的聚合，而内部的一致性主要是靠认同达到的，个体作为总体的一部分，一并加入共同体的文化融合中去。今天这种政体民族在世界上已较多地出现，如中华民族就是以汉族为主体的，包容各境内少数民族而构成的一个族体。在这个族体内，尽管各民族还保持着自己的民族文化，但在族群的认同方面存在着明显的差异，并且在地域、生活、传统、文字、语言等文化方面具有一体化特征。除此之外，美国、澳大利亚、新西兰、加拿大等国内的民族进程都有相同的特性。

综上所述，民族认同始终是民族内部的凝聚力，是维持民族统一的精神纽带，即使将全球的人类文化融合在一起，民族认同的概念也依然存在。民族认同作为族群中一种特殊的要素，它可以与其他族群区分，进而聚合族群内的成员。民族认同与民族构成的其他要素——共同的文化（语言、文字、风俗习尚、宗教、生活方式等）、共同的血统、共同的心理状态与情感体验、意识等共同构成了民族。而在这其中，民族认同又是概括一切、长期稳定存在的核心要素。随着民族历史的发展，其组成要素也很难发生变化，但即使部分要素产生了变化，只要民族认同的概念没有发生改变，这个民族就不会消失。但是如果民族认同发生了变化，那么这个民族就将面临解体的危险。当然，在民族发展过程中，民族认同的长期稳定存在与改变都是常见的现象。正是这两种情况的交织，才使一些民族融合了其他民族而发展壮大，而另一些民族则被融合进其他民族中去。

（二）民族认同与民族发展

民族发展是一个历史过程，在这个过程中，一些民族不断地在发展中成长壮大，而一些民族却因不能获得发展，或一个阶段发展了但却在另一个阶段停滞下来而被淘汰。因此，民族认同是民族在历史的发展中逐渐形成的内部机制，是民族发展的核心。

第一章　民族认同与民族文化

民族认同的存在是民族的存在与发展的前提。民族认同与民族存在的关系在前面已做过研究。族群中的成员因具有共同的民族认同，使他们与族群息息相关，得以将自身的发展和民族地发展紧密的联系在一起。民族的发展意识源自民族认同与民族发展的相互作用，源自人们关心和寻求民族的发展前途和命运，以及对掌握民族发展机遇的渴望，民族发展意识体现出人们对民族发展过程的认同，民族认同感越强烈，民族发展意识就越加强烈；反之，民族意识越弱，则表示民族认同越弱。因此，只有民族内的所有成员将自身的命运与民族的命运紧密相连，才能为整个民族的快速发展提供强健动力。在众多的民族史上，民族认同都是在民族危亡关头或民族解放时强大的精神凝聚力与奋发的动力。我国近代史上著名的爱国救亡运动，都是人们出于对民族强烈的认同，为了民族的兴旺与发展而掀起的救亡义举，在中国的抗日战争中，中国人民的认同感得到了前所未有的强化。当然，随着历史的发展，民族认同会在不同时期呈现出不同的内容，但都具有相同的特性。

民族认同是一个民族生存与发展的精神支柱，它与人们的感情、价值观等息息相关。为了民族的存在与发展，人们一方面要吸收先进科技文化，与其他民族进行交融；另一方面要合理分析本民族文化要素，去粗取精。文化之间的价值冲突，历来是不同民族交融或民族发展过程中的核心问题。当两种文化的价值不发生矛盾时，交融与吸收就较容易进行。但当两种文化价值尤其是文化的核心层的要素，如宗教、道德、价值观等发生冲突时，那么两个民族之间就是相抵触的，民族间的交融就很难进行，人们可能以感情取代理智，从维护自己的文化价值出发否定外来文化，也就可能失去发展的机遇。回顾历史，任何民族都经历过外来的侵略，抵抗侵略与克服民族生存困难是民族生存和发展的基础，但过度的民族保护意识，又会使一个民族养成感情用事，以自我为中心的负面心态。对这一矛盾心态的协调，决定着每一个民族的未来发展。因此，不仅要维持现有的民族认同，更要超越现有的民族认同，这是所有民族在发展中都会遇到的难题，只有克服这一难题，才能实现民族的自我解放。

民族认同会随着历史进程而不断发展，整个民族的强盛是保持高度的民族认同的最终实现途径。如果一个民族长时间处于经济、文化、政治等方面的弱势地位，族群成员会对这个民族失去信心，不能维持对本民族的高度认同。因此在当代对民族认同的强化不能仅以民族危机为契机，更重要的是在以经济、文化、社会的发展等方面强化民族认同，并在不断的发展中赋予民族优秀传统文化新的价值。

三、我国文化适应研究的现状与问题

文化差异在文化变迁中对个体的心理和行为产生的影响会逐渐转化为个体的文化适应。在我国多元民族文化的环境下，虽然各种民族文化一直处于相互融合和相互借鉴的文化交流中，但文化差异现象仍普遍存在于各民族之间，以汉族文化和其他少数民族之间的文化差异尤为突出。目前，对我国少数民族文化适应的研究还不够具体，仍处于探索阶段。

（一）文化适应与文化差异

文化适应的各种问题都源自文化差异。不同文化个体或者群体在相互交流过程中的文化差异所导致的问题，可称之为文化适应问题。对少数民族文化与汉族文化之间的差异的研究，就是对我国少数民族文化适应问题的研究。

1. 汉文化和其他民族文化的相互融合

在中华民族五千年的历史进程中，汉文化和其他民族文化一直处于相互激荡、相互学习、相互融合的过程中。严格来说，并没有真正意义上纯粹的汉族文化和少数民族文化，当今各民族的文化都是历史文化融合的结果。其中既有汉族文化对少数民族文化的影响，又有少数民族文化对汉族文化的影响。例如历史上儒家文化对其他少数民族的影响、"胡服骑射"对汉族文化的影响、畜牧养殖耕作的互相借鉴、文化艺术的相互引进等。各民族不论规模大小，都各有所长，都为中华文明的发展和传承做出了巨大的贡献，使整个中华民族更具生命力和创造力。同时，也要肯定汉文化与其他民族文化之间存在着不小的差异。汉文化是中华民族的主流文化，随着历史进程的不断发展，在一定程度上同化了其他民族群体的文化，其产生的影响久远而深刻。

2. 汉文化与其他民族文化的文化差异

在与主流文化的融合过程中，少数民族群体感触到的最明显的文化差异主要在哪些方面？为了回答这个文化适应研究的关键问题，史慧颖，张庆林等人以开放式调查问卷的形式对少数民族大学生做了调查研究。[1]

调查问卷的结果显示，通常认为与汉族接触较多的少数民族大学生十分明显地感受到了少数民族文化和汉文化的差异，这些差异存在于生活的方方面面之中，在"文化三层次说"[2]的基础上，可以将这些差异划分为三大类：物质层面，心物层面以及心理层面。其中物质层面简单地说就是吃、穿、用、住等差异；心物层面主要突出表现在宗教文化等方面的差异；而心理差异则是由一些思想观念和价值观不同导致的。"这种差异的出现是因为少数民族文化的纯粹，和汉文化的兼容导致的"。[3]

---

[1] 史慧颖、张庆林等：《中国西南少数民族民族认同与行为与适应研究》，重庆大学出版社2012年版，第305—306页。

[2] 麻省理工学院斯隆管理学院的艾德·希恩（Edgar Schein）教授提出的一种十分著名的文化模式。希恩认为，企业文化是在企业的发展过程中不断完善起来的。他指出，文化是一系列运行良好并相当有效的基本假设。通常企业文化由三个层次组成：行为准则（物质形态层次）、价值观和原则、基本假设。

[3] 史慧颖、张庆林等：《中国西南少数民族民族认同与行为与适应研究》，重庆大学出版社2012年版，第306页。

第一章 民族认同与民族文化

（1）物质层面。吃穿方面最可以体现出汉族文化和少数民族的差异。少数民族独特的风土人情使其民族文化极具特色。羌族的饮食习惯就与汉族不同，汉族一日三餐，而过去羌族只吃两餐，早餐和晚餐，汉族的中餐在羌族是不存在的，他们在早餐和晚餐之间用干粮或者零食凑合一顿，俗称"打尖"。另外，羌族一般不常食新鲜猪肉，而是吃"猪膘"。

民族服饰也是区别各少数民族文化的重要标志。不同的地域环境造就了不同的民族风俗，各民族根据自身的文化习俗形成了各自的服饰特点。如今少数民族在日常生活中很少穿自己的服装，有的是因为服饰的复杂性给他们的日常生活带来不便，虽然这些服装非常精美，但不适合日常工作。即便如此，服饰的差异仍然集中体现了少数民族个体对服饰的偏好和审美。

（2）心物层面。从心物层面的文化差异来看，少数民族大学生在语言、风俗习惯、宗教信仰这三个方面的感触最为明显，但也有少部分提及地域经济差异和教育差异。我国在20世纪50年代开展了少数民族语言识别和普查的工作，语言是识别民族特征的重要标志之一。

目前，我国内地少数民族仍在使用的语言有80多个种类，除去转用汉语为主要语言的回族和满族，其余53个民族都较好地保留了自身的民族语言。这些语言被分为五大语系：南亚语系、南岛语系、阿尔泰语系、印欧语系、汉藏语系，这五大语系又被分为10个语族、16个语支。在这些语系中，汉藏语系的使用地域最广，人数最多，主要包括了壮侗、藏缅、苗瑶等语族。每个语系的发音和词汇等方面都有着各自的特点，即使语系相同，其语族和语支也会存在明显的差异。少数民族所使用的文字都各具特点，大致上被分为四大类：象形文字、方块壮字、音节文字、拼音文字。其中纳西族的东巴文就是由象形文字构成，方块壮字则是汉字的演变字体；而一字一音，一音一字是彝文的主要特征，我国西藏地区和泰国使用的文字结构和发音大致相同，都隶属于拼音文字。如今，汉字教育在大部分少数民族得到了普及，尤其在各民族自治州，汉语已经成为当地民族的主要语言。但在我国少数民族仍有6000万人仍在使用自己民族的语言，达到少数民族人口总量的60%，大约有3000万人使用本民族文字。① 这些数据表明：少数民族在文化融合的过程中，存在着很大的适应压力。

风俗习惯是一个民族在长期的历史发展中积淀形成的喜好、风尚、禁忌，在风俗的相关研究中被简称为民俗，其主要表现在人们的生活习惯和各种活动中。如居所、饮食、服饰、婚姻、生育、礼仪、生产、丧葬等方面，不仅有着较强的敏感性、稳定性、民族性、群众性，也有着较强的地域性特点。每一个民族的风俗习惯都有着较强的民族特质，这些独特的风俗习惯是民族文化的核心。我国民族的风俗习惯被分为物质民

---
① 中华人民共和国国务院新闻办公室：《中国的民族政策与各民族共同繁荣发展》，人民出版社2009年版，第21页。

俗和精神民俗两个层面，物质民俗主要为：居住、服饰、饮食、生产；精神民俗主要为：节庆、婚葬、娱乐、礼节等。

汉族与少数民族的宗教信仰存在着明显不同，但这种不同并不是指信仰的宗教不同，而是说相对于汉族而言，少数民族的各个族群对某种宗教的信仰具有普遍性。就像傣族的民众多信仰上座部佛教，藏族人民多信仰藏传佛教。与少数民族宗教信仰的多样性相比，汉族对某种宗教的信仰不存在一致性和普遍性，人们可以自由选择能够满足自身心理需求的宗教作为信仰。

（3）心理层面。各少数民族的心理素质差别较大。傣族表现出重和谐、轻纷争，在待人接物和各项礼仪中文雅大方，在生活劳动中有条不紊、悠然自得；彝族则表现出崇尚力量、团结互爱、热情好客、勤俭节约、忠实守信等性格特点；羌族表现出含蓄内敛、与人和善、敢想敢为、感恩于行、富于幻想、乐观自信的性格特点等。

对少数民族文化三个层次的分析是相对的，而不是绝对的。在大多时候，物质层面、心物层面和心理层面其实是相互交织在一起的。分析发现，少数民族的文化与汉族文化表现更具民族特点，也更具代表性，汉文化是多元的、繁杂的，具有强大的包容性和变化性，不断地融入不同性质的文化。正是汉文化的这种变化性使得少数民族成员对本民族文化的发展产生了困惑和迷茫，当少数民族进入到汉文化的生活环境时，其自身的民族文化特点会表现得更加显著，两种文化之间的差距也同时显现，少数民族对汉文化的适应压力就会变大。

（二）我国少数民族文化适应的相关研究

1. 研究概况

国内有关民族文化的文献研究，都是对国外文化适应理论、模型，以及研究成果的评述。20世纪90年代就有不少学者对国外文化适应文献中的主要观点进行了归纳和整理。例如：中国社会科学院文献信息中心主办的《国外社会科学》上曾连续发表马季方编写的"文化人类学与涵化研究（上、下）"两篇综述，虽然他是以人类学领域的涵化为主要研究对象，但在文章中也对贝瑞的二维文化适应模型和格拉夫斯的心理文化适应概念做了细致的介绍。[①] 张世富对民族心理学研究的对象和任务、历史和现状、社会现代化与民族心理等做了专门阐述。[②] 郑雪探讨了社会心理学的对象、方法与历史发展、社会知识、人际关系、社会态度、社会行为、群体心理以及民族文化与民族心理学等社会心理学的主要研究领域。[③] 陈慧等人（2003）发表的《跨文化适应影响因素研究述评》、李慧和王亚鹏（2004）发表的《少数民族的文化适应及其研

---

① 马季方：《文化人类学与涵化研究》，《国外社会科学》1994年第12期，1995年第1期。
② 张世富：《民族心理学》，山东教育出版社1996年版，第11—158页。
③ 郑雪：《社会心理学》，暨南大学出版社2009年版，第241—291页。

究》，余伟和郑刚（2005）发表的《跨文化心理学中的文化适应研究》等为我国的文化适应研究提供了新思路。[①]

文化适应与其他心理因素关系的研究结果，主要由文化适应理论结合国外常用的文化压力适应量表得出，有关的研究尚不充分。王亚鹏运用定量研究和定性研究相结合的方法，研究了藏族大学生的民族认同、文化适应与心理疏离感三者之间的关系。[②] 胡兴旺等学者依据学生对主流文化和学校教育的认同，以及对汉语教学的理解和掌握程度三个方面评测出学生的文化适应程度，验证了白马藏族初中生的智力水平会随着文化适应程度的提升而改变。这一结果表明：学生对学校教育和主流文化的认同，对教学语言的熟悉程度和理解程度，以及自身智力水平的高低，对于学生的学业成绩有着显著的影响。[③] 胡发稳等认为文化适应是多民族国家社会融合的普遍现象，这种文化调适对人们的环境适应具有促进和消极双重作用。他们采用问卷调查法对云南省特有跨境而居的哈尼族青少年样本施测，然后基于869个有效样本数据，分析了他们的文化适应结构，及其与学校生活满意度、学校适应之间的相互关系。结果表明哈尼族青少年学生的文化适应呈非平衡性发展特点，教育促进效应极为显著，受教育程度越高，越能适应文化变迁；文化适应是学校适应的一个核心前因变量，具有积极的直接和间接心理效应。[④]

整体来看，较之国外的文化适应研究，我国心理学领域的文化适应研究数量相对偏少，研究范畴和领域偏窄，研究不够深入。中国是一个多民族的国家，是由56个民族组成的大家庭，虽然民族数量众多，但始终保持着多元化一体结构，与欧洲移民国家相比，中国各民族文化之间存在的差异并不明显，文化之间的冲突也并不是那么难以解决。但是必须认清，我国各民族间的文化差异仍然存在，不同文化群体成员需要经历较长的适应过程才能融入新的文化环境中，因此开展文化适应课题的研究是十分必要的。

2. 存在问题与不足

如前所述，我国的文化适应研究理论探讨不够深入和全面，且部分地方存在以偏概全之嫌。在实证研究方面，除少数学者关注少数民族文化适应问题研究之外，在其他方面涉足甚微。在文化适应实质问题研究方面，国内学者所持观点不一，对文化适

[①] 陈慧、车宏生、朱敏：《跨文化适应影响因素研究述评》，《心理学》，2004年第1期；王亚鹏、李慧：《少数民族的文化适应及其研究》，《集美大学学报》（教育科学版），2004年第5期；余伟、郑钢：《跨文化心理学中的文化适应研究》，《心理学》，2006年第4期。
[②] 王亚鹏：《藏族大学生的民族认同、文化适应与心理疏离感》，西北师范大学2002年硕士学位论文。
[③] 胡兴旺、蔡笑岳、吴睿明、李红、张志杰：《白马藏族初中学生文化适应和智力水平的关系》，《心理学报》，2005年第4期。
[④] 胡发稳、李丽菊、荀利波：《哈尼族青少年的文化适应及其心理效应》，《广西民族研究》，2016年第3期。

应概念的界定模糊多样,尤其是结合我国的实际对文化适应实质及其中的重点和难点问题的解剖不够精准。此外,对我国文化适应问题最重要的影响因素要具体问题具体研究,对各民族的不同状况要注意区别,并应就此建立基于中国国情的文化适应与民族有关研究的理论框架和研究范式。

第二章　历史长河中流淌着生生不息的羌人血脉

在这一章中，将从多个维度梳理和展现羌人的历史，去看他们在中华文明的进程中如何延续自己的血脉，同时又是如何与华夏人及其他人群在时空的延伸中互动、融合，共同绘制出一幅中华民族的千年历史画卷；历代正史书写者、华夏知识分子、朝廷官员、现代政府及官方机构、现当代学者、地方知识分子，也包括曾经的、当下的每一个"羌人"个体、家庭、村落——他们既共同参与了画卷的创作，同时也成为这幅画卷中不可抹去的珍贵影像。

关于羌人的历史，本章试图突破传统中静态的、单面的、陈述唯一客观事实的"历史梳理"方式，同时也不片面采用后现代语境下的各种历史理论话语，而是要将科学主义"客观事实与规律"的历史观与后现代"主观建构"的历史观理论范式进行对比。在这种研究视野下，采取神话、文献与考古，正史与现代民族口述史，历史学、社会学与文化人类学相结合的方式来呈现更为全面、多维、动态的羌人历史。因此，这一章材料的使用除了引用历代经典文献、史书、考古资料之外，还借鉴了《羌族史》（李绍明、冉光荣、周锡银）等近代羌族研究成果，尤其以王明珂关于羌人历史和现代羌族研究系列学术作品《华夏边缘》《羌在汉藏之间》《英雄祖先与弟兄故事》作为资料及理论基础，通过对"羌人"历史的再次梳理和整合来进一步讨论羌人的族群认同与区分观念。

第一节　文字、神话传说与考古中的"羌"

对于羌人历史的了解，当从对他们的称呼考证。对居于中国西方的某一人群，以命名的方式符号化为"羌"，这一命名过程不是一蹴而就的，而是人们经过对他们异于自己的生活、语言、文化特征等方面长时期的观察以及在与他们的交往中逐渐形成的称呼。从此，通过"羌"这一称呼来了解、看待这一群人——他们生活在西方（当时中国的地理视域），主要以羊群放牧为其生活特征。

多元文化视域下的文化认同研究——以四川羌族为例

在中国的造字规则中，人字旁和女字旁分别赋予了汉字的性别色彩。因此，与"羌"相对的"姜"自然被理解为羌人中的女子，并逐渐演化为羌人别支。于是，世人便以望文生义的方式来描述西方的这一群人，在此基础上将他们的文化、活动、事件、人物、与其他人群的关系等等书写在文献和正史当中，并形成了"写羌"的传统。在近现代关于"羌"的认识与研究中，学者们仍然遵循"说文解字"的方式来追溯最早的羌人概貌，然后以神话传说、考古、文献资料、史书为肌理和血肉塑造出羌人形象。

一、从"羌""姜"的字义进行羌人溯源

《说文·羊部》对"羌"的释义是："羌，西戎牧羊人也。从羊；羊亦声。"①在《风俗通义》中对"羌"的这一解释做了呼应："羌，本西戎卑贱者也，主牧羊。故'羌'字从羊、人，因以为号。"②那么，通过这两部文献对"羌"字的释义说明了"羌"所指的原是居于中国西部，主要以放养羊群为特征的人群，而这样的人群并非是确定唯一的，也可能是中原"对西方牧民的统称，包括上百个部落"。③

接下来，再来看与"羌"关系密切的另一个字："姜"。在《后汉书·西羌传》中有云："西羌之本，出自三苗，姜姓之别也。"④以此书"西羌出自姜姓"的说法来看，"羌"应为"姜"的一种，但经后人考证，此说法有误。如傅斯年提出的"羌、姜一字说"，认为应是"姜出自羌"："周代的习俗，'男子称氏，女子称姓，'姓非男子所称，乃是女子所专称，所以姓之字多从女。金文中姬姜异文甚多，然无一不从女。说文标姓皆从女……于是地望从人为羌字，女子从女为姜字，沿而为二了。不过汉晋儒者是知道羌即是姜的。"(《姜原》)⑤由此来看，"羌"和"姜"本是一字，因为"羌"从"人"，作为族之名，"姜"从"女"，作为羌人女子之姓。

另外，章太炎提出了"姜姓出于西羌，非西羌出于姜姓"⑥的观点："羌者，姜也。晋世吐谷浑有先零，极乎白兰，其子吐延为羌酋姜聪所刺，以是知羌亦姜姓。"⑦进而，有学者以章太炎提出的"姜姓出于西羌，非西羌出于姜姓"为依据，并结合神话传说和文献考古，推测姜人应该是羌人中最先从游牧进入到农耕的一个支系。⑧

从上面对羌、姜二字的辨析，可以得到以下结论：（1）从字的辨析和本义溯源来看，"羌"指代在商周之前就已出现在中国西部的多个游牧群体的统称。（2）从"羌"和"姜"

---

① 许慎：《说文解字》，中华书局1963年版，第78页。
② 应劭著，王利器校注：《风俗通义校注》，中华书局1981年版，第488页。
③ 费孝通：《中华民族多元一体格局》，中央民族大学出版社1999年版，第27页。
④ 范晔撰，李贤等注：《后汉书》（卷8），中华书局1965年版，第2869页。
⑤ 欧阳哲生主编：《傅斯年全集》第3卷，湖南教育出版社2000年版，第46页。
⑥ 《章太炎全集》（卷5，《西南属夷小记》），上海人民出版社1984年版，第334页。
⑦ 《章太炎全集》[卷3，《检论·序种姓（上）》]，上海人民出版社1984年版，第363页。
⑧ 李绍明、冉光荣、周锡银：《羌族史》，四川人民出版社1985年版，第2页。

的字义辨析和文献上的溯源来看,羌和姜本属同一群体,他们之间的关系或为性别指称的差异(男为羌,女为姜),或为世系与别支的差异(姜出自羌,为羌的一个支系)。(3)羌人以游牧为主要经济生活形态,而姜则是羌人中最早进入农耕生产的一支。

二、解码神话与民间传说中的羌人"历史"

人们如何看待历史?是将之视为客观"发生过的事实"还是一种被人们选择、想象或虚构的"社会化"记忆?人们为什么要追溯自己的历史或探究、察看"他者"的历史?是因为借由对历史追溯或探究来形成群体的认同/凝聚、区分/排他,进而获取生存的资源与空间吗?这是王明珂在其对羌族研究中的一个中心议题,也是笔者想要说明为什么在本章讲述羌人历史时要安排"神话与民间传说"这个部分的原因之一。虽然,神话与传说通常被视为远古人民或无文字的人群对自然、世界、社会的一种想象或虚构,但是其中也包含了他们对社会事实和历史事件的一种"隐喻化"记录和表达,而这种"隐喻化"的过程可以视为一种编码过程。因此,我们将在下文对上古神话、大禹神话和羌族地方神话及民间传说进行分析,以期获得羌人的历史线索和信息,对羌人无文字记录之历史进行一定程度的复原,同时对多面向历史记忆进行讨论以探究羌人的族群和身份认同以及认同行为背后的深层原因。

(一)上古时代的神话传说:华夏文明源头中的"羌人"记忆

中国上古神话形成了一个"三皇五帝"系统,中华文明的起源以及华夏族人的血脉都要在这个神话系统中进行追溯,而其中的神农氏/炎帝、蚩尤、共工氏都与羌人部落尤其是姜姓部落有着直接的联系。从这些神话中,不仅能看到羌人与华夏之间紧密的血脉联系,而且据此也证明了古羌人在中华文明的形成、发展过程中所发挥的重要作用。

1. 炎帝神农氏的神话传说

传说炎帝生于姜水,牛头人身,因懂得使用火而成为姜人部落的首领。后来进入黄河中游,与蚩尤部落发生冲突,最后炎帝被蚩尤驱逐至涿鹿。炎帝便向黄帝求援,双方展开大战。另一种说法是,炎帝与黄帝为争夺天下,在阪泉决战,炎帝被击溃,黄帝将其流放到南方楚地,炎帝的部属蚩尤部落不服从黄帝的号令,并扬言要为炎帝报仇,于是纠集部族与黄帝大战,蚩尤败落。在黄帝一统天下之后,考虑到炎帝众望所归,民望犹盛,便将其召回辅政,合并为炎黄部落。

接下来我们在历史文献中耙梳,搜寻相关的历史碎片信息以获得解码的线索。首先,《太平御览》引述了不少关于神农炎帝的故事片段[①]:

神农氏,姜姓也。母曰任姒,有乔氏之女,名女登,为少典妃。游于华阳,有神

---

① (宋)李昉编纂:《太平御览》卷1,河北教育出版社1994年版,第672—674页。

龙首感女登于常,生炎帝,人身牛首,长于姜水,有圣德。以火承木,位在南方,主夏,故谓之炎帝。(《帝王世纪》)

神农氏作,斫木为耜,揉木为耒。耒耜之利以教天下,盖取诸益。(《易下·系》)

古者民茹草饮水,采树木之实,食蠃蠬之肉,时多疾病毒伤之害。于是神农乃始教民播种五谷,相土地之宜,燥湿肥硗高下,尝百草之滋味、泉水之甘苦,令民知所避就。当此之时,一日而遇七十毒。(《淮南子》)

神农之时,天雨粟。神农耕而种之,作陶冶斤斧,为耒耜、鉏耨,以垦草莽,然后五谷兴。(《周书》)

此外,还有其他文献也有大量相关的传说,如:

《国语·晋语(四)》:"昔少典娶于有蟜氏,生黄帝炎帝。黄帝以姬水成,炎帝以姜水成。成而异德,故黄帝为姬,炎帝为姜,二帝用师以相济也,异德之故也。"[1]

《风俗通义》卷六:"世本:'神农作琴'。"[2]

《商君书·画策》:"神农之世,男耕而食,妇织而衣。"[3]

通过对以上这些神话和传说的解码,至少可以得到以下这些历史信息:

神农氏出于姜姓部落,并成为我国农业始祖。

姜姓部落早期的活动区域在"姜水"(今岐山之东,为渭水的一条支流),是中华文明中最早开始定居从事农业的一支人群。

因农业生产出现了相对定居,进而陶器等手工制作开始出现并发展,药物、纺织、音乐等文明要素被创造出来并传播。

到了黄帝时代,姜姓部落联盟日益扩展,并大举向东发展。

姜姓羌人是华夏文明源头之一的"神农/炎帝集团"的重要成员,他们不仅是炎帝、黄帝的血缘亲属,而且也是华夏农业文明的开拓者,在姜人部落由西往东的迁移过程中,他们将农业生产技术和生活方式带入了华夏文明起源地带。

2. "蚩尤"的传说

蚩尤是九黎族的首领,兽身人面,铜头铁脖,头上长角,耳上生毛硬如剑戟,能吃砂石。他有八十一个兄弟(八十一个部落),均以勇悍善战而著称。蚩尤神话中最盛行的故事是其部落联盟与黄帝部落集团在阪泉/涿鹿发生的大战。蚩尤请风伯雨师兴风布雨,用大雾使黄帝的士兵迷失方向,但黄帝请来旱神女魃,驱散迷雾。最终,黄帝取得胜利并诛杀了蚩尤。围绕黄帝、炎帝、蚩尤形成的是三方部落间的英雄神话,从这些想象的故事中,能够解析出隐含其中的历史信息:在中国第一个原始农业社会

---

[1] (吴)韦昭:《国语》卷10,世界书局,1936年版,第125页。
[2] (汉)应劭著,王利器校注:《风俗通义校注》,中华书局1981年版,第293页。
[3] 石磊译注:《商君书》,中华书局2009年版,第149页。

第二章 历史长河中流淌着生生不息的羌人血脉

中曾经发生过激烈的部落战争,最终黄帝部落统一了黄河流域,创立了中国历史上第一个共主时代,中华文明从此开始。而后人也将黄帝、炎帝、蚩尤视为中华文明的"人文三祖"、"华夏三祖"。

(1)在《路史·后记四》(卷13,《蚩尤传》)中记有"阪泉氏蚩尤,姜姓,炎帝之裔也"。①据此可以得知的一个重要历史信息就是蚩尤部落应是姜姓部落(炎帝)的一支,因此蚩尤部落应该也有一定程度的农业发展。

(2)《太平御览·皇王部四》(《龙鱼河图》):"黄帝摄政前,有蚩尤,兄弟八十一人,并兽身人语,铜头铁额,食沙石子,造立兵杖刀戟大弩,威振天下,诛杀无道,不仁不慈"。②

《世本·作篇》:"蚩尤作五兵……黄帝诛之涿鹿之野。"③

《史记·五帝本纪》:"炎帝欲侵陵诸侯,诸侯咸归轩辕。轩辕乃修德振兵……以与炎帝战于阪泉之野,三战,然后得其志。蚩尤作乱,不用帝命,于是黄帝乃征师诸侯,与蚩尤战于涿鹿之野,遂擒杀蚩尤。"④

《山海经·大荒北经》:"蚩尤作兵伐黄帝,黄帝乃命应龙攻之冀州之野。应龙畜水。蚩尤请风伯雨师,纵大风雨。黄帝乃下天女曰魃,雨止,遂杀蚩尤。"⑤

《庄子·盗跖篇》:"黄帝不能致德,与蚩尤战于涿鹿之野,流血百里。"⑥

根据以上文献的记载,可以得到以下信息:

这是一个部落联盟时代,蚩尤应该是当时非常大的一个部落联盟,共有很多分支部落。

部落联盟之间的战争在这个时期频繁发生,最典型的就是姜姓部落集团与黄帝部落集团之间的战争,而蚩尤作为姜姓部落集团的一支,也参与了战争。

(3)《庄子·盗跖·释文》:"神农之后,第八世帝曰榆罔(关世),(时)蚩尤民强,与榆关争王,逐榆关。榆关与黄帝合谋,击杀蚩尤。"⑦

《国语·楚语下》:"及少皞之衰也,九黎乱德,民神杂糅,不可方物……颛顼受之,乃命南正重司天以属神,命火正黎司地以属民,使复旧常,无相侵渎,是谓绝地天通。"(九黎,黎氏九人,蚩尤之徒也。)⑧

---

① (宋)罗泌:《路史》(《四部备要·史部》),中华书局据原刻本校刊,第79页。
② (宋)李昉编纂:《太平御览》卷1,河北教育出版社1994年版,第677页。
③ (汉)宋衷注,(清)秦嘉谟等辑:《世本八种》,商务印书馆1957年版,第37页。
④ (汉)司马迁:《史记》卷1,中华书局1959年版,第3页。
⑤ 袁珂校注:《山海经校注》卷12,上海古籍出版社1980年版,第430页。
⑥ 陈鼓应译注:《庄子今注今译》,商务印书馆2007年版,第893页。
⑦ (唐)陆德明:《经典释文》,中华书局1983年版,第400页。
⑧ (周)左丘明:《国语》,上海古籍出版社1978年版,第562页。

《史记·五帝本纪》："轩辕之时，神农氏世衰。诸侯相侵伐，暴虐百姓，而神农氏弗能征。于是轩辕乃习用干戈，以征不享，诸侯咸来宾从。而蚩尤最为暴，莫能伐。"（孔安国曰："九黎君号蚩尤是也。"）[1]

《路史》（后纪四）："传战执尤于中冀而殊之爰谓之解。以甲兵释怒，用大政顺天思，叙纪于太常，用名之曰绝辔之野。"[2]

基于以上，可以得到以下结论：

不仅在炎帝与黄帝之间存在部落集团之间的争战，而且在姜姓联盟内部也存在着纷争。

炎帝部落集团与黄帝部落集团联合起来对抗蚩尤部落，并成为中华文明"炎黄"后裔的祖先。蚩尤部落战败，其子孙流散迁徙至蛮荒之地，成为中国多元民族的起源之一。

（4）《世本·作篇》："蚩尤作兵。"[3]（《路史》注引世本"蚩尤作五兵，戈、矛、戟、酋矛、夷矛，黄帝诛之涿鹿之野"。）

《管子·地数篇》："葛卢之山发而出水，金从之，蚩尤受而制之，以为剑铠矛戟。是岁相兼者诸侯九。雍狐之山发而出水，金从之，蚩尤受而制之，以为雍狐之戟芮戈，是岁相兼者诸侯十二。故天下之君顿戟一怒，伏尸满野，此见戈之本也。"[4]

《史记·封禅书》："三曰兵主，祠蚩尤。"[5]

通过对以上文献的解码，可以得到以下历史信息：

蚩尤部落擅制兵器，应该是金属武器的最初制造者。

蚩尤部落冶炼铜铁、制作金属兵器，说明已掌握了冶金锻造技术，这标志着华夏文明使用金属工具的时代到来，是原始社会生产力的一次飞跃。

齐国将蚩尤奉为主兵之神，说明这个部落尤为善战，这与西羌人"以力为雄""以战死为吉利"的族群特征是一致的。

兵器制造的出现意味着部落战争的发生。

（5）《尚书·周书》（《吕刑》）："若古有训：蚩尤惟始作乱，延及于平民……苗民弗用灵，制以刑，惟作五虐之刑，曰法。（正义：三苗之君习蚩尤之恶，不用善化民，而制以重刑，惟为五虐之刑。）"[6]

---

[1]（汉）司马迁：《史记》卷1，中华书局1959年版，第3—4页。
[2]（宋）罗泌：《路史》（《四部备要·史部》），中华书局据原刻本校刊，第80页。
[3]（汉）宋衷注，（清）秦嘉谟等辑：《世本八种》，商务印书馆1957年版，第37页。
[4] 黎翔凤：《管子校注》（下册），卷23，中华书局2004年版，第1355页。
[5] 司马迁：《史记》卷28，中华书局1959年版，第1367页。
[6] 孔安国著，孔颖达正义：《尚书正义》，上海古籍出版社2007年版，第771页。

第二章　历史长河中流淌着生生不息的羌人血脉

《管子·五行篇》："昔者黄帝得蚩尤明于天道。"①

《路史·后纪四·蚩尤传》在记述蚩尤被擒杀后说："以故后代圣人著其像于尊彝以为贪戒。"②

《太平御览》卷79引《龙鱼河图》曰："蚩尤没后，天下复扰乱不宁，黄帝遂画蚩尤形象，以威天下，天下咸谓蚩尤不死，八方万邦皆为殄伏。"③

这几段文字透露出一个重要信息：在中国文明发展中，蚩尤部落是法规、法制的最早创造者和施行者之一，蚩尤严格实行法制而树立的威严形象对后人影响深远。

（6）《礼记·缁衣》："甫刑曰，苗民匪用命，制以刑，惟作五虐之刑曰法。"郑注："高辛氏之末，诸侯有三苗者作乱，其治民不用政令……蚩尤之刑以是为法……三苗由此见灭无法后世，由不任德。"④

《姓氏寻源》对《路史》中"蚩氏：蚩尤之后"所做的注解是："蚩尤：姜姓诸侯，是耆田子邛之支庶，同母弟八人，族孽兄弟七十二，共八十一人……无虐之刑以害黎民，轩辕以蚩尤明乎天道，尊为当时。"⑤

《后汉书·西羌传》说："西羌之本，出自三苗，羌姓之别也。其国近南岳。及舜流四凶，徙之三危，河关之西南羌地是也。"⑥

通过这几处文献的分析，可以得到历史信息包括：羌人出自三苗，而三苗的后裔是姜姓的别支；蚩尤部落与古羌人/西羌人有着紧密的血脉联系。

3.共工氏的传说

共工"人面蛇身朱发"（《归藏·启筮》），所领氏族称共工氏，传说为中国古代的水神，掌控洪水，因与火神祝融不合而引发大战，最后共工失败而怒触不周山。在许多文献中都能找到关于共工氏的文字书写。

《左传·昭公十七年》："共工氏以水纪，故为水师而水名。"（杜注："共工氏以诸侯霸有九州者，在神农前，太皞后。"）⑦

《国语·周语下》："昔共工弃此道也。虞于湛乐，淫失其身，欲壅防百川……"⑧（韦昭注："共工诸侯炎帝之后，姜姓也。颛顼氏衰共工氏侵陵诸侯与高辛氏争而王也。"）

---

① 黎翔凤：《管子校注》（中册），卷14，中华书局2004年版，第867页。
② 罗泌：《路史》（《四部备要·史部》），中华书局据原刻本校刊，第80页。
③ 李昉编纂：《太平御览》卷1，河北教育出版社1994年版，第677页。
④ 戴圣编：《礼记》卷17，（汉魏古注十三经）中华书局影印1998年版，第206页。
⑤ 张澍：《姓氏寻源》，岳麓书社1992年版，第58页。
⑥ 范晔撰，李贤等注：《后汉书》卷87，中华书局1965年版，第2869页。
⑦ 左丘明著，杜预注，孔颖达正义：《春秋左传正义》，北京大学出版社2000年版，第1361页。
⑧ 韦昭注：《国语》卷3，世界书局1936年版，第34-35页。

《国语·鲁语上》:"共工氏之伯九有也。其子曰后土能平九土。"①[韦昭注:"共工氏伯者在戏(羲)、弘农之间有城。"]

通过对以上文献的解码,可以得到共工及其氏族的一些基本信息:

共工氏应为炎帝的后人,与黄帝之孙颛顼共争天下王位。

当时天下共有九个氏族居于四方,而共工所在部落居于首位。

共工曾一度是九州的霸主,即中原部落联盟首领。

共工氏继承了神农氏的农业生产,而且在农业水利方面积累了治水经验,其后人大禹取得了治水的最终成功。

《管子·揆度》:"共工之王,水处什之七,陆处什之三,乘天势以隘制夫下。"②

《礼记·祭法》:"共工氏之霸九州也。其子曰后土,能平九州,故祀以为社。"③

《国语·周语(下)》:"昔共工……欲壅防百川,堕高堙庳,以害天下……其后伯禹念前之非度,厘改制量,象物天地,比类百则,仪之于民,而度之于群生。共之从孙四岳佐之,高高下下,疏川导滞,锺水丰物,封崇九山,决汨九川,陂鄣九泽,丰殖九薮,汨越九原,宅居九隩,合通四海。"④

《史记·三皇本纪》:"当其末年也,诸侯有共工氏。任智刑,以强霸而不王。以水乘木,乃与祝融战。不胜而怒,乃头触不周山。"⑤

这些文献都将共工氏或其后人塑造为治水英雄。

共工氏所处时代洪水四处泛滥,自然条件极其恶劣。

共工氏根据农业水利的经验,采用高地铲平,低地填高,修筑堤防的方法来"堵"水,虽然未能根治洪水,却为后人治水积累了经验。

共工是华夏的治水英雄。

通过以上对神农/炎帝、蚩尤、共工神话传说的分析,将这些信息碎片进行拼接,基本上可以得到一个较为清晰的羌人远古历史发展图式:从神农炎帝、蚩尤到共工,他们作为羌人中最早进入农业生产的部落,率先进行了有利于农业发展的各种创造发明,从而奠定了农耕文明的基础:从耕种技术、水利发展、金属工具制造、定居筑城到音乐艺术、医学、刑制律法等,这一系列的成就对农业文明在黄河中下游的形成和发展起到了决定性的作用。同时,伏羲、蚩尤、共工等羌人部落在与黄河流域其他部落的战争中逐渐融合成为华夏族——中华民族的核心主体,而以上诸羌人部落中的一部分在战败后其子孙流散迁徙至蛮荒之地,成为中国多元族群的源头。

---

① 韦昭注:《国语》卷4,世界书局1936年版,第56页。
② 黎翔凤:《管子校注》(下),卷23,中华书局2004年版,第1371页。
③ 戴圣编:《礼记》(卷十四),《汉魏古注十三经》,中华书局(影印)1998年版,第168页。
④ 韦昭注:《国语》卷3,世界书局,1936年版,第34—35页。
⑤ (汉)司马迁著,泷川资言编撰:《史记会注考证》,新世界出版社2009年版,第26—27页。

（二）大禹神话：羌人祖先的认同记忆

在中国的历史上，大禹是黄帝的玄孙、夏后氏的首领、中国第一个世袭制王朝的开国君王，开创了延续四千年之久的天子君王"家天下"的国家政治体制。而大禹治水的传说也成为华夏文明典型的祖先英雄故事，"治水三过家门而不入"的无私为民的奉献精神成为中华民族精神的传统内核，"铸九鼎"昭告天下"王权"为天命所授的神圣合理性奠定了中华数千年之久的一统天下的世袭制王朝和"家国天下"政体的基石。

早在战国至汉代时期，在汉人历史记忆中就有"禹西夷之人"（《尚书》《孟子》）或"禹生于西羌"（《史记》）之说，到了晋代，常璩在《华阳国志》中对"禹生于西羌"进行了更为详细的描述：将"大禹"与"羌"关联在一起，逐渐形成了蜀人和岷江流域羌人之血缘祖先的认同记忆。与古籍文献和史书中大禹传说不一样的是，在岷江流域各县、村、寨所流传的大禹神话更多的是结合了本地的自然环境而形成的大禹出生地（石纽山、刳儿坪、洗儿池、禹穴等）和大禹治水等故事，伴随着这些故事的流传，通过各种仪式、展演、学术活动、景区开发等，大禹是羌人祖先神这一观念和记忆便成为羌族民众尤其是当地政府和知识分子对外积极宣称的一种族群身份的认同。

从另一个角度来看，为什么在四川地区尤其是岷江流域会产生与当地环境密切相关的大禹出生地神话，而大禹神话传说为何能与羌戈大战、弟兄故事等一同构成羌族祖先故事体系？部分学者的研究给出了一定的答案，如有学者认为，根据洪水神话的研究，大禹神话应产生于黄河中上游的仰韶文化，并被二里头文化所继承，后来这些神话又随着古羌人的迁徙传播到岷江上游地区，并结合当地具有特征的自然环境形成新的大禹出生地神话。[①] 大禹故事由黄河流域向西南岷江流域的传播也正是羌人迁徙的路线，而本土的羌戈大战和弟兄故事则反映出羌人来到岷江流域定居过程中与当地土著的冲突与融合，以及外迁而来的汉人与羌人融合的历史过程。因此，大禹神话传说不仅仅是对中国古代文明具体形成过程的再现，也展现了羌人的迁徙历史以及由华夏中心到地方、由中华民族到不同群体的分层归属与认同。

（三）地方性神话与传说

除了广为流传的关于华夏文明起源的神话传说之外，还有一部分地方性神话故事与民间传说在相当长一段时间里，在羌人历史研究中是缺失和被忽略的。幸而随着羌族研究的逐步展开，岷江上游羌人聚居区所流传的神话与传说被当地知识分子、学者、新闻记者、文化工作者等多方力量所挖掘、收集、书写、记录、研究与展演。因此我

---

① [日]工藤元男：《流传在中华世界周边地区的禹的传说》，载于《羌族社会历史文化研究》，四川人民出版社2000年版，第240页。

多元文化视域下的文化认同研究——以四川羌族为例

们得以从"羌戈大战"等口传神话以及"兄弟故事""毒药猫"等民间传说中了解到在从"羌人"向"羌族"转变的过程中,这一族群的多重身份认同和身份关系认同的变迁,以及这一族群在不同的历史语境下是如何借由这些"历史记忆"来建立认同与区分的。不仅如此,更为重要的是,在以上分析的呈现之基础上,我们要来探讨这样的问题:为什么人们会有不同的"历史记忆"选择,在不同的历史叙事模式下对应的社会结构是什么?人们进行身份认同与区分的目的是什么?

1. 羌族认同与英雄祖先神话

在王明珂所做的田野调查采访中,大多数本地羌民都说在20世纪60年代之前他们还没有听过用"羌"或"羌族"的称呼来指称他们自己,也不知道如何来区分"羌"与"非羌"。那么,在这之前,这些人群是如何自我定义与彼此区分的呢?王明珂在调查研究中发现,最早以"热""尔玛"等自称来表述族群身份的认同的羌人基本上集中在本土知识分子群体中,他们包括端公/释比、村寨头领、村官等,这一群具有族群身份认同意识的人借用当地的英雄神话和祖先传说来将"羌""羌族"的认同观念进行推广、强化和凝聚。其中"羌戈大战"是最为重要的英雄祖先神话故事之一,它讲述了羌人如何历经艰辛从西北方向南下迁徙到岷江上游地区并和当地戈基人发生数次战争,最后羌人在天神木比塔的帮助下用白石打败了戈基人而成为这一地区的新主人,羌人因此便形成了白石崇拜的信仰,用白石来象征天神并虔诚供奉。另外一个版本则是说羌人祖先是木姐珠和斗安珠,二人生育了九个儿子,兄弟们联合起来在天神木比塔的帮助下战胜了戈基人与魔兵,此后九兄弟被天神派往各地驻守,他们便成为岷江流域内各地方上的羌人的祖先。

羌戈大战有不同版本的流传,而这些故事主要通过释比等本土知识分子作为唱诵者在节日庆典或宗教仪式上以释比唱经的形式向人们传播羌人的迁徙记忆。① 那么,为什么会有羌戈大战这段历史记忆被收录在具有宗教性的释比唱经中,由释比传承人口传心授?为什么在当代羌族的知识分子群体中这段记忆会被广泛传唱、改编成不同版本并进行展演?与华夏历史中所记录的神农氏、蚩尤、共工、大禹相比,谁才是羌人心目中真正的英雄祖先?这一系列问题的背后隐含的是知识权力与我族意识的本土再造。王明珂据此进行了分析,在20世纪上半叶,岷江流域地区的羌人将自己称为"借""热"或"智拿",并没有"羌"或"羌族"的概念,但随着西方与中国学者的"羌族"民族调查与1949年后的民族识别政策的实施,羌人中的本土知识分子代

---

① 羌族原始宗教祭祀被尊称为"释比",由于地方和支系的不同,也有不同的称呼,还被尊奉为可以连接生死界,直通神灵的人。释比做法时击鼓演唱的经文咒语即是释比唱经,其按照所做法事的不同,分为上、中、下三坛。上坛为神事,向神灵许愿还愿;中坛为人事,及家庭或村寨为单位,涉及世俗生产生活等;下坛为鬼事,一般以家庭为单位,驱邪治病,超度灵魂等。

第二章　历史长河中流淌着生生不息的羌人血脉

言人（主要以端公/释比为代表）吸收了新进的语言学、民族学与历史学知识并使用这些知识对自己所掌握的"羌戈大战"的话语文本进行知识的改造和加工进而完成新的我族意识的塑造："支持此我族意识的'历史'是一种由'请各方神明'经文发展而来的'英雄征历记'……他们建立起一个混合英雄祖先与弟兄祖先故事的叙事。在此叙事中，他们一方面承认本民族是一个'在北方被打败而南迁'的民族，一个战败英雄的后裔。另一方面，在历史、语言与民族知识与想象下，他们以'九兄弟故事'来建构一个扩大的我族想象群体。"①

2. 兄弟故事：家族的历史记忆

在岷江上游羌人聚居区流传着不同版本的弟兄故事，王明珂对这些故事进行收集、对比与分析，发现它们都有相似的叙事模式。如在松潘等地流传的三兄弟，其叙事模式中没有明确的时间与背景，而只是讲述"一山沟中有三个寨子，各寨民说起本地三个寨子居民的起源时，常说：'从前，有三个弟兄到这儿来，分别到三个地方建立寨子，他们就是这三个寨子村民的祖先'"。②除三兄弟故事之外，七、九弟兄故事也采用了与三弟兄故事相似的叙事模式，它们的主要区别在于：三弟兄故事往往是在同一个沟相邻近的寨子中流传；而七（九）弟兄故事则是在相邻几个沟的寨子间流传。这反映出一种认同与区分关系："由较小的几个家族到较大的跨越几个县的区域人群，都可以借如此的'弟兄祖先故事'来说明其共同起源'"③，其目的在于对资源空间的占有、共享与区分，"由于环境封闭与匮乏，因而在本地各种资源'界线'划分都须十分清楚，对外发展困难，人们经常在内部沿各种'界线'彼此敌对，争夺资源……因此三个村寨的人有共同的血缘关系，他们也共同拥有及保护这条沟中的资源……其叙事结构（三弟兄故事）是社会结构（三个村寨）的反映。其主要叙事符号，'弟兄'，也对应社会人群间的合作、区分与竞争关系——'弟兄'隐喻着人群间的合作、区分与对抗。"④

另外一类"弟兄祖先故事"则出现在北川县，这类故事叙述的模式中有了较为明确的时间和背景——"湖广填四川"的时代；也有了迁徙而来的明确地点——祖先来自"湖广"两地；而且与前一类三弟兄故事最大的不同点是，后者这三弟兄是由"王、刘、龙"三姓家族构成，他们是在"湖广填四川"的时代迁来羌民地区定居的"汉人移民"。于是，这样的历史使得早期的汉人移民如"王、刘、龙"成为本地的核心"老家族"，而后来迁入此地的非"王、刘、龙"家族则被视为"新移民"的他者："'湖

---

① 王明珂：《羌在汉藏之间：川西羌族的历史人类学研究》，中华书局2008年版，第221—222页。
② 王明珂：《英雄祖先与弟兄故事：根基历史的文本与情境》，中华书局2009年版，第22页。
③ 同上书，第22—24页。
④ 同上。

广''湖广填四川的时代'以及'王、刘、龙'等汉姓,这些地名、家族血缘符号以及历史记忆,都使得此'三弟兄祖先故事'成为中国主流历史的一个小分支,所谓'家族史'。也使得'本地'及此'三姓家族',成为汉人地理空间与血缘的一边缘部分。造成此历史记忆同时也受此记忆支持的'情境',除了几条沟的'老家族'共有、分配与竞逐本地经济与社会资源外,更重要的是'汉化'带来的社会与族群关系改变,以及下游村落与城中'汉人'对他们的歧视……如此也改变了原来'弟兄祖先故事'所规范的族群关系。"①

对于这两类"弟兄祖先故事",王明珂将它们放置在特定的社会情境中然后用"历史心性"的概念进行了解读:第一类"弟兄祖先故事"体现了寨子与寨子、寨子与沟、沟与沟之间的人群血缘关系以及由此形成的地理空间资源的分配与共享,即通常在空间距离上最为靠近的几户人家是关系最亲近的亲属,因此他们在血缘关系认同基础上共同占有和享用同一空间的生活资源;而在第二类"弟兄祖先故事"中,除了区分各个家族的资源空间界线,还在"家族"与汉族之间建立起了联系,从而不仅保障了自己家族在本地的社会地位,同时也可以将资源空间向外延伸:"'血缘'定义并凝聚群体,'空间(或资源)'定义他们所共有、分享的资源范围,此二者在'时间'中之延续与变迁,说明'现在'群体内部人群之资源生态。"②

王明珂所提出的"历史心性"是一种如何思考、组织、叙述历史的文化心态,与它相对应的是社会基本模式规范:"英雄祖先历史心性"对应的是集中化、阶序化的社会,而"弟兄祖先历史心性"则对应多元族群对等结合的社会。③

3. 毒药猫故事:"我者"与"他者"及其女性的被边缘化

在 20 世纪八九十年代以前,羌人村寨中还流传着毒药猫的故事,虽然不同寨子有不同的版本,但都有一个基本的叙事模式:毒药猫一般为村寨中的女性,她们会在夜晚变幻成各种动物出来害人,或者是施毒杀人,毒药猫伤害的对象不仅包括寨中的村民,甚至还包括丈夫、儿子等至亲之人,但她们绝不会加害自己的弟兄。毒药猫在母女间传承,不会传给媳妇。而且她们的存在不是个别的,每个流传该类故事的村寨都认为本村或本寨有毒药猫,所谓"无毒不成寨"。在这一基本叙事模式的基础上,不同的讲述者还会添加一些情节,如用橱柜做飞行工具、在火塘/炉灶旁传授和训练法术、毒药猫聚会喝酒、吃人肉等。

"毒药猫"是羌人村寨流传的一类较为特殊的故事,因为它不属于英雄祖先故事,也不是兄弟根基故事,而是对羌人自己生活经验的一种另类呈现。此外,这一类故事

---

① 王明珂:《英雄祖先与弟兄故事:根基历史的文本与情境》,中华书局 2009 年版,第 26 页。
② 同上书,第 22—28 页。
③ 同上书,第 48 页。

第二章 历史长河中流淌着生生不息的羌人血脉

的特殊性还在于对羌族女性的另类书写，即她们是不洁的、危险的，一旦寨子有牲畜伤亡或人死于非命的事件发生，祸端就是"毒药猫"女子。虽然在外人看来，这样的故事只是荒诞的想象与虚构，但实际上这是当地人日常生活经验和记忆的变形，在村寨中被讲述和流传，从而影响着村寨内外人群的互动关系。

在王明珂的羌族研究中，他对毒药猫的故事采用了文本分析的方式来解读故事中的叙述结构、人物关系、隐喻和象征等，并用伊利亚斯（Norbert Elisa）的"人群对抗与冲突模式"、布迪厄（Pierre Bourdieu）的社会分群与"品味"研究以及"代罪羔羊"（吉哈德，Rene Girard）、"污染与女性社会角色"（道格拉斯，Mary Douglas）等理论从人类学、社会学和历史学的角度来重新阐释了"毒药猫故事"的历史文化意义以及族群的认同与区分。

伊利亚斯的"人群对抗与冲突模式"理论的核心观点认为当一个人群认为自己是本地人时，会将与自己形似或相近的其他人群视为外来者，因此他们会强调当地文化或生活习俗上的规范以划分边界，认为这些规范是外来者缺少且难以模仿的。

与伊利亚斯相比，布迪厄更为深入地对相近人群间的"规范"进行了研究。在《区隔》一书中，他讨论了品位与阶级的区分：日常生活品位和审美品位在本质上是相通的，在社会中位置相同或接近的群体，他们的品位相似；品位是一种"区隔"手段，其在实践过程中对人们进行分类和区分。社会认同建立这种分类和区分之上，而一个群体可以通过创造或控制品位去区分、敌视与自己相似却具有威胁性的其他群体。

吉哈德在神话研究中提出了"代罪羔羊"理论，用以解释人类社会中为何存在暴力，即人们用暴力和"代罪羔羊"来遏制暴力，而这也是宗教仪式的起源。在其著作《暴力与圣祭》中，他对这一理论进行了具体阐释，当社会中亲近的个体之间、群体之间因相似性而破坏了一些重要区分的时候，冲突与暴力就会产生，而通常要解决这些紧张的社会关系的途径就是找出一"代罪羔羊"，然后集体对其施暴，从而缓和、化解各方冲突与矛盾，使社会和群体重新得以凝聚。

道格拉斯在《洁净与危险》一书中谈到，任何社会文化都必定会对各种元素进行分类，据此建立可识别和可经验的社会秩序，并将那些无法分类与排序的事物依据社会结构和分类系统界定为禁忌和污秽。每一个具体的社会都有处置污染和危险的机制，而社会内部各分类系统之间的冲突大多表现为与性有关的制度上，男女两性不仅有严格的区分，而且二者常常表现出强烈的对抗，例如在卡钦社会，从父亲家进入丈夫家族的女子会被视为入侵者，并因此被视为无意识的施毒者。

为什么毒药猫以女性为主，尤其是从偏远地方嫁到村寨的女性更容易被当作毒药猫？为什么要把毒药猫想象成伤害家畜和毒害人命的恶毒、危险的形象？毒药猫会伤害丈夫、儿子却不会伤害自己的弟兄，这是为什么？毒药猫在母女间传承，为什么不

多元文化视域下的文化认同研究——以四川羌族为例

在母子或婆媳间传承?这一系列问题的背后所要追溯的原因主要有三点。

一是以男性成员为核心主体的群体对嫁过来的女性的身份区分,即王明珂所说的"最近亲的外人",这些羌族妇女无法被认同为"自家的亲人","'族群'认同与区分,常以性别、阶级与地域群体之阶序差别为隐喻,以映照'我族'与'异族'间的优劣区分。在强化'我族'与'异族'的区分中,同时也强化并遮掩群体内部性别、阶级与地域人群间的不平等"[①]。也就是说,毒药猫故事是一种性别隐喻,它将村寨中视为"不洁"的女性与村寨其他成员作一区分,造成一种不平等的差序,然后将这些作为少数、边缘、外人的女性视为家庭、村子或寨子中发生不幸事件的"代罪羔羊"以消除社会内部的不安、紧张与混乱,进而强化群体内部的认同。另外,对于嫁入一个家中的女子,尤其是远嫁而来的偏远地区的女子来说,她是家庭中的边缘成员,是家庭内部潜在的敌人,而能与父系家族力量制衡的是母舅,所以在故事中的毒药猫是绝不会加害自己的弟兄的。

二是因为地理空间造成的资源竞争而形成的村寨之间的身份区分。在族群理论中,彼此的认同是因为他们在血缘、空间与资源共享上拥有亲近和密切的联系。在羌人的村寨中,同一家族的成员因血缘关系亲近、生活空间上较为接近,而得以共享家族的山林资源。由此推及,从同一村寨的不同家族、同一条沟中的不同村寨再到同一乡镇的不同沟,那么在资源的竞争与分享关系上也会逐级疏远,相反,敌意与紧张的关系却会逐级加深。

三是由历史原因造成的一种主观判断。在历史上村寨之间常有暴力争斗,上游村寨也常结伙到下游村寨偷盗牛羊、拦路杀人越货,而下游村寨的鸦片种植、汉匪、帮会、乱军等导致村民生活环境的不安定因素又使得当地羌民认为相邻的"汉人"是狡诈的,对他们进行欺骗、强取豪夺。这样的历史积怨形成了地域差异的主观判断"愈上游地区的人群愈野蛮、不讲卫生,任何由外地特别是上游地区或生活条件差的邻近村寨嫁来的女人,都被认为可能沾染了'蛮子'的血统或习俗",这是一种主观上对外嫁进寨女性的身份区分而形成的对灾难或不幸事件发生时所产生的紧张、忧虑与怀疑,"由于民众的'我族'(家族、村寨或沟中的族群)认同,女人成为深恐'我族'血统被'蛮子'污染的代罪羔羊。在岷江上游与邻近地区村寨中,妇女常被视为不洁与恶魔的象征"[②]。

由此可见,毒药猫故事所凸显的是羌人之间关系的区分,而这种区分既有个人层面的区分,"是一种生物性的、心理的、也是社会的边界维持。维持此一层层的边界,以期身体不受病害、外力侵害,以期家庭、寨子、村子不受邻人或外敌侵犯",也是

[①] 王明珂:《英雄祖先与弟兄故事:根基历史的文本与情境》,中华书局2009年版,第81页。
[②] 同上书,第84页。

第二章 历史长河中流淌着生生不息的羌人血脉

族群之间的区分,"为了强化或凝聚一个族群内部'身体';超过个人生物性的身体边界之外,人们仍想像在社会边界内的'本族群'为一个有共同'身体'的群体。这种族群身体想象,一方面表现在将'族群'拟人化,一方面表现于族群成员的共同血缘想象"①。对于羌寨的村民来说,从同一群体的个体区分以及群体之间的区分是由邻近家族、村寨开始向外层层展开的,"这也说明为何人们对邻近或亲近人群的猜疑与敌意,经常与他们对远方'异类'的猜疑与敌意互为表里。此种猜疑与敌意,使得人们觉得个体与群体'身体'需要保护——防范污秽、不洁经由各种媒介侵犯此身体。而群体中的'外人'或边缘人,如女人则常被认为是带来不洁、不幸的媒介"②。

通过以上对羌人地区流传的各类神话和民间传说的文本分析和所做的历史及其社会文化解读,我们对羌人/羌族的历史有了进一步的拓展认识:神话与历史并非是虚构与事实对立的关系,在不同的社会结构中,神话也可以成为一种历史叙事和社会记忆。透过它们的表层叙事模式和话语去深究其深层隐含的信息,可以发现,处于一定社会结构中的羌人群体在特定的时间、空间里是如何进行群体的凝聚与区分、互动与对抗,以及如何形成由上至国家、民族下至地方、群体的层序同构与差异共存。另外,透过对华夏文明起源神话与羌族本土民间神话传说的梳理、解码、分析、比较,也可以进一步印证相关的族群理论:

(1)族群认同具有主观性,当某一英雄神话传说(如神农氏、蚩尤、共工、大禹等)被某一群体(羌人/羌族)所记忆、流传并借由这一英雄来凝聚此群体所有人的情感和血缘联系,那么这一英雄就成为此群体所认同的祖先,与此英雄相关的神话与传说就成为这一群体中所有人的共同族源/祖源记忆,于是群体之间便由认同或不认同此族源/祖源记忆形成族群间的边界。

(2)一个群体可能在不同时期有不同的英雄祖先记忆,而个体也可以选择或改变自己的族源/祖源记忆以加入或脱离一个族群,因此族群的边界并非固定不变,而是具有历史的变迁性。我们可以据此来解答为什么现代羌族会将大禹视为自己的祖先神,而且各地都以历史考证、学术研讨等方式力证自己是大禹的子孙后裔,但是在较早之前,羌人却以"尔玛""而""赤部"来称呼他们眼中所认同、区分的不同人群,而与这些称呼相对应的则是木比塔、木姐珠、斗安珠、湖广填四川而来的王、刘、龙等不同姓氏的汉人弟兄等等祖先故事。

这一理论也提醒我们不应该用一种静止的、有限的、固化的眼光来认识和看待"羌""羌族",而应该将他们放置在一个有着动态的、模糊边界的人群范围中去理解,也就是说,从殷商之前的羌人至宋明时期的各类羌人,从封建末期清代的羌人到现

---

① 王明珂:《英雄祖先与弟兄故事:根基历史的文本与情境》,中华书局2009年版,第86页。
② 同上书,第89页。

代的羌人，从华夏西方至中原大地不断迁徙、融合于他族的羌人，从河湟地区向岷江流域迁徙定居的羌人——他们都并非完全归属于今日所定义的"羌族"，而且因生态、经济、战争、政治等因素常常造成"羌"的边界变动，那么对于处于不同时间和空间中的羌人，也无法以明确的、唯一的文化标准将他们整齐划一地识别为同一个群体范畴。

（3）在同一个族群内部通常也会形成不同的次群体，因此不仅存在不同族群之间的互动，而且在同一族群的内部，在两性之间、在不同的阶级/阶层之间、在不同地域的人群之间也存在着互动关系，而不同的互动造成的结果之一就是——对于本族群的"历史"，各个次群体都有各自的"记忆"和诠释方式。因此，在羌人群体中不仅有大禹祖先神，在不同区县、村寨还有他们各自尊拜的天神、地方神和家神也视为家族的祖先神。虽然羌人以男性神为祖先神，女性却作为一种性别隐喻出现在地方民间传说中，通过"代罪羔羊""污名化"的性别隐处理来完成社会关系的调整和平衡，也借由女性的故事来对同一或不同村、寨人群进行凝聚或区分。

三、考古资料中的"古羌"

（一）根据考古资料对古羌人进行推测性描述

中国西北甘肃、青海地区是我国古代文化的重要源头之一。在甘青地区①发现的考古文化及遗址包括：属新石器时代的仰韶文化、马家窑文化、半山文化、马厂文化，属铜器时代的齐家文化、四霸文化、卡约文化、寺窪文化、上孙家寨文化、辛店文化、诺木洪文化等多种类型。在这些文化类型里，集中在湟水流域的包括：马家窑、半山和马厂文化以及卡约、上孙家寨、辛店文化——这些文化的发展水平高低不同：如马家窑文化出土了大量彩陶、粟和黍的种子，还有猪、狗、羊的部分遗骨，有些氏族墓地中甚至用整只的猪、狗或羊随葬；而在部分墓葬中则发现了石镞、骨镞、石球等狩猎工具，且鹿、野猪等野生动物的骨骼较多；卡约文化遗址出土了各种陶制生活用具以及大量石制、骨制、铜制生产工具（刀、斧、镞、等），还发现了粟和麦类粮食和较多的牛、羊、马、狗等家畜骨骸，据此推测当时人们基本上以定居农业为主，但畜牧业占比也重，此外，狩猎和采集活动也是生活来源的重要补充；辛店文化遗址有大量以石器为主的生产工具和动物遗骸，其经济生活应是以畜牧业为主，兼营农业。因此，从文化要素的特征上来看，马家窑、半山和马厂文化代表着农业定居，而卡约、上孙家寨、辛店文化则代表游牧迁徙的经济生活形态。这些都"反映出不同民族生活区域

---

① 这里的甘青地区是指现青海省东部、湟水流域、甘肃省中部的大夏河流域、洮河流域、甘肃省南部渭水上游以及河西走廊一带。

第二章 历史长河中流淌着生生不息的羌人血脉

的差异……是不能排除和羌族有关系的"①，之所以有这样的推测，在《羌族史》一书中，作者分别从地望、经济生活、葬俗、信仰四个方面给予了详细的论证：

首先，从"地望"上看，以湟水上、中游为中心，卡约、寺洼文化分布在这一流域及其支流的广大地区。其中，卡约文化所在地域正是《后汉书·西羌传》中所记载的汉以前羌人所居的河湟一带。寺洼文化的地望所属大致为今甘肃省庆阳、平凉、定西、武都和陕西省咸阳、宝鸡这样一个范围，而这一区域在商末周初时也正是以羌人为核心的戎人的活动势力范围。此外，发现于渭南宝鸡等地的"安国式"文化融合了寺洼文化和周初文化的特征，"这样的情况极大可能说明同样应属于羌人的文化"②。

第二，从经济生活方面来看。墓葬中一般以马、牛、羊、狗等家畜为多，骨制、铜制工具器物种类和数量丰富，出土的大量生活和生产工具以及殉葬家畜和动物遗骨都说明这些文化类型以畜牧业为重要经济生活方式，且较为发达。还有大量陶制品的数量、品质、器形、花纹的变化也说明了"畜牧经济居于主导地位、农业生产尚未充分发展"，"而河湟地区的羌人，直到汉代仍然以畜牧为主，各部落放牧的马、牛、羊数以万计……争夺牧场是各部落、甚至是和汉王朝发生冲突的主要原因"③。

第三，从葬俗方面来看。古羌人有火葬的习俗，在《太平御览·四夷部》《荀子·大略篇》《旧唐书·党项传》等文献典籍中都有记载，近代岷江上游的羌人依然保持有火葬的传统，而在甘青地区的文化遗址中（如寺洼文化）也发现了火葬的遗存。除火葬习俗之外，在卡约文化遗址中还发现了"蹲坐"的入葬形式，马厂文化和辛店文化也有一种屈肢葬式——这与羌人的埋葬方式相同，文献方志给予了佐证，如地方文献《龙安府志》所记岷江上游羌人"番人死丧无孝，但穿破衣，埋葬无棺椁。死者亲子负尸往穴地，盘其足，坐入生时，用土石掩覆安埋"④。《近西游副记》也有类似的描述："西番死后，须先用绳捆作埋首抱膝（如胎儿样）的姿势，然后再装进棺材去。"⑤

第四，从信仰观念来看，羌人存在着对羊的特殊信仰。青海省一处卡约文化墓葬中的陶器上有大角羊等动物题材的纹饰，而在《山海经·西山经》中有多处对羊类神兽、异兽的描绘，如：

西山经华山之首，曰钱来之山……有兽焉，其状如羊而马尾，名曰羬羊，其脂可以已腊……凡西经之首，自钱来之山至于騩山，凡十九山，二千九百五十七里。华山冢也，其祠之礼：太牢。羭山神也，祠之用烛，斋百日以百牺，瘗用百瑜，汤其酒百樽，

---

① 李绍明、冉光荣、周锡银：《羌族史》，四川人民出版社1985年版，第9页。
② 同上书，第9页。
③ 同上。
④ 同上书，第14页。
⑤ 同上。

多元文化视域下的文化认同研究——以四川羌族为例

婴以百珪百璧。其余十七山之属,皆毛牷用一羊祠之。①

也就是说在西山的十九座山之首的钱来山有一华山冢,其中有山神㺄(而㺄应属于羊类),用太牢做祭品(古时的高规格祭祀,如古代帝王祭祀社稷时,用牛、羊、猪三种齐全牺牲时就称为太牢)供奉山神㺄,并且用烛火、白日斋戒、百只纯正牲畜、百块美玉、百樽美酒、百块玉珪、百块玉璧进行祭祀,可见,㺄山神在西山中的崇高地位。在同篇"西次三经"还描述了一种人面羊身的山神"崇吾之山至于翼望之山,凡二十三山,六千七百四十四里。其神状皆羊身人面。其祠之礼,用一吉玉瘗,糈用稷米"②。

此外,在《西山经》中还记录了另外一些与"羊"类似的怪异生物,如符禺山之兽葱聋"其状如羊而赤鬣",英山兽㺎羊,鹿台山和白于山之兽㺎羊,大次山之兽麢羊以及昆仑之丘有兽"其状如羊而四角,名曰土蝼,是食人"③。

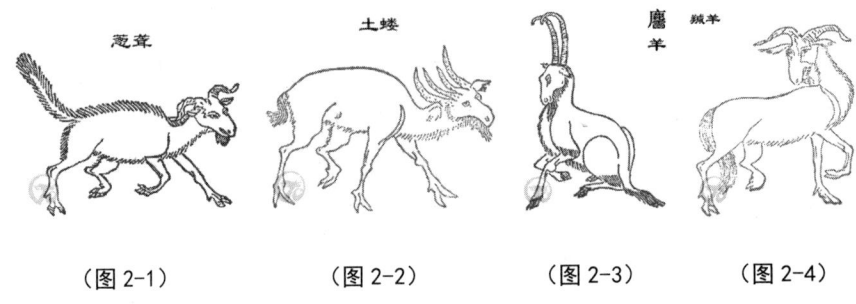

（图2-1）　　（图2-2）　　（图2-3）　　（图2-4）

（来源:袁珂:《山海经校注》,上海古籍出版社1980年版,第23、21、31、47页）

《山海经·西山经》充满了对西方的想象,而这里的"西山"大致范围应包括了甘青地区以及新疆部分地区,而这一部分也正是古羌人的活动区域,因此,西山经中有许多关于羊类神兽和异兽的描绘,也可以理解为其反映了古羌人对羊怀有特殊的宗教信仰。

以上是根据文化遗址及其出土的考古遗存进行的描述性推测,其目的是将中国古文明的源头与羌人的生产与生活勾连起来,一方面以说明羌人这一族群文化特征的延续一致性,另一方面也试图说明羌人对中国古文明的形成与发展所产生重要的影响。但是这些描述性的推测都仅仅停留在从新石器时代到铜器时代,生活在甘青地区的人群的生活与生产之表层形式,而没有从更深层次上探究为什么早期会有代表农业定居形态的马家窑、半山、马厂文化?但是,在铜器时代这一地区为什么又会突然转换为以游牧为特征的卡约、上孙家寨、辛店文化?一些学者尝试用自然生态变化与资源空

---

① 袁珂校注:《山海经校注》(西山经),上海古籍出版社1980年版,第21、32页。
② 同上书,第58页。
③ 同上书,第47页。

第二章 历史长河中流淌着生生不息的羌人血脉

间利用之间的关系来对这些问题进行更深层次的合理讨论。

（二）从考古遗存对古羌人生产生活变迁进行推测描述

首先，从地理位置来看，河湟地区位于青藏高原的东北边缘，同时华北黄土高原向西分布延伸至此，因此，河湟地区实际上属于黄土高原向青藏高原过渡的镶嵌地带，黄河上游河段及其支流湟水流经这一区域，由此形成了川水地区、浅山地区和高山地区三类地形特征，其中川水地区由一、二级河谷阶地若干个河谷盆地组成，土壤母质以养分充足的黄土为主，加之丰富的水源，川水地区成为生活在河湟地区的人群理想的居住区域——易于汲取生活用水，来往通畅便利且利于农田灌溉和防御野兽袭击。[①]这一生态环境最适宜种植粮食作物，因此人们早期的生产活动主要是在谷地进行农业耕作，而伴随农耕生产而有了陶器、石制农业工具等的发明和使用；同时，因为定居而出现了固定的生活场所和房屋建筑——这些最终在历史时光的掩埋下变成了今天被发现挖掘出的马家窑、半山、马厂、齐家文化遗址。此外，由于仰韶文化时期正处在一个气候温暖期，在肥沃的土地上生长着丰富的植被，有温带森林草原的覆盖，因此在这样的自然条件下河湟地区发展出多样性的经济形态，除了农业为主的生产经济形态以外，还有畜牧业、采集业和渔猎业与农业相配合。

但随之而来的是一个寒冷期，气温严寒、不定期的干旱、风雪形成了气候干冷化的趋势，气候的变化直接导致了人类生态环境和生产生活也发生相应的改变。先前在河谷台地进行农耕种植和蓄养猪为优选，人们依赖农作物生活并形成定居生活，但是在干冷气候和雨水、风雪不定期的限制下，农业生产遭受巨大打击，而蓄养猪却要与人争夺粮食资源；人们将眼光移升至高地，那里有丰富、肥美的水草资源，虽然高山限制了农业耕作，但却适宜放牧牛、羊，不仅不与人争夺粮食，相反还能为人提供肉、奶作为食物资源的补充，因此人们开始将经济形态的重心从农业向畜牧业倾斜。这也就可以解释在齐家文化时期青海河湟地区发生的一系列变化：人们减少农业活动，不愿养猪，而养更多的羊；制作的陶器在数量上有所减少，器形由大变小，尤其偏好易随身携带的小件物品。

此外，半山与马厂出土的随葬陶器数量的多寡悬殊差异较大，且出现了猪、狗、人的殉葬，这些遗存证据表明，此时已经出现社会阶层分化的迹象。但是由于气候干冷化引发的不稳定的农业种植和不充分的粮食储备，从而最终导致社会阶层化的中央统治形态无法完成，而且因为在高地放牧可以逃避谷地阶层化统治中的农业剥削，因此更多的人选择游牧生产生活方式，并以马、牛、羊等牲畜作为自己的财产和主要生活来源。到了辛店、卡约文化时期，畜牧生态经济方式最终瓦解了以农业生产为主的

[①] 参见陈新海：《先秦时期河湟地区的自然环境与经济初探》，《青海民族研究（社会科学版）》，1990年第4期。

文化生活形态。这恰恰说明了为什么在辛店文化遗址出土的大量动物遗骨是羊而不是猪，因为羊已经成为人们最重要的驯养家畜。还有出土的陶器器形变小、数量也有所减少，说明在这一时期，人们的迁徙移动变得频繁，仍有大量石制农具的存在则说明农业生产依然是人们较为重要的生存方式。

卡约文化所处时代及其地理分布与辛店文化有部分重叠，但是与辛店文化相比，卡约文化遗址中几乎没有定居的房屋和农业生活、生产的遗存，出土的生产工具以石刀、骨针、可携带小磨石为主，但没有辛店文化中的农业工具，随葬品多为随身易携带的小型饰物，此外，制作的陶器比辛店文化的小，数量也不多。由此可以判断，卡约文化时期的人群已几乎完全脱离了农业定居生活而转为逐水草而居的游牧生活。

正是青海河湟地区人类生态的变迁使得华夏边缘的人群从农业经济形态向游牧经济形态转化，在这一过程中，由于资源的保护、竞争与扩张，华夏的北方、西方族群边界逐渐形成，并向西扩张。①

第二节 历史记忆中的"羌"

自从有文字记录开始，羌人的活动、羌与中原以及与其他民族的关系和事件都被历代掌控书写权力的王室、各级官员、史官、文人、地方知识分子等撰录于各类文献典籍、史书以及县志当中。进入现代社会以后，各种形式的文字及影像出版物（如民族志、学术著作和论文、宣传手册、画册、摄影集等）、多媒体、网络等以更为全面、细致、个体化、立体化的方式记录着羌人的文化、生活和历史。

按照实证主义以及传统学科史的规范与方法，对于羌人的历史梳理主要是一种唯物辩证的历史溯源研究，即从历代的文献典籍、史书、地方志等文本中去搜索、耙梳羌人的点滴记录，然后按朝代和年代为线索整理出一条清晰的羌人发展史。在千年的时光里，羌人历经无数次与中原及其他民族的战争、反抗与起义，但又在不断地被中央朝廷的镇压下降附，或以和平内迁的方式与汉人等民族杂居，最后逐渐融于华夏人群之中；另外一部分羌人则受到汉人以外的其他民族的奴役而最终融于这些民族中，成为今天藏族等民族的血脉来源；还有一些羌人部落为趋避中原统治与战乱灾害而不断地向中原以外的南方、西北等地迁徙，在迁徙的过程中或融于其他民族，或成为今新疆、内蒙古、西南等诸多民族的祖先，而最后迁徙至岷江流域定居的羌人最终保留了下来，成为现代羌族的祖先。但是，在西方后现代理论思潮的影响之下，新的历史

---

① 王明珂：《华夏边缘：历史记忆与族群认同》，社会科学文献出版社2006年版，第106—114页。

第二章　历史长河中流淌着生生不息的羌人血脉

观和文化建构论为寻觅羌人历史踪迹又提供了另外一条途径,另外一种反思性看待羌人历史的视角。

因此,在这一节主要以近代编写的《羌族史》和王明珂的羌人/羌族"华夏边缘"历史观及其形成族群主观认同理论进行比较式的呈现。当我们在传统历史溯源研究成果的基础上,辅以新的历史观作为对照和补充,或许就能够得到更为全面、丰富、立体的羌人历史。

一、商周时期的羌人历史

（一）商代的羌人

我国最古老的文字甲骨文对"羌"之记载所呈现出来的是商代一个非常活跃的群体,他们的活动区域广阔,主要在今甘肃省大部分和陕西省的西部,向东则达至今山西南部、河南西北一带。根据对现有甲骨文资料的分析可知,当时的羌人可能分为两大部分：北羌和马羌。北羌应是以活动区域的方向来称呼的一个群体,而之所以称为马羌,顾颉刚认为:"或者是为了他们善于养马的缘故;否则便是他们以马为图腾。后来的'白马羌'疑即马羌的苗裔。"①

"昔有成汤,自彼氐羌,莫敢不来享,莫敢不来王,曰商是常。"根据《诗经·商颂·殷武》中这段对商与羌关系的描述和歌颂,可以了解到羌在商王朝建立的伟业中占据了重要位置。《卜辞》中记载了羌是"四邦方"之一,"羌方"就是商对当时羌人所在地域"方国"或部落的称号,并给予侯、伯等爵位,如"羌方"曾被封为"羌伯",进而也印证了羌在商代众方国中的较高的地位。羌人不仅对商人建国有功,而且在自然灾害严重的时期还提供物资救助以表对商王朝的忠心。但是,随着"殷室中衰,诸夷皆叛"局面的形成,羌人与商之间的关系也出现了裂痕,到了武丁时期,双方的矛盾愈加激化,最终导致战争频仍。商王朝将这个昔日臣服于自己脚下的"方国"视为威胁,多次大量派兵征伐羌人（如,武丁时曾一次调派多达13000余名）,双方进行长年的武力激战,均遭受重创。

这一时期羌人面临着历史上最为恐怖、黑暗的统治。不仅自己的土地被商王朝占领（主要是晋南的部分地区）变成了殷王的田猎之地,而且大量的羌人被屠杀或奴役,甚至成为祭祀神鬼和宗庙的人牲,数量一次多达数十、数百人。而幸存下来的羌人俘虏多成为奴隶,从事畜牧和狩猎。此外,甲骨文中还有多处记载了其他方国向商王朝赠送羌人为奴的行为。

---

① 顾颉刚:《从古籍中探索我国的西部民族——羌族》,《社会科学战线》,1980年第1期。

（二）周代的羌人

1. 姜姓部落与周人联姻，推动周人农业的发展

与周人关系密切的羌人当属姜姓部落，无论从周人的形成发展还是周王朝的建立、兴盛，姜姓部落都做出了杰出的贡献，尤其是在周人农业文明的发展中，羌/姜人功不可没。最初周人居于邠，以游牧为主，根据传说和文献描述①，周人的先妣姜原/姜嫄是姜姓部落女子，因偶然踩踏了巨人的脚印而感孕生下周人的祖先后稷（名"弃"）；另一说是周人祖先后稷（姬弃）是黄帝曾孙帝喾和元妃姜嫄的儿子之母。因受母亲所在姜姓部落的影响，后稷爱好农耕，将毕生的心血都倾注在发展农业上，"弃为儿时，屹如巨人之志。其游戏，好种树麻、菽，麻、菽美。及为成人，遂好耕农、相地之宜，宜谷者稼穑焉，民皆法之。帝尧闻之，举弃为农师，天下得其利，有功"②。从而成为周人的祖先，周人自后稷之后，逐渐由游牧生产转为农业生产，"务耕种，行地宜，自漆、沮度渭，取材用，行者有资，居者有畜积，民赖其庆。百姓怀之，多徙而保归焉。周道之兴自此始，故诗人歌乐思其德"③。

2. 周人与姜人以婚姻的方式共建政治联盟

到了古公亶父时，周人迁居岐山下的周原，这里的气候温和，土地肥美，是农业发展的绝佳之地，且周、姜毗邻，从而使周人的农业得以进一步发展。周人娶姜女为妻，后称太姜，之后周和姜的联系愈加紧密，"于是古公乃贬戎狄之俗，而营筑城郭室屋，而邑别居之，作五官有司。民皆歌乐之，颂其德。"④通过建立城郭实现定居生活、改变戎狄文化习俗、建立官制等一系列措施建立了政权，正式称国号为"周"。通过文献的记载，可以得知姜人作为周人一支主要依靠力量，通过婚姻的方式形成了政治联盟，这种关系一直持续到周王朝的末期。

3. 周、羌长期的军事联盟共同对抗商王朝

周人与商王朝时常发生战争，武丁之世，周被商征服，封侯通婚，此后便在渭水流域发展农业经济，并与当时比自己实力强的羌人联盟，扩张势力范围，逐渐与商王朝形成对抗局面。据《后汉书·西羌传》记载："太丁之时，季历复伐燕京之戎，戎人大败周师。后二年，周人克余无之戎，于是太丁命季历为牧师。自是之后，更伐始呼、翳徒之戎，皆克之。乃文王为西伯，西有昆夷之患，北有猃狁之难，遂攘

---

① 《诗·大雅·生民》："厥初生民，时惟姜嫄"。《史记·周本纪》："周后稷名弃。其母有邰氏女，曰姜原。姜原为帝喾元妃。姜原出野，见巨人迹，心忻然说，欲践之，践之而身动如孕者。"见司马迁：《史记·周本纪》（第1册，卷4），中华书局1959年版，第111页。
② 司马迁：《史记》卷4，中华书局1959年版，第112页。
③ 同上。
④ 同上书，第114页。

戎狄而戍之，莫不宾服。乃率西戎，征殷之叛国以事纣。"① 武丁之时，鬼方部族势力西侵周人，周人与羌人联盟共同击败鬼方，稳固了在渭水流域的统治，进而扫除了晋南诸戎及其他方国的势力，由此拆解了商在西面的安全屏障，形成了周人在西面对商王朝的直接威胁。与此同时，周人又在东南一带扩展，到了王季时期，在汉江流域建立了许多姬姓小国，势力扩及东夷，形成分散和牵制商王朝的力量；加之羌周联盟构成对商的南北夹击之势，为周灭商做好了关键的准备。

在周、羌的长期联盟中，羌人扮演了后方支援的重要角色，为周人建国事业提供了充足的人力和物力资源，周人有了羌人这一坚实的后方保障，才能成功地不断向外扩张，击败众多方国，最终与商王朝一决雌雄。在文王死后的第四个春天，周武王在牧野誓师伐商，羌人依然是反商联军中的重要组成部分。

4. 周代姜姓封国的政治地位与作用

新兴的周朝王权为稳定其统治地位，依然依靠周羌联盟来镇压各方叛乱势力以稳定政局，并将若干姜姓，如申、吕、许等分封到今河南许昌、南阳一带。在《国语·周语》中的记载显示出姜姓部落与周王室的亲密关系。② 在《诗经·大雅·崧高》也有唱诵："崧高维岳，骏极于天。维岳降神，生甫及申。维申及甫，维周之翰。四国于蕃。四方于宣。"把申、吕视为天神的后代，是周王朝建立的一道重要安全屏障，可见周朝统治集团对羌人中的姜姓族裔的高度重视。

而另一个姜姓支系"齐"在西周初年受封于山东，早期此地域自然条件恶劣，还有商人贵族顽强的残余势力以及东夷势力对此地进行控制，但经过姜人平乱并致力于农业、手工以及商业贸易的发展，最终使得齐国成为后来一个经济发达的实力强国。这段历史在《史记》中有所记载："莱侯来伐，与之争营丘。营丘边莱。莱人，夷也，会纣之乱而周初定，未能集远方，是以与太公争国。太公至国，修政，因其俗，简其礼，通商工之业，便鱼盐之利，而人民多归齐，齐为大国。"③

由此可见，姜姓势力在周代政治生活中的关键作用，直到西周末年依然十分显著。但在东周时期，因周人与姜人的纷争，东周统治力量因此被削弱，众诸侯发展出各自的势力，从此周王室呈日薄西山之势。

---

① 范晔撰，李贤等注：《后汉书》卷8），中华书局1965年版，第2870-2871页。
②《国语》（《钦定四库全书荟要》）卷2（周语中－三）记"昔挚、畴之国也由大任，杞、缯由大姒，齐、许、申、吕由大姜，陈由大姬，是皆能内利亲亲者也。"（韦昭注：四姓皆姜姓，四岳之后大姜之家）。
③（汉）司马迁：《史记》卷32，中华书局1959年版，第1480页。

(三) 商周时期的其他羌人群落

1. 姜氏戎

《羌族史》一书认为，用"戎"来称呼人群始见于西周，但当时也并非某族的专门称谓，有时亦与狄通称或联用，而"所谓的姜氏戎，本四岳之后，与齐、吕、申、许等同为姜姓，所以被称为戎者，极大可能是未入中原而生活在戎区的姜姓一支"①。由于羌人诸部落与中原接触程度不同，有些羌人部落，如"姜"，通过婚姻、联盟等方式参与到华夏文明发展的进程中，较早地接受了中原文化，而有些部落如甘青地区的羌人则仍然经营畜牧和狩猎，与周的政治关系也不如姜人那样紧密，因此，"姜氏之戎可以说就是这种介乎姜与羌之间的类型"。②

到了西周后期，姜氏戎的势力已经发展到可以与周王朝发生正面冲突的程度，周宣王"三十九年战于千亩，王师败绩于姜氏之戎"③。从《周语》中所记双方的战争就可以看出姜氏戎在当时已经成为一支具有较强实力的部落了。之后趁西周势微之际，姜氏戎向东推进，到东周初年，就已有戎狄生活在伊川之地了，在《左传》中就记录了一个有趣的故事："初平王之东迁也，辛有适伊川，见被发而祭于野者，曰，不及百年，此其戎乎，其礼先亡矣！"④这可以看作是戎狄大举进攻中原的一个预兆，果然，到僖公十一年（公元前649年），姜氏戎及其他戎狄部落伐京师、入王城、横扫中原大地。于是，一些中原大国便采取内迁戎狄人群的策略一来消弭戎狄对中原的威胁，二来抵抗秦向东扩张的威胁，这在《左传》中有多处记载说明，例如，"秦晋迁陆浑之戎于伊川"，"（晋）将执戎子驹支，范宣子亲数诸朝。曰：'来，姜戎氏，昔秦人迫逐乃祖吾离于瓜州，乃祖吾离被苫盖，蒙荆棘，以来归我先君。我先君惠公有不腆之田，与汝剖分而食之。"⑤

《羌族史》对羌/姜氏戎在商周时代的历史作用做了一个总结，肯定了这些羌人部落对于晋国东南的文明开发、政治稳定以及在军事抵抗秦、楚等所具有的作用和做出的贡献。

2. 义渠国

除了融于华夏族的姜人之外，还有一些羌人部落在春秋战国动荡不安的环境中寻找到自己生存的空间，建立了自己的国家，其中的典型代表就是义渠国。

早在商代时，就有称为义渠的人群活动在中原边缘地区"（武丁）三十年，周师

---

① 李绍明、冉光荣、周锡银：《羌族史》，四川人民出版社1985年版，第37页。
② 同上。
③ 韦昭注：《国语·周语上》卷1，世界书局，1936年版，第7页。
④ 杜预注：《春秋经传集解》，（《左传·僖公二十二年》），上海古籍出版社1988年版，第323页。
⑤ 同上书，第324、902页。

伐义渠,乃获其君以归"①。在春秋时期,义渠乃是一方大国,在战国时就已称王,"义渠、大荔最强,筑城数十,皆自称王"②。其统治势力范围在今甘肃东部,陕西北部,宁夏以及内蒙古河套以南这一片广大范围之内,其文化特征表现在丧葬习俗上,实行的是古羌人典型的火葬之俗,"秦之西有仪渠之国者,其亲戚死,取柴薪而焚之,燻上,谓之登遐,然后成为孝子"③。

另外,在《后汉书·西羌传》等史书、典籍文献对义渠国的记载书写来看,它主要与秦国发生较为密切的军事关系,因为其地理位置处在秦国之北并且成为秦国称霸西戎的主要对手,双方经过多次战斗,义渠虽数次战败,甚至其首领义渠王也曾被秦所俘虏,但这一支羌人仍然顽强地存在着,在后来的历史中,不断向秦内地侵入,面对秦国强大的军事力量,互有胜负。可以说,在战国时,中原诸侯合纵连横的政治斗争中,义渠国扮演着反秦的重要角色。而义渠人面对秦国对其交替使用的武力征服和怀柔笼络手段,能坚强抵抗,却最终因其王被诱杀,内党纷争而让秦有可乘之机而覆灭。"义渠国的灭亡,标志着秦'开地千里、遂霸西戎'的目的完全实现了。"④

(四)"民族史边缘研究"对商周羌人群落的重新审视

王明珂对羌族历史的研究应该算是中国"民族史边缘"研究的代表。他的研究首先建立在对传统民族定义的重新界定上,即打破了以语言、体质、文化为客观特征的民族定义,而将"民族"视为一种主观的认同范畴——这一人群的主观认同(族群范围)通过对族群边界的界定及维持来实现。王明珂进一步提出,由于主观性民族范畴形成于特定的政治经济环境之中,人们常常会借由共同的我族称号及族源历史来强调群体内的一体性,同时设定边界以排除他者群体,而且随着内外环境的变化,可共享资源的群体范围也会相应发生改变;因此,族群的认同和边界是多重的、变迁的、可被利用的。⑤在这样的理论思考背景之下,王明珂为他所做的羌族历史研究定下了一个结论:"古今华夏心目中的羌人与羌族历史,事实上并非某一民族实体的历史,而是一个'华夏边缘'的历史。这个华夏边缘的历史,是当前羌族的历史,也是华夏历史的一部分。"⑥

依据以上"民族边缘历史"研究的观点来看,由商代为开端的"羌族史"就不仅仅是某一"异族"的历史,而是华夏西部族群形成与变迁的历史。因此,对殷商时期"羌"的认识,王明珂在陈梦家、李学勤、白川静等学者的研究基础上,推断"羌"并非是

---

① 王国维撰,黄永年点校:《古本竹书纪年辑校·今本竹书纪年疏证》,辽宁教育出版社1997年版,第72页。
② 范晔撰,李贤等注:《后汉书》卷87,中华书局1965年版,第2873页。
③ 吴毓江撰,孙启治点校:《墨子校注》,中华书局1993年版,第268页。
④ 李绍明、冉光荣、周锡银:《羌族史》,四川人民出版社1985年版,第44页。
⑤ 王明珂:《华夏边缘:历史记忆与族群认同》,社会科学文献出版社2006年版,第61、76—78页。
⑥ 王明珂:《羌在汉藏之间》,中华书局2008年版,第308页。

多元文化视域下的文化认同研究——以四川羌族为例

某一群体的自称而是一个被商人用来指称西方非我族类的通称,而且是具有相当敌意的、"非人"的西方异族。为了证明自己的这一论断,王明珂首先将目光聚焦在甲骨文中一个特别的"羌"字上——𦍋。他认为,"羌"的这个的甲骨字形字可被诠释为被绳子套颈的羌人,因此一个群体是不可能用这样一个带有污蔑意味的称呼来自称的。另外,商代所谓的羌人分布极广且较为分散,在沟通—呼应条件不发达的情况下,羌人的社会结群程度难以达到能够以"羌"作为自称群体所应具备的诸标准[①]。到了商代末期,在渭水流域活动的善战的戎人(姬姓姜人为主)与自称"西土之人"的周人联盟共同克商,此后以姬姓周人为首的人群开始逐渐"东方化",而将未进行东方化的西方戎人划分为非我的异族,因此,"戎"取代"羌"而成为西方或北方异族的代名词,于是"羌"在商末以后的很长一段历史时间内消失在华夏书写的文献之中。

王明珂在其民族边缘研究中提出,华夏的形成包括族群自我意识形成的过程和异族意识形成的过程,这是华夏形成的"一体两面",大致发生在西周至春秋时期:黄河及长江中下游的人群开始以华、夏、华夏或中国自居并出现共同的祖源传说(帝喾、黄帝);与此同时,"戎"开始成为与周人等华夏之人以外的异族指称,他者意象逐渐形成。但是从文献《竹书纪年》(申戎)、《国语·周语上》(姜氏之戎)、《左传》(姜戎氏)等的记载来看,在先周或周初时期,戎却与周人、姜人保持着紧密的同盟关系,而非完全是"异族"。这是因为从周原到克商期间,周人基于政治需要而必须依赖渭水流域实力强大的姜人部族和善战、好战的戎人武装力量;而戎与姜也有着同质性的密切联系,他们也将与新兴势力(周人)进行长期政治联姻作为手段之一来维持其在渭水流域的优势地位。因此姬、周、姜、戎之间错综复杂的政治与婚姻关系一直持续到西周中期以后。

从人类学的"族群"理论来看,族群的形成与群体之间的生态资源竞争相关,而且自然条件的变化和人群的迁徙又会造成新的资源竞争关系的产生[②]。因此,如果继续探究周人与姜、戎等族群复杂关系的深层原因,会发现由于公元前2000—公元前1000年发生的气候变化而导致河湟、鄂尔多斯及其邻近地区的农业活动减少而倚重于游牧经济生产生活方式,继而因争夺生态资源空间产生了日趋激烈的族群冲突。首先是开始发展农业的"西土"周人与东方农业文明的商人之间的政治和武力冲突,周人联合逐渐东方化的姜人和游牧化、武装化的戎人共同克商以扩大生存空间。当周人完成克商使命而成为黄河和长江中下游华夏族群的共主时,伴随着商、周祖先"帝喾"的族源传说的"制造"与传播,华夏"我族"的概念和范畴开始形成。相对的,那些

[①] 参见王明珂:《华夏边缘:历史记忆与族群认同》,社会科学文献出版社2006年版,第229页。
[②] 此理论由S.R.Charsley、Michael Banton、G.Carter Bentley等学者提出,参见王明珂:《华夏边缘:历史记忆与族群认同》,社会科学文献出版社2006年版,第207页。

第二章 历史长河中流淌着生生不息的羌人血脉

依然保留游牧生活,移动的、武装化的戎人及其他非农业的族群就成了行农业、定居的、阶层化的华夏中心的边缘"异族",并由此形成了农业与畜牧争夺资源空间的对抗关系。

从政治和社会结构的层面来看,克商之前,周与姜、戎结成婚姻关系的政治联盟是一种部落联盟,在周人华夏化,成为华夏邦国的共主之后,这种政治姻亲式的部落联盟形态与"国家"阶层化、中央化的政治结构是相冲突的,并不利于周王室在东方树立权威。因此,西周后期周与戎的联盟关系被打破,双方转为敌对关系并以武力相对峙:周王室在渭水流域的势力被申侯与犬戎发动的政变铲除,而周人重新培植的大骆族中非子一系的秦人最后崛起,将渭水流域纳入其势力范围,并完全"华夏化"[1]。

由此,王明珂以商周时期羌、姜、戎与华夏关系的研究来讨论华夏边缘由何时开始形成:从人类生态的角度来看,商、周王朝的出现"所代表的意义并非是'富足、繁荣',而是在资源匮乏之情境下,一种对外获得资源及对内进行资源阶序分配的体系被建立起来"[2];再从政治和族群理论的角度来看,商与西周出现的仍是一种政治联盟体,商王与周天子只是其势力范围内各邦国的共主,"由黄河流域至长江流域之诸国贵族各成族落,各祀其祖、其神,尚未形成一基于'共同起源信念'的群体"[3]。直到西周中晚期至春秋战国时,"华夏"族群边界才开始形成。

二、春秋战国时期的羌人历史

(一)典范羌族史研究之下春秋战国时期的"羌人"

春秋战国时期是羌人在华夏文明发展进程中所处的一个重要的转折点,一方面羌人逐渐向中原内迁而融于华夏人群之中,形成了羌人内附、融合的华夏化的历史趋势;另一方面居于西方的羌人则向远离中原更为边缘的西方迁徙以趋避华夏中心的统治。

在《左传》《后汉书·西羌传》等文献和史书中对春秋战国时期的羌人有详细、系统、生动的书写和记录,通过所记载的内容,可以看到羌人从西周开始至春秋已经大量进入中原的广大地区,分散居住在靠近华夏诸侯国城邑的地方,这样也就造成了羌人与华夏诸国的紧张关系。为了扩张势力和争取生存空间,羌人(戎、狄)扫灭邢、卫、温等国,伐晋、侵齐、攻鲁,两度攻陷中原京师,对华夏诸国造成了极大的威胁,导致晋、齐、楚、秦称霸之后相继伐侵羌人。

经历战争的征伐与镇压、政治的怀柔与和议之后,羌人也或主动、或被动地融于华夏诸国之中了。如姜氏戎受秦国侵占驱逐而被迫迁居于晋国之地而渐融于晋,虽在

---

[1] 王明珂:《华夏边缘:历史记忆与族群认同》,社会科学文献出版社2006年版,第218—219、222页。
[2] 王明珂:《英雄祖先与弟兄民族:根基历史的文本与情境》,中华书局2009年版,第37页。
[3] 同上书,第38页。

服饰、饮食、生活习惯等方面仍保有羌人的习俗，但中原农业文化亦开始影响着羌人的认知与观念，最典型的例子就是姜氏戎的首领驹支能引《诗经·小雅》中的《青蝇》来向晋国范宣子表达诚意，可见羌人已接受了华夏文明并有很高的造诣了。

除姜氏戎被晋所融合之外，羌人中的另一支陆浑戎则被楚国所融合，而曾受西周封地的申、吕、许等姜人族裔在春秋时也屈于楚国的统治下。另外，在中原的西方，陇西"八国"羌人（绵诸、绲戎、翟戎、獂戎、义渠、大荔、乌氏、朐衍）在五百年的时间中被秦国或攻陷，或驱逐，或统治而融合于秦人之中。因此，在春秋以后，中原南方之地基本上就再也看不到"戎人"的群落了。

对于远离中原居于西北偏远地区的羌人来说，也受到诸侯国开拓霸业的影响，尤其是秦国向西的扩张发展，对甘青、湟水流域的羌人在政治、经济生产等方面产生了深远的影响。

这一地区因地理生态条件的制约，地少产五谷，羌人为了适应环境而过着逐水草而居的游牧生活同时兼营狩猎。与已经进入农业经济生活的姜氏戎等羌人部族相比，河湟地区的羌人"是羌人中后进的部分"①，而秦国则成为刺激这一地区羌人发展的主要因素。也就是说，正是秦国的西扩将农业生产引入这一区域，西羌人逐渐由原始的游牧狩猎改变到种田圈畜的农业社会阶段。

据《后汉书·西羌传》所记，西羌人祖先无弋爰剑就是在躲避秦人拘执时逃往河湟之地时，教授当地羌人种田养畜，"遂见敬信，庐落种人，依之者日益众……其后世世为豪"②。在无弋爰剑的后代忍及忍的儿子研立时期，虽西羌兴盛繁炽，但面对秦兼夺天下之大势，西北羌人迫于秦国强大的军事威胁而展开了向西方更边缘地带的大规模迁徙，"出赐支河曲西数千里"，"与众羌绝远，不复交通"③。也正是这支羌人在此后的历史发展过程中，迁徙至中国边缘的西北、西南地区并与当地土著结合，衍生出众多羌人支系，其中有藏族先民的"发羌""唐旄"，还有远至新疆天山南路的"婼羌"，以及居于西南的"广汉羌""武都羌""越嶲羌"等。

（二）处于华夏族群边界形成重要时期的羌人如何确立族群认同

在中国人的历史记忆中，春秋时代是一个蛮戎夷狄交侵中原的乱世时代。此时周王已失去了统领诸侯的实权力量，而能将东方各诸侯统一起来共同抵御戎狄的只能是"华夏认同"的族群意识。因此，从春秋开始，在文献中出现了"华夏"的族群自称，与此同时，与华夏相对的"非我"他称"夷狄"也逐渐出现在了文献中，以华夏礼义

---

① 李绍明、冉光荣、周锡银：《羌族史》，四川人民出版社1985年版，第47页。
② 范晔撰，李贤等注：《后汉书》卷87，中华书局1965年版，第2875页。
③ 同上书，第2876页。

第二章 历史长河中流淌着生生不息的羌人血脉

为标准进行族群分辨的"夷夏之辨"观念便成为"内华夏、外夷狄"的核心。这样的认同与区分,王明珂认为其目的是要强力维护、争夺边缘地区——华夏诸侯国筑建长城隔断夷狄以保护南方资源。而由此造成的结果就是与长城以北的人群被隔离并全面游牧化,成为农业文化群体的"非我族类"①。

在这样的历史背景下,对于居于华夏西部边缘的戎或羌来说,也被纳入了"蛮、戎、夷、狄"的非华夏族群之内。那么,对于内迁入中原或降附于华夏的那部分羌人、戎人来说,要获得华夏的接受,就只有证明自己是"华夏",故而宣称"羌""戎"是指称比自己更西方、更边缘的人群,"于是,借着寻找、争辩谁是华夏祖先的后裔(谁是华夏),以及重新定义哪些人是蛮、戎、夷、狄或羌(谁不是华夏),华夏边缘由黄河流域逐渐向东、南、西方扩张。华夏因大量吸收边缘人群而成长壮大"②。

三、汉代的羌人历史

(一)汉代羌人的分布与部落支系

汉代羌人的活动范围非常广阔,主要分布在甘肃、青海地区,还有一部分羌人迁徙至新疆、西藏、内蒙古西部甚至更远的地方,另外西南地区也有不少羌人部落生息繁衍。因此,汉代羌人的历史可以依据他们活动的区域分成三大板块:

1. 甘青地区的羌人

他们中有的居于陇西以外,有的定居在中原地区,因为其部落繁炽且实力强大,受到了汉朝朝廷的高度关注,而且他们的内迁、反叛、起义等活动都对历史的发展产生了重要影响,因此,甘青地区的羌人作为"西羌"的主体,是这个时代羌人舞台上的主角,他们的历史被详细地记录在《后汉书·西羌传》中。

定居于中原的羌人主要从事较高水平的农业生产,其文化、生活习俗与汉人相融合,而未进入中原的大部分羌人却仍然过着"逐水草而居"的游牧生活,风俗习惯与汉人差异极大:

其俗氏族无定,或以父名母姓为种号。十二世后,相与婚姻,父没则妻后母,兄亡则纳釐嫂,故国无鳏寡,种类繁炽。不立君臣,无相长一,强则分种为酋豪,弱则为人附落,更相抄暴,以力为雄。杀人偿死,无它禁令。其兵长在山谷,短于平地,不能持久,而果于触突,以战死为吉利,病终为不祥。堪耐寒苦,同之禽兽。虽妇人产子,亦不避风雪。性坚刚勇猛,得西方金行之气焉。③

汉代西羌人分支细繁,情况较为复杂,被记入史书的就有几十支:或以动物为号(白

---

① 王明珂:《华夏边缘:历史记忆与族群认同》,社会科学文献出版社2006年版,第188—189页。
② 同上书,第189页。
③ 范晔撰,李贤等注:《后汉书》卷87,中华书局1965年版,第2869页。

马、牦牛、参狼、黄羊、黄牛等），或以地名为号（勒姐、卑湳等），或以父子连名为号（先零、烧当等）；另外还有钟羌、当煎、开羌、罕羌、且冻羌、沈氏羌、虔人羌、牢姐羌、封养羌、彡姐羌、烧何羌、巩唐羌等二十多支羌人部落，分别散居在陇西、金城、上郡、西河郡、安定郡等地。①

在这些羌人部族中，早期以先零羌的实力为最强大。因为他们占据了自然条件优越的大榆谷地带，兼营游牧与农耕，农牧生产的发展使先零羌人逐渐巩固了财力、物力和人力。以此为基础，他们与匈奴联手攻打汉王朝。先零羌在汉初时期的实力不容小觑，从战败的损失就可以看出：上万的牛羊、数十万斛的粮食、成千的羌人被杀、被俘。除了与匈奴联合攻打汉王朝之外，先零羌也依仗自己的势力欺压其他羌人部落，因此招致后来被烧当羌联合其他众羌部落打败，并被驱逐出大榆谷。但是在西羌第一次大起义时，先零羌仍然发挥了重要的作用。

烧当羌是西羌祖先无弋爱剑的后代，其首领烧当是研的十三世孙，烧当的玄孙滇良率其部族居于大允谷。起初因为实力弱小，常受先零羌压迫欺负，因此烧当羌便联合其他羌人部落将先零羌逐出大榆谷，随后占据了这片土地肥美之域发展自己的实力，逐渐强盛起来。滇良之子滇吾被推为西羌诸部落的首领，多次率众羌侵扰西疆边塞，引起了东汉王朝的高度重视，发重兵以击败、降伏烧当羌及其联盟羌人部。虽然羌人战斗力极强，勇猛刚健，但最终还是被朝廷的护羌校尉以强大兵力和计策谋略打败，烧当羌由此战之后，实力逐渐衰困，最终，所剩的一小部烧当羌人远出赐支河而居。

处于烧当羌之南的钟羌也是汉代羌人部族中具有较强实力的一支，是烧当羌反抗汉王朝的有力支持者。在西羌第一次大起义时，钟羌与滇零共断陇道。还有生活在安夷县勒姐岭、勒姐河之间的勒姐羌，曾参与发动西羌的第一次大起义，但后被汉人军队击败，部落众人降散。此外，且冻羌、沈氏羌、虔人羌、牢姐羌、封养羌、彡姐羌、烧何羌、巩唐羌、湳羌等羌人部落的活动事迹也被写入史书中，他们也是汉代较为重要的一些羌人部落。

2. 远迁至新疆、西藏、内蒙古的羌人

"婼羌"是汉代生活在新疆塔里木盆地的羌人。《汉书·赵充国传》《汉书·西域传》《论衡》等文献对这一支羌人都有所记载，以《汉书·西域传》所录内容最为翔实。通过这些文献的记录，基本上能还原婼羌在新疆一带的活动、风俗等面貌。他们远离长安六千三百里，其国王号为去胡来王，领地辽阔，以游牧为主，粮食要靠外来资源，手工业发达，尤其是兵器的制作生产。由于婼羌的地理位置处于西域军事要道，成为汉王朝阻断匈奴的关键，因此汉王朝极其重视婼羌的战略地位，积极予以争取，汉武

---

① 《西羌传》，范晔撰，李贤等注：《后汉书》卷87，中华书局1965年版。

第二章 历史长河中流淌着生生不息的羌人血脉

帝时,"西伐大宛,并三十六国,结乌孙、起敦煌、酒泉、张掖,以隔婼羌,裂匈奴之右臂"。①

除了婼羌外,西汉时期新疆地区活动的羌人部落还包括西夜、蒲犁、依赖、无雷等。直到东汉,此地域仍有不少羌人,其中有因战争流亡而来的黄羝羌,还有向更远的西方迁徙的阿钩羌。羌人留下的活动踪迹影响深远,至今新疆还有很多地名带有"羌"字,如叶儿羌、阿特羌、阿羌等。

据《西羌传》的描述,西羌祖先无弋爱剑的孙子卬率其种人"附落而南,出赐支河曲西数千里,与众羌绝远,不复交通"②,这其中有一支便是与吐蕃及其后来的藏人有密切关系的发羌和唐旄。此外,《新唐书·吐蕃传》《北史·党项传》《西藏王统记》等史书文献又对发羌和唐旄在地缘、祖源、风俗、信仰等方面给予了更为详细的描述。现在西藏的"羌塘"等地名也说明了羌人在上古时期迁徙到青藏高原后活动的历史踪迹。

《羌族史》根据《汉书·地理志》的记载,推测逐水草而居的羌人在从祁连山始沿黑河、弱水、额济纳河至居延海这一流域形成了自己的活动范围,也即是后来蒙古人所在的部分区域。汉初,匈奴首先与居延一带的羌人联盟,以婼羌所在地为军事据点袭击汉王朝。由于居延海附近水草肥美,又是蒙古高原通往河西与西域的必经之道,也是防守和进攻匈奴的战略要地,因此汉王朝对此地颇为重视,汉武帝曾置河西四郡,以居延为酒泉北方的门户,构筑军事要塞,并屯田驻军、迁徙汉民来此发展生产,为边防提供粮食供养,以加固边防安全。

3. 西南诸羌

据《西羌传》和《华阳国志》的记载,汉代活跃在西南地区的羌人部落主要有牦牛羌、白马羌、参狼羌、青衣羌。

牦牛羌最早居于沈黎郡(今四川汉源县清溪),后来向南迁徙至雅砻江和安宁河下游,汉武帝元鼎六年(公元前111年)在这一区域设立越巂郡,所辖十五个县均有羌人定居,因此,牦牛羌又称为越巂羌。而之所以称这一支羌人为"牦牛羌"多半是因为他们是以畜养牦牛而著称的羌人,越巂郡在汉代建有"牦牛道"和亭驿,巴蜀商人通过此道贩卖牦牛、筰马和僰僮而发家致富。③在羌人第一次大起义遭受镇压打击时,越巂羌在西南的大规模反抗斗争给予了西北羌人极大的支持和信心。

另一个较大的西南羌人部落是白马羌,其名或与"白马水"有关,也或许因信奉"白马土主"神灵。他们主要分布在今天四川绵阳地区的北部和甘肃武都地区的南部,这

---

① 班固撰,颜师古注:《汉书》卷73,中华书局1964年版,第3126页。
② 范晔撰,李贤等注:《后汉书》卷87,中华书局1965年版,第2876页。
③ 参见(汉)司马迁:《史记》(西南夷传),中华书局1959年版,第2993页。

个区域在东汉属蜀郡北部都尉、广汉属国,因此,他们又被称为"广汉羌"。

还有一些羌人居于甘肃南部武都地区白龙江一带,因白龙江上源有"参狼谷",所以这里的羌人就被成为"参狼羌",也有"武都羌"之称,在《西羌传》中,这一支羌人的战斗力非常强,曾多次起兵反抗汉王朝。

青衣羌人在今四川西部的雅安地区一带,《水经注·青衣水》中说"青衣水出青衣县西蒙山",书中对青衣县的注解为"青衣羌国也……汉武帝天寒四年,罢沈黎郡,分两部都尉,一治青衣,主汉民。公孙述之有蜀也,青衣不服,世祖嘉之。建武十九年以为郡,安帝延光元年,置蜀郡属国都尉。青衣王子心羡汉制,上求内附。顺帝阳嘉二年,改曰汉嘉,嘉得此良臣也"①。此外,在《后汉书·郡国志》中也能见到关于青衣地理及羌人的记载。从这些历史记载来看,青衣地区在汉代已有行政建制,且受到汉文化影响的程度也较深。虽然青衣羌与汉朝有长期良好互动,但在中平元年(公元184年)益州黄巾起义时,青衣羌也乘势响应起义,进攻汉嘉,虽最后战败但还是被汉朝廷加以抚用。

除了上述四支较大羌人部落之外,在汶山郡还居住着白狼、槃木、唐蕞等百余个羌人部落,足见汉代西南羌人的部落分支庞杂,种人繁炽。

(二)羌人与中央王朝的关系

接下来,再来看看羌人在汉代时与中央王朝的关系情况如何。总的来说,汉王朝与羌人部落的关系较为复杂,是一部充满了反叛、起义与归附、投降,且羌人的反抗、起义与羌汉和平杂居、融合以交错并行的方式谱写出的民族史诗。在《羌族史》中,将二者之间的关系概括为三个方面②:

1. 武力对峙的关系

汉王朝在军事上实行镇压羌与匈奴的联合反叛,在政治策略上制定"隔绝羌胡"的外交政策。西汉初年,匈奴与羌人酋豪联手,从东、西两面对当时统治地位还未完全巩固的汉王朝形成夹击之势,在军事上威胁了汉王朝早期的统治。直到汉武帝即位以后,朝廷的中央集权加强,且国力也日渐强盛,这样才逐步解除了以匈奴、羌为首的敌对势力对中原的安全威胁,进而开发河西、河湟,列四郡以建立地方行政系统,以遏制匈羌联盟的对抗。不过,匈羌联盟仍持续不断地与汉王朝进行军事对抗。

除了羌豪酋与匈奴联盟对汉进行军事进攻之外,西羌人及内迁的羌人也因为不堪忍受地方豪强与官吏的欺压和奴役,在东汉时期频繁发动起义,其中有三次影响最大:

第一次从安帝永初元年(107)至顺帝永建四年(129),"十余年间,兵连师老,

---

① 郦道元著,陈桥驿校证:《水经注校证》卷36,中华书局2007年版,第822页。
② 参见李绍明、冉光荣、周锡银:《羌族史》,四川人民出版社1985年版,第63—84页。

第二章　历史长河中流淌着生生不息的羌人血脉

不暂宁息，军旅之货，转运委输，用二百四十余亿，财帑空竭，延及内郡，边民死者不可胜数，并、凉二州为之虚耗"①。这一次羌人起义对于羌人来说，不仅是无数羌人百姓的生命劫难、也造成羌人诸多部落的离散衰落；而对于东汉王朝来说，不仅严重削弱了它的军事力量，而且因连年战乱加之自然灾害造成财政大量的耗损，农业生产和经济发展的停滞以及劳动力的大量流失，从而严重的削弱了东汉王朝的国力。

第二次羌人大起义是从顺帝阳嘉四年（139）至冲帝永嘉元年（145）。在这场持续六年多的起义中，东汉朝廷同时还面对内地农民的起义，因此对于羌人一面进行镇压，一面又采取招抚、诱降的策略，才逐渐将羌人的起义平息下去。

羌人的两次起义并未终结羌汉之间的紧张对峙，在桓帝延熹二年（159），东、西方羌人因反对朝廷任命残酷屠杀农民起义的段颎为护羌校尉而点燃了第三次大起义之火，直到建宁元年（168），这场历时近十年的羌人反抗斗争才最终被朝廷血腥镇压下去。成千上万的羌人头颅被割下，他们数十万的牛马羊等牲畜被掠夺，这应是羌人最为惨烈的一次起义。

东汉时期的羌人起义斗争持续了六十多年，在这期间他们遭受了朝廷的残酷屠杀与镇压。压迫、奴役、战争、镇压不仅严重破坏了甘青地区的农业生产，也使得羌人部落离散、人口锐减，"自爰剑后，子孙支分凡百五十种。其九种在赐支河首以西，及在蜀、汉徼北，前史不载口数。唯参狼在武都，胜兵数千人。其五十二种衰少，不能自立，分散为附落，或绝灭无后，或引而远去。其八十九种，唯钟最强，胜兵十余万。其余大者万余人，小者数千人，更相抄盗，盛衰无常，无虑顺帝时胜兵合可二十万人"②。

但是，从另一方面来看，羌人的起义也给予东汉王朝以沉重的打击：因战争耗资巨大、财政亏空，在战争中官员贪污行贿引发了统治的腐败，也因起义与镇压的斗争导致了田地荒芜、经济停滞，而且起义也进一步激化了阶级矛盾，撼动了汉王朝的统治，"羌人大起义及东汉王朝覆亡的历史事实，给予后来的封建王朝以极其深刻的教训……（使封建统治者）在有的民族问题上做出了较为明智的决定"③。

2. 羌汉的交往与融合关系

羌人内迁定居，不断进行着农业文化的适应与变迁。西汉初年，虽有羌人酋豪勾结匈奴贵族数次向汉王朝挑起军事威胁，但对于多数羌人来说，由于不堪忍受匈奴和羌人酋豪的压榨、奴役转而向汉王朝求助，内迁定居，共同防御匈奴的进攻。汉武帝时，战败后的羌人选择"依西海，盐池左右"（今青海湖）定居，汉人也大规模迁来此处与羌人共同垦土种粮，开发西方。也有羌人的酋豪战败后归降得以被汉王朝封授土地

---

① 范晔撰，李贤等注：《后汉书》卷87，中华书局1965年版，第2891页。
② 同上书，第2898页。
③ 李绍明、冉光荣、周锡银：《羌族史》，四川人民出版社1985年版，第84页。

和称号,如先零羌杨玉就被朝廷封为"归义侯"。

3. 汉朝在以驻军屯田征服羌人

汉王朝在羌人属地驻军屯田,羌人部落反叛势力渐衰,西羌之地获得了一定程度的和平安宁。

为维持其在西北范围的稳定统治,汉王朝在羌人活动区域长年驻军、屯田。汉元帝向势力壮大的彡姐羌等羌人部落用兵,先零、彡姐羌相继战败,汉军驻守,"四夷宾服"。西羌难以短时恢复势力,从而在一段时间内获得了"边塞无事"的和平局面。

与先前时期相比,羌人在汉代的生活有一个重大变化就是中央朝廷在西羌地区开始了行政建置。以汉武帝先后设置"酒泉、武威、张掖、敦煌"四郡为开端,对边疆反叛势力形成震慑作用以维持边塞稳定,此后又继续向湟水流域推进建立特别军事机构——西平亭,以及多个地方郡县。除了设置一般的地方行政单位(郡县)以外,汉朝廷还设计了一些特殊行政机构,如"属国都尉"主要管理投降归附的羌人等边疆人群;在边郡县设"障塞尉",主要防御羌、胡的侵犯,并兼管降羌的塞上屯田。

(三)华夏边缘确立,"羌"亦随地理边界的推移而不断向西漂移

战国之后,中国进入秦汉帝国时期。这一时期的中国政治统一,疆域不断扩大,华夏的政治、军事、农业及其文化观也随着疆土的扩张达到了当时的生态的极限。在这样的帝国发展历史语境之下,王明珂对《史记》《后汉书》等正史典范中对的"羌"解读划分为两类:

一是相对于中原汉人来说的"西方异族"。随着战争和族群边界人群的融合,春秋战国时期以"戎"来指称所有西方非华夏人群的情况已不再适用于秦汉时期的诸多西方异族。于是,原来具有模糊边界含义的概念"氐羌"逐渐被中原汉人采用并分裂成"氐"与"羌",用来称西方不同的异族人群。具体来说,以陇西为出发点,"羌"的概念由此向三个方向扩张:"往西北,在西汉中期'羌中'这地理概念由陇西移往河西走廊。往西方,西汉中晚期之后羌人逐渐成为河湟土著的代名词;在西南方向,汉人心目中的氐由甘肃南部扩及四川北部,羌的概念则沿汉代西疆南移。终于,大约在汉末魏晋时期,所有在广汉、蜀、越嶲郡之西的人群都成为羌。[①]"

二是具有历史或地理意义的"羌"。"羌"所指涉的地理人群及其地理概念"羌中"随着复杂的族际关系的变化而逐渐向西漂移。在秦和汉初时,羌人地理位置还在洮河流域到白龙江一带,因此"羌中"约指在洮河到白龙江之间的地理区域。此后中原汉帝国势力向西开拓,在汉武帝时已达河西走廊,于是此地带的居民便成为汉人心目中的"羌",在酒泉、张掖等周边区域出现了"羌谷水""羌谷"等地理名称,而"羌中"

[①] 王明珂:《华夏边缘:历史记忆与族群认同》,社会科学文献出版社 2006 年版,第 251 页。

第二章　历史长河中流淌着生生不息的羌人血脉

这一地理概念也向西北迁移，指新的西部边疆。在西汉昭帝与宣帝时期，中原势力继续往西推进，进入河湟地区，于是"羌"的地理人群概念又由河西走廊张掖一带扩至河湟地区，被称为"西羌"或"南羌"。东汉至魏晋时期，华夏心目中的"羌人"概念向西北漂移至新疆天山南路，但在这一过程中，因陇西与河西地区人群的"华夏化"，他们原有的"羌人"的记忆逐渐被他们自己以及华夏淡忘。相反，河湟羌人与汉帝国发生了长期而又血腥的战争，这段深刻的关于"华夏"他者的历史记忆也使得河湟地区人群成为"羌人"的代表并向西南延伸。

在王明珂的研究中，他为羌人地理边界的向西漂移勾画出了一条清晰的、动态的线索：如果在空间上将汉代的河湟羌、参狼羌、白马羌、大牂夷种、龙桥、薄申、牦牛羌等，由北至南连成一道线的话，那么这道线就是汉代以"羌"为异族概念而划分出来的华夏西方族群边界；再以时间为坐标轴，可以发现由商代到东汉，这条线由豫西、晋南逐步西移，在汉末魏晋时到达华夏生态的极限，即青藏高原的东缘。①

（四）人类学视野下的重新解读：西部羌人社会与华夏边缘的形成

通过《史记》《后汉书》《羌族史》等对"羌"所进行的历史书写，今天看到的汉代羌人是一个种落繁炽、分支庞杂的人群，且他们的习性、社会结构、生产生活、风俗习惯相异于中原的汉人。此外，他们也时常与华夏发生战争，羌人的反叛、起义、侵扰成为汉朝廷难以彻底解决、平息、根除的统治难题。对于这一历史时期双方存在的冲突关系，有学者结合生态学和社会人类学的理论进行了深入的解析，如王明珂就以游牧社会的"分裂性社会结构"与"平等自主原则"来对汉代河湟地区羌人社会与华夏边缘形成进行了论述。②

前文已详细分析了河湟地区的自然生态环境以及气候条件的变化，这些因素从根本上决定了这一地区的人群只能完全依赖游牧或以游牧为主兼营渔猎、农耕的生产生活形式，由此便形成了移动的、分裂性的社会结构并遵循"分裂与平等自主"的社会组织原则来求取生存——这与以农业生产生活为主、定居的、中央化政治权威和阶层化的华夏帝国形成了鲜明的对比。

从人类学的角度来看，"分裂性结构"是游牧社会普遍存在的一种社会结构形式，这是与游牧社会的迁徙、流动特点相配合的。在放牧期间，以家庭为单位，一个社会群体可以随时分裂成数个牧团，但在资源分享、抵御自然灾害和战乱人祸、发动战争对抗外敌时，分散的众多牧团又可以迅速聚结成一个或数个次部落，数个次部落又可以构成一个大的部落。

---

① 参见王明珂：《华夏边缘：历史记忆与族群认同》，社会科学文献出版社2006年版，第248—251页。
② 同上书，第99—118页。

多元文化视域下的文化认同研究——以四川羌族为例

根据史书中对汉代西羌的描述，他们正是这种分裂性社会结构："自爱剑后，子孙支分凡百五十种。其九种在赐支河首以西，及在蜀、汉徼北……其五十二种衰少，不能自立，分散为附落，或绝灭无后，或引而远去。其八十九种，唯钟最强，胜兵十余万。其余大者万余人，小者数千人，更相抄盗，盛衰无常。"①

无弋爱剑作为西羌的祖先，其子孙在河湟地区繁衍生息，与游牧、农业兼营的生产生活相配套的是分裂、聚合的社会结构。因此，对于汉人史书撰写者来说，这种与中央集权的阶序化、等级化形成强烈反差的社会结构便成为对"非华夏"少数民族书写的着墨点：他们子孙分支庞杂"百五十种"，却没有血脉宗亲的凝聚力和集权化的政治层级统治，因此，部族支系散落四处。所以，有三分之一的支系走向衰落甚至绝灭，而存世的八十九种，从最强大的十余万人、较大者万余人到弱小者数千人，人群悬殊——这实际上就是"分裂为次级部落或牧团"与"聚合成大部落或形成部落联盟"所造成的人数和人群实力的悬殊。

范晔在《西羌传》里对羌人中的"吾良"支系部落之兴衰史做了较为详细的书写，而这段历史所反映的正是一种羌人部落的"分裂性社会结构"形态：章和元年（87），部落首领迷吾被陇西太守张纡斩首后，其子迷唐便率其种人与烧何、当煎、当阗等结盟，迅速集结五千羌人"寇陇西塞"。战争失利后，迷唐"引还大、小榆谷，北招属国诸胡，会集附落，种众炽盛"。到了永元九年（97）秋天时，"迷唐率八千人寇陇西"，并在短时间内"胁塞内诸种羌共为寇盗，众羌复悉与相应，合步骑三万人，击破陇西兵"。在这场战争中，迷唐最终"弃老弱奔入临洮南"，并于第二年请降。但仅隔了一年时间，即永元十二年秋，迷唐又在赐支河曲叛乱，"羌众折伤，种人瓦解，降者六千余口，分徙汉阳、安定、陇西。迷唐遂弱，其种众不满千人，远逾赐支河首，依发羌居"。直到永初中期（约110），"迷唐失众，病死。有一子来降，户不满数十"②。可见，迷唐所在的部落，可以在短时期内聚合成数千人，甚至在两、三年内就能发展成上万人的强大部落，但转瞬也可以消减为一、两千人的弱势部落，甚至最后只存余下不足十户。

这种由牧团—次部落—部落—部落联盟所构成的社会结构并非中央集权的等级阶序结构，而是一种以家庭为基本单位的分裂与聚合结构。因此，虽然在羌人部落中有大豪、中豪、小豪这样不同层级的首领，但这些部落首领的权威十分有限，缺乏中央集权化的领导力量，除了战争、仇杀等特殊情况以外，通常没有高一级的酋豪能指挥小一级的酋豪。在"分裂性结构"之上能支撑羌人社会运行的是一套"平等自主"原则，即"决策权"分散到每一个牧团甚至每一个家庭当中，各个家庭或牧团自行决定加入或退出某一部落，因此，从部落到各次级群体都自成一体、各自为政。在这一原则运

---

① 范晔撰，李贤等注：《后汉书》卷87，中华书局1965年版，第2898页。
② 本段历史叙述及其引文参见上书，第2882—2885页。

第二章 历史长河中流淌着生生不息的羌人血脉

行下的羌人社会被历史文献描述为：河湟地区的羌人"不立君臣，无相长一，强则分种为酋豪，弱则为人附落。更相抄暴，以力为雄。"①因此，这就不难解释为什么当羌人部落战争结盟或降服朝廷时，动辄就是数十、数百位部落首领代表出席，为什么会有数百、数千羌人因形势变化可以随时结盟或解盟。

例如：公元前63年，先零部落与诸羌结盟欲侵汉，光禄大夫义渠安国奉帝命召见先零酋豪四十余人并将他们斩首；87年，迷吾兵败欲降，张纡施毒酒诛杀羌酋豪八百余人；121年，烧当世嫡忍良、麻奴种人结盟三千人"寇湟中，攻金城诸县"，麻奴兵败后"胁将先零、沈氏诸种四千余户，缘山西走，寇武威"，但是当朝廷招引诸羌时，诸种数千人解盟转向朝廷请降，留麻奴南还湟中；130年，朝廷因羌人犀苦兄弟部落多次反叛，而将其"系质于令居"，并在湟中屯田，"置两河间，以逼群羌"，两河间羌人本行游牧生活，见以汉人于湟水地区屯田与自己争夺生态资源，心生恐慌，部落之间便马上"解仇诅盟，各自儆备"，朝廷只得"上移屯田还湟中，羌意乃安"②。

所以对于羌人的离散性社会来说，部落、次部落、牧团、家庭等各层级群体并非一盘散沙，而是通过"独立、平等、自由"的社会原则来保证他们的生存空间和种人得以延续。

王明珂提出，汉代占据河湟地区的主要是兼营农业的游牧羌人群体，他们春天在河谷种麦，夏季移往山中游牧，秋季返回收割，再回到山林冬场游牧。因此，在部落间引发的战争与仇杀也主要是为争夺草场与山谷肥美的生态资源，"为了争夺、维护一个山谷，部落成为最重要的社会组织，也因此使得任何超部落的政治结合都是短暂的"③。这是羌人在其社会结构内部施行"独立、平等、自由"原则的原因和实质情况。

那么，从其外部（主要是与华夏汉人、汉朝的关系）来看，为了应对与中原王朝的战争，羌人在每次结盟前，各部落要先"以子女及金银娉纳诸种，解仇交质"，并发誓盟诅。在战争结束后，这种盟约关系随即解除，各部落、各层级群体又回归到原来分散游牧的形态中，相互仇杀的内在冲突与平衡的模式也会继续延续下去。

因此，对于汉人朝廷来说，如何处理与羌的关系一直是一个政治难题，"羌患"犹如顽疾，无论是采用招抚封赏的怀柔手段还是斩首镇压的血腥暴力方式，都无法彻底解决羌人的反复侵扰、反叛、仇战等问题。因为羌人的这种分裂与平等自主原则使得在诸羌部落中无法产生一个可以代表众多羌人部落的首领来与汉朝廷协商、谈判，对于每一个部落或次级群体来说，他们都可以自行决定是否与汉人朝廷开战或降伏。即使朝廷杀掉一些反叛的羌人豪酋，又会有新的、更多的羌人豪酋带领其部族的种人

---

① 范晔撰，李贤等注：《后汉书》卷87，中华书局1965年版，第2869页。
② 同上书，第2877、2882、2892、2894页。
③ 王明珂：《华夏边缘：历史记忆与族群认同》，社会科学文献出版社2006年版，第117页。

在各处挑起反抗或叛乱。《后汉书》的著述者范晔深刻地认识到这一问题实质,他在《西羌传》的篇末提出了关于处理民族问题的观点,即企图通过斩杀羌酋或灭绝性杀戮羌落种人的方式来解决汉羌问题是无效的。

现在,再将汉代两种社会结构及其运行原则与华夏边缘形成放在一起,就会发现它们之间存在着必然的因果关系:中原王朝是以皇帝为最高层和核心,再依次以贵族、官僚、地主、百姓形成等级明确的阶序结构和政治体制,为了维持这种体制的运行,社会强调尊卑有序、服从与忠孝的伦理准则,并以土地作为生产资料和生计手段,通过向百姓征收徭役赋税来供养中央统治阶层和地方地主集团。但是,汉代河湟地区的羌人社会却是与前者相反的另一个极端,游牧的生态经济决定了分裂性的社会结构,生产资料是移动的牧群,"移动"也使得不同群体之间的关系是短暂、易变的,无论是家庭、牧团、次级部落还是大部落,它们的分裂和聚合都遵循平等、自主的原则,而短暂的群团凝聚无法形成绝对的、长期的效忠和服从,因此,东方成为中央化、阶层化的世界;西方河湟地区则是分散化与平等化的世界,中原难以将这儿的人变成华夏,这儿的人也无法接受中原王朝的农业、社会结构与政治管辖。于是,一个生态的、文化意识形态的华夏与非华夏的族群边界便沿着河湟与青藏高原的东缘形成,并维持至今。

四、魏晋南北朝时期的羌人历史

(一)三国西晋时期对羌人的政策及地方建置

羌人以刚勇、善战著称,在《后汉书·西羌传》中记载和描述了羌人性坚、刚悍、勇猛的特征,他们以崇尚武力,以战死为吉,耻于羸弱。因此,自商代起,羌人就是战场上的生力军。在三国争夺天下之时,魏、蜀、吴为扩张自己的力量,自然都把羌人视为优质兵源,如诸葛亮所指挥的精锐部队中就有"青羌",名将马超的祖母就是羌人。因此,羌人在这一时期多被征调充军。

魏、蜀两国都制定了加强羌人内迁的政策,展开了控制羌人以作为自己兵源和劳力资源的竞争。建兴三年(225)诸葛亮平定南中后,迁移最具战斗力的青羌"万余家于蜀,为五部……分其羸弱配大姓"[①],将青羌人万余户迁到蜀地为部曲[②],为其配

---

① (西晋)常璩:《华阳国志》卷4,商务印书馆1939年版,第48页。
② 部曲一为古代军队编制单位(大将军营五部,校尉一人;部有曲,曲有军侯一人);一为私家的奴隶,梁启超所著《中国文化史稿》中《奴婢篇》:"部曲初由投靠而来,且多从事战争。至唐始变为贱民,形同奴隶"。部曲作为士兵时要绝对服从所属军官的命令,而作为私人的部曲则必须效忠主人,必须完成主人所交给的任务,其中也包括从事农业劳动和其他劳役,但主要职责还是作战。

焦、雍、娄、孟、毛、李等"大姓"①，并置五部都尉以控制羌人。他们在非战时期是奴隶，从事农业生产及其他劳役，战时则是兵卒，在战场上兵刃相见。羌人部落在蜀汉政权的统治下大部分聚居生活在汶山郡、绵虒县、平康县、白马县、都安县、升迁县等郡县，这些都分布在今岷江流域，也就是现代羌族聚居的区域。此外，蜀国还在汶山郡的边缘利用险要地势设置"围"以防守敌人，置修屯牙门，从而在羌人地区建立起一套完整、严密的行政和军事系统。

曹魏也比较重视对羌人的招抚和控制，在甘青地区设置郡县以统治这一地区的羌人，促进当地发展生产，逐渐使西平等地成为河湟一带的政治、经济和文化中心。

（二）西晋时期的羌人内迁、繁衍：第一次民族大融合

自汉代始，北方羌人就向中原内迁、定居、繁衍，到了西晋时期，羌人已遍布关中一带。羌人内迁具有极大的政治和经济因素，魏晋的统治者为加强对西北地区少数民族的控制和取得劳力、兵源的补充，采用强制或招抚的手段纷纷吸引北方民族向中原内迁，匈奴、氐、羌、鲜卑等多民族错居杂处，形成了中国历史上的第一次民族大融合。

内迁的羌人有的仍然保留其部落组织，其酋豪首领接受朝廷封号，如绥戎校尉、西羌都督等；有的则与汉人同等被编入所在郡县的编户体制内，按户口向上纳米或银作为税租。

（三）两晋时期中原羌人的起义及羌人建立的政权

由于西晋政权腐败，汉人官员和地主阶层将羌人等内迁的族群作为奴隶进行贩卖、剥削、欺压和屠杀。例如，武帝太康三年（282），朝廷因"蜀多羌夷"，就在蜀设西夷府，以校尉"持节统兵"，同时"州别立治，西夷治蜀，各置长史司马"②，大肆掠夺羌人的牛、马等牲畜及钱财，各级官吏乘发兵之机掳掠羌人为奴隶，并对反抗的羌人展开杀戮，种种暴行激起了内迁各族人民的反抗怒潮，各地纷纷揭竿起义。

继"八王之乱"后，政治危机加重，阶级矛盾和民族矛盾进一步激化，加之战争的人祸和天灾连连，导致了以汉、氐、羌为主体的流民起义，太安二年（303），起义军攻入成都，建立"大成"政权，这一政权在四川地区的统治持续了近三十年时间，形成了相对安宁和平的局面，生产得到发展，也使得汉、氐、羌、賨等民族进一步相互融合。在南方流民起义的影响和铺垫下，北方掀起了反对晋王朝统治的斗争，匈奴贵族刘渊率先起兵，于308年建立政权，与东晋形成南北政权对峙。此后，北方政权更迭频繁：匈奴建前赵，羯人建后赵，鲜卑慕容氏建前燕，氐人苻氏建立前秦，而

---

① 所谓大姓是指统治少数民族的汉人地主、土豪。
② （西晋）常璩：《华阳国志》卷8，商务印书馆1939年版，第104页。

西晋残留势力也割据一隅,于是形成了历史上的"十六国"时代——我国最为动荡、混乱的战争时代之一,同时也是我国历史上第一次民族大融合时期。在这些少数民族相继建立的政权中,南安羌姚氏建立的后秦政权可以说具有典型意义。

姚氏本是汉代时甘青地区烧当羌的后裔,而后秦则是一个汉化较深的封建政权,其统治者受封建儒家道德观和治国之道影响较深。如,姚弋仲视汉人政权为正统,常告诫他的儿子们:"今石氏已灭,中原无主,自古以来未有戎狄作天子者。我死,汝便归晋,当竭尽臣节,无为不义之事。"①而姚弋仲的第五子姚襄十七岁时就"雄武多才艺,明察善抚纳",享有高名而"士众爱敬之",后更是以"好学博通,雅善谈论,英济之称著于南夏"②,而姚兴更是一位卓有建树的统治者,他努力推行一系列的汉化政策:通过招抚流民补充劳动力和兵力;抑制汉、羌豪强,削弱其对中央王朝的威胁;鼓励举荐贤才、整顿吏制、制定赏罚分明的制度;解放奴婢,改善劳动者生活环境;提倡儒学,发展教育并大力推崇佛法。在姚兴的一系列政治改革和经济、文化措施实行之后,后秦一度势力强大,暂时统一了北方。但由于在北魏、东晋这两个更为强大势力的夹击之下,加之后来国家内部矛盾的激化,姚泓即位后永和二年(417),长安城被攻破,姚泓被俘斩首,后秦灭亡。

(四)前凉、后凉、西秦、南凉对于西北羌人的统治

在"十六国"时期,除了羌人建立"后秦"政权外,在甘青地区先后有前凉、后凉、西秦、南凉等政权存在,它们都对西北地区的羌人实行了政治统治,而羌人也在这些政权频繁交替的动荡战争中饱受苦难。

前凉在洮河南北设置武街、石门、侯和、漒川、甘松五屯护军,而这五屯都是羌人区域。由于前凉政局相对稳定、注重生产,所以使得羌人在这一时期的社会经济得到了一定程度的发展。

西秦时,一方面对羌人采取招抚政策,不少羌豪酋都在统治阶层内担任政治、军事等要职;另一方面又实行以残酷镇压的方式讨伐叛羌或征伐羌人;同时又乘讨伐、征降之机迁徙羌人部族,以削弱羌人的势力而增强西秦对羌的控制。然而,在西秦政权时期,羌人的反抗斗争一直未停止过,故甘松、白马、匡明等地的羌人没有完全受到西秦控制,最终成为吐谷浑的势力范围。

南凉立国时间短暂,约有八千余户汉人在这一时期被安置到河湟地区从事农业生产,另有三万余户羌人被迁往武兴、番禾、武威、昌松四郡。后因连年歉收,粮食匮乏等外因导致南凉政权很快就在中国的政治版图上消失了。

---

① (唐)房玄龄等撰:《晋书》卷116,中华书局1974年版,第2961页。
② 同上书,第2962页。

第二章　历史长河中流淌着生生不息的羌人血脉

北魏灭北凉、西秦以后,将青海西宁的东部和东南部的羌人都归于自己的统治之下。

(五)南北朝时期的羌人

1.南北朝时期的羌人部族

在这一时期还有宕昌羌、邓至羌等新兴的羌人部落。他们基本上还处于从原始社会末期过渡到奴隶社会初期的阶段。

(1)宕昌羌

宕昌羌原居于陇西羌人,即白龙江一带,或为参狼羌的后代,汉代以后分布在洮河以东,白水之北,渭水以南的地区,过着畜牧、半定居的生活。"俗皆土著,居有屋宇,其屋,织牦牛尾及羖羊毛覆之。国无法令,又无徭赋。唯战伐之时,乃相屯聚;不然,则各事生业,不相往来。皆衣裘褐,牧养牦牛、羊、豕以供其食。父子、伯叔、兄弟死者,即以继母、世叔母及嫂、弟妇等为妻。俗无文字,但候草木荣落,记其岁时。三年一相聚,杀牛、羊以祭天。"①

从《北史》中对宕昌羌的记载来看,宕昌羌的社会组织较为松散,无法令制约,无徭役赋税,仍旧是典型的、松散的社会结构。同时也保持着汉代西羌的风俗(如《西羌传》所记载的),而杀牛、羊以祭天的习俗与现代羌人的风俗习惯相同。

晋永嘉时期,吐谷浑在洮河地区发展势力,屡次攻击羌人,宕昌部落联合其他羌人部落共同抵御,并从北魏太武帝开始与朝廷通好以寻求庇护。但当北魏分裂成东、西魏以后,宕昌羌不再与西魏朝廷交好,反转与吐谷浑勾结侵扰金城。此后直到北周,宕昌羌都与中原朝廷处于一种紧张冲突的关系之中,最后于保定四年(564)因屡次侵扰洮州而被北周武力灭绝,改宕昌所居之地为"宕州"。

(2)邓至羌

邓至羌是宕昌羌势力退出甘松地区之后才逐渐占据白水流域的,也包括了今天的岷江上游地区,因此,邓至羌又名白水羌。据《北史·邓至传》所记,"邓至者,白水羌也,世为羌豪,因地名号,自称邓至。其地自亭街以东,平武以西,汶岭以北,宕昌以南,风土习俗,亦与宕昌同"②。

从史书、文献、县志等资料来看,邓至羌对北魏恭顺、示好,就连王位继承之事都要征询北魏意见和首肯。但这一羌人总体来说势微,西魏末年后就消失在历史书写文本中。

宕昌羌、邓至羌存在了大约140年,他们和南北朝基本上维持着友好往来。在动

---

① (唐)李延寿:《北史》卷96,中华书局1974年版,第3190页。
② 同上书,第3191页。

荡的时局中，宕昌羌、邓至羌为寻求朝廷的庇护，通过进献特产、接受朝廷封爵并负责西垂安定，获得了朝廷的良好评价，如宕昌羌王梁弥、像舒彭"著勤西垂，安宁边境"①。

除了宕昌羌、邓至羌，还有东亭街、大赤水等羌人，但因为弱小且流徙不定，往往依附其他羌人部落而被同化。

2. 北魏时期羌人的起义

中国在经过120多年的分裂割据之后，终于由被汉族地主阶级扶持的北魏政权统一了北方，终结了这种四分五裂的状态。一方面北魏政权与汉族大地主集团关系紧密，另一方面鲜卑拓跋氏在建立政权之后也加速了汉化，因此北魏拓跋氏的政权集团与汉族大地主集团结成利益共同体，制定和实行离散部落，分土定居等一系列政策对人民进行苛重的经济剥削，并以屠杀、武力镇压等高压手段来统治人民，因而激起了巨大的阶级和民族矛盾。从北魏立国之后，不同地方、各族人民纷纷联合起来不断发动起义，羌人也积极参与到起义之中，用武力的方式来反抗租调制、均田制改革、经济剥削、侵夺民产以及汉化政策等，其中又以太平真君六年（445）盖吴领导的起义和莫折父子领导的羌汉大起义影响最大。而后一个起义持续了近五年时间，杀北魏王室公卿一千余人，并控制了军政大权，给予北魏王朝沉重打击，使其统治趋于瓦解。

3. 羌人在与其他各族的进一步融合过程中加速了汉化

经过北魏几代当权者的改革，社会经济由游牧经济转变为农业经济，尤其是孝文帝为了缓和阶级矛盾进行了大范围的改革，从而推动了北魏社会、经济的发展。另外，迁都洛阳和移风易俗也加剧了北魏的中央集权化与民族融合。还有一个重要因素就是佛教的兴起及其空前发展。由于民族融合的原因，即自东汉开始至北周末年的五百多年时间里，羌、氐、匈奴、鲜卑等少数民族持续不断地迁入中原地区，交错杂居。因此，中国的民族融合达到了一个空前发展的阶段，逐渐形成了以汉族为中心的多元一体的民族发展格局。正是在这样的历史语境下，羌人自觉或不自觉地卷入了这场民族大融合的浪潮之中。

北方，羌人在后秦时分布广泛，后秦灭亡以后，羌人主要集中在秦州、泾州、河州、华洲等地。北魏时，羌人积极参与反抗斗争，遭到当权者镇压，四处流散，在客观上促成了羌与汉及其他民族大范围的接触和融合。同时，羌人聚居的地方设置的行政机构逐渐健全、完善，城邑也在不断增加。

西南方，岷江上游地区，自西晋末年至北周这段时期，因政权更迭影响和吐谷浑势力的侵扰，远离政权中心的岷江羌人部落基本上处于一种各自为政的状态，而中央朝廷似乎也欲加强对此地的管辖，前凉置甘松护军，西秦设甘松县，但均遭废弃；东晋时又继续调整此地区的郡县设置，直到北周驱逐吐谷浑势力之后，朝廷才算真正完

---

① （梁）萧子显：《南齐书》卷59，中华书局1974年版，第1032页。

全控制了岷江上游地区，并进一步完善州县的设置，恢复到两晋以前的政治统治局面，从而消除了羌人与汉及其他民族的隔离状态。

伴随着民族融合、汉化程度加深，羌人内部的贫富分化也逐渐拉大，进而导致羌人内部的阶级矛盾尖锐化。史书对这一现象进行了特别说明："羌胡之俗，轻贫弱，尚豪富。豪富之家，侵渔百姓，同于仆隶。故贫者日削，豪者益富。褒乃悉募贫人，以充兵士，优复其家，蠲免徭役；又调富人财物以赈之。"[①]可见，与汉代羌人以平等独立自由为原则争夺资源和保护自己财产的社会相比，此时的羌人已被汉化，分裂结构的游牧社会已被同化为华夏农业的阶序化封建社会结构。

其次，羌人中的官员、地主数量增多，他们成为主动、积极追求汉化的重要群体。除了广泛参与政治活动以获得朝廷官爵的封号并将其视为最高的荣誉，在信仰习俗上也逐渐放弃原始宗教信仰而崇奉佛教。最有特点的是这些汉化的羌人官员或富贵人家纷纷捐资建造佛像、立佛碑，以及兴建庙宇，这样的崇佛行为在羌人的官员阶层和有经济地位的羌人群体中蔚然成风。马长寿根据碑铭上所刻录的文字推断，在北周时身居文武要职的羌人占有重要比例，可见关中西羌的社会阶层分化已经达到了一个峰值。而且北周时关中羌民与汉民杂居相处，从而造成双方在经济生活方面相同，信仰上共同信佛，在婚姻和其他习俗上也几乎彼此无异。

羌人汉化的情况还表现在自称与他称的变化上。北方羌人开始采用汉姓，其中以姚、董、邓、梁等姓最为普遍。而在他称方面，"羌人与其他民族的融合，在一定程度上也表现在他们称呼的增多，如青羌、黑羌、白羌、紫羌、黑水羌……说明羌人分布广泛之后，或以地域、或以汉化程度的高低、或以服饰不同作为自己族群称呼的根据，而且普遍性的意义越来越明显"[②]

五、隋唐时期的羌人历史

（一）隋代在羌人地区的行政建置

隋朝统一中国南北，结束了近三百年的分裂割据状态，面对连年战乱人祸对国家根基的摧毁，开国之君隋文帝以"志存爱养，时有臻道，不敢宁息"为治国思路，推行封建教化而不诉诸武力征服的治民政策，"代路既夷，群方无事，武力之子，俱可学文，人间甲仗，悉皆除毁"[③]，以平息民族和阶级冲突。因此，在与羌人的关系处理上亦如此。大批羌人归附内迁，如开皇四年（584）党项羌就有千余户归附中原；次年，党项羌首领拓跋宁率众部落内迁旭州，因此被朝廷赐封为"大将军"，其势力

---

① （唐）李延寿：《北史》（《韩褒传》卷70），中华书局1974年版，第2416页。
② 李绍明、冉光荣、周锡银：《羌族史》，四川人民出版社1985年版，第146—147页。
③ 魏征等撰：《隋书》卷1，中华书局1973年版，第33页。

逐渐扩展至岷江上游。此后党项羌与隋王朝一直保持着和平、融合的状态。不过，时常也有羌人对汉王朝稳定统治的威胁，如，开皇十六年，党项羌侵扰会州，隋王朝以陇西兵大破之，党项于是请降。

为了加强对羌族地区的统治，隋王朝在北周所置郡县的基础上，对岷江上游地区及川甘交界地区重新进行了整顿：罢四州郡而调整成蜀州、翼州、覃州。后来又几经改置，最终在隋炀帝时期，将原来的三州合并为汶山郡以领十一个县，基本上包括了今天岷江上游羌人聚居区的区域县区，如，汶山县（今四川茂汶县凤仪镇）、北川县（今四川北川县境内西北）、汶川县（今四川汶川县威州镇）、支川县（今四川松潘县境南）、通化县（今四川理县通化）、左封县（今四川黑水县）。

在甘青地区，朝廷对青海东部的郡县机构重新进行了调整：在湟水流域一带设西平郡，下辖湟水县和化隆县，并依据具体环境选择重要设防点，有效地保障了边境的平安，至隋炀帝时期，又在黄河九曲西南建置河源郡，从而使青海绝大部分羌人地区被纳入隋王朝的统治之下。

（二）羌与唐王朝、吐蕃之间的复杂关系

唐王朝建立之初，唐太宗李世民在民族政策上以华夏王朝统治历史上少有的开明的态度摒弃了"贵中华、贱夷狄"的民族偏见，但同时也非常重视边疆的建置和边防军事部署。为了解决与羌人的矛盾与冲突，更为有效地管理边塞诸羌部落，朝廷在青海、甘肃、吐谷浑地区、岷江流域等地设置特殊的军政机构，并对各州县多次调整和改制；而对于诸如羌人部落等大量内迁、降附的少数民族也专门设置羁縻州进行安置。总之，"不论是行政建制或军事设施，都比较严密、健全，对于边区的开发和稳定都有着积极的作用"。① 因此，在唐代虽然朝廷与羌人仍时有冲突，但总体来说双方的关系较前几个朝代有所缓和。

6世纪时，藏族先民雅隆部兴起，其领袖松赞干布先后征服苏毗、羊同、白兰、党项、附国、嘉良夷等居于青藏高原上的部族，将他们变为吐蕃的属部，为其势力扩张提供物资、兵力、装备的保障，故而吐蕃能快速崛起，将其统治区域扩大至青藏高原的东缘，形成与唐王朝的对峙。

苏毗是生活在羌塘一带的羌人群落，有些文献中也称其为"东女国"，因盛产食盐、良马、金沙而有较强的经济实力。在唐代初期，与朝廷建立起联系，于贞观六年开始遣使到长安朝贡。后因内乱被吐蕃统一，并向其称臣，苏毗不仅要按期向吐蕃交纳贡赋，而且还要充当吐蕃的战争后援保障，为其提供兵力、马匹和军费等。

还有一些文献则记录了另一个居于弱水流域的东女国，约在今日藏东昌都市区及

---

① 李绍明、冉光荣、周锡银：《羌族史》，四川人民出版社1985年版，第152页。

第二章　历史长河中流淌着生生不息的羌人血脉

四川甘孜藏族自治州的西部，也是以羌人为主的地方政权。唐王朝初年间，此东女国臣服于中央朝廷，但是后来又被吐蕃所征服而供其驱使。直到贞元中，这些羌人才摆脱吐蕃统治，获得大唐的庇护，内迁至岷江上游地区，重新发展生息。

羊同是今生活在阿里地区的羌人，因接近西域，通过武器贸易经济得以发展，也壮大了自己的武装力量。早期，因倾慕中原的威仪，贞观五年便已遣使朝贡，与大唐交好。后来因为在与吐蕃的交战中失败而沦为其属部，被迫向吐蕃缴纳贡赋和提供兵源。羊同人因勇敢善战著称，他们不甘被奴役而持续不断地进行反抗，最后于633年被吐蕃全面征服，羊同由属部降为奴部——部落解散、族人沦为奴从。

在吐蕃势力向东推进的过程中，不仅青藏高原的羌人部落被征服沦为其属部、奴部，河湟地区的羌人也难逃吐蕃的劫掠和侵占。此外，在岷江流域，吐蕃与大唐展开了大规模的持久战，使得这一地区的羌人饱受战祸之苦：吐蕃将被征服的羌人作为战争中的前驱兵力，如广德元年（763）吐蕃驱使吐谷浑、党项羌等羌人共二十余万攻打长安[①]；并且向被征服的羌人地区苛敛物资钱财。因此，许多羌人不堪忍受吐蕃的高压统治，常常乘吐蕃势弱之时，投奔归附于大唐朝廷，如贞元九年（973），"西山八国"等诸羌不堪吐蕃役属，皆率众内附，朝廷将他们安置在"维、保、霸州，耕牛种粮。立志、陀怨、辟和入朝，皆拜官，厚赐而遣之"[②]。

面对大量、持续不断归顺、降附、寻求庇护的羌人，对于唐王朝来说，一方面朝廷本着"中华既安，四夷自服"的理念原则以及出于加强对边疆少数民族统治的目的，创新性地设置了羁縻制度，将这些羌人安置在羁縻州内，并封赏羌人首领。如，自贞观元年党项羌酋长细封步赖内附开始，其后诸姓酋长相率内附，朝廷设置数十个州县进行安置以便管理；五年后，原臣服于吐谷浑的党项羌人又在拓跋赤词的率领下降归于唐，于是朝廷将他们安置在懿、嵯等三十二州，并封拓跋赤词为西戎州都督，赐姓李[③]。但朝廷又对内附的羌人怀有顾忌，担心他们反叛，与外勾结，威胁国家安全。因此，不断地调整州县设置，并且羁縻州要受边境诸道都督府及都护府的统率[④]。

此外，与吐蕃的用兵情况相似，唐朝也会征用羌人从军，而且他们还是国家军队的重要兵源，羌兵作战时通常作为主力部队，被排在汉兵之前。

羌人除了难逃征战流血的命运，还要遭受汉人和权贵阶层的经济剥削。内迁的羌人在相对安定的环境中发展农牧业和贸易，经济和生产逐渐恢复起来，唐王朝的藩镇便对羌人的财物强行盘剥，最后导致流血冲突或羌人的逃亡，如《唐会要》中所记录

---

① 司马光编著，胡三省音注：《资治通鉴》卷223，中华书局1956年版，第7150页。
② 同上书，第7548页。
③ 欧阳修、宋祁：《新唐书》卷43，中华书局1975年版，第1122—1123页。
④ 王溥：《唐会要》卷98，中华书局1955年版，第1756页。

的事件,"永安城镇将阿史那思昧扰其部落,求取驼马无厌,中使又赞成其事。党项不堪其弊,遂率部落奔过河";"命太子中允李寮为宣抚党项使,以部落繁富,至今远近商贾,齐杂缯诸货,入其部落,贸其牛马。至太和开成之际,其藩镇统领无绪,恣其贪惏,不顾危亡。或强市其羊马者,不时偿其值,以是部落苦之。遂相率为盗贼"①。

由以上唐代诸羌与唐朝、吐蕃三者复杂关系的论述,我们发现,中国历史上最强盛的封建王朝与在青藏高原突然迅速兴盛的、通过诉诸武力扩张统治的强大吐蕃——在这两个实力雄厚的政权力量对峙时,处于二者夹缝地带的羌人在努力地寻找自己的生存空间,因此,不论是被迫臣服、忍受奴役还是主动降附,接受统治,都是唐代羌人为寻求安身立命的机会所不得不做出的选择。然而,无论是何种选择,羌人都无疑成为双方争夺战的受害者:

吐蕃和唐王朝之间,这样反反复复的争夺战,历时达二百年之久。规模既大,战斗尤烈;攻城毁堡,劫村焚寨。为挽运军需,征集粮饷,羌人当然成为了牺牲的对象。生命没有保障,生产活动亦难正常进行。这样,即使幸免于被杀害,也难逃脱饿死的命运。羌人遭到了极大的苦难。②

(三)唐代设立都督府、都护府、羁縻制对羌生产的影响

唐王朝的统治者和政治家们在民族政策上有着深远的洞见,在民族问题的处理和少数民族管理制度及机构改革方面进行了成功的尝试,其中最重要的就是都督府、都护府和羁縻制的创建。

为了加强中央对地方的统治,唐王朝不仅对地方行政区划进行调整,"改郡为州",还在重要地区设置了都督府和都护府。都督府是在内地的一些重要地区设置的行政机构,分统除近畿九州以外的全国州县。都督掌控所辖诸州的军事、安防、粮廪,兼理民政。③都督所在的州称都督府,兼辖邻近的各州则称为支郡,但是在少数民族地区,都督府所辖诸州则为羁縻州,并在都督府内"别置经略使",以处理羁縻府州的民族事务。同时,与都督府这种地方行政机构相配套的是军事据点的建立。原则上,大者设"军",小者有"守提"和"城",再由"道"加以总领。如在青海的羌人地区和吐谷浑地区设立"鄯州都督府",下辖湟水、鄯城二县,又以鄯城为中心,置"河源军",其西六十里设"临藩城",西有"白水军",其外还有"定戎军""天威军"等十八军——由"陇西右道"统辖之④。又如在今四川西北、甘青交界的广大地区是白兰羌、西山诸羌等众多羌人部落,不仅部落关系复杂而且是吐蕃与汉人交通、战争

---

① 王溥:《唐会要》卷98,中华书局1955年版,第1757、1759页。
② 李绍明、冉光荣、周锡银:《羌族史》,四川人民出版社1985年版,第166页。
③ 参见(后晋)刘昫:《旧唐书》卷44,中华书局,1975年版,第1916—1920页。
④ 参见米海平:《简论唐代的鄯州》,《青海民族研究》(社会科学版)2002年第2期,第89—92页。

第二章 历史长河中流淌着生生不息的羌人血脉

的要塞,因此朝廷在这一地区设置了茂州、松州都督府,各分辖数十个羁縻州,由剑南道统领①。因此,从行政机构到军事设施形成了一套严密、健全的统治系统,为羌人地区的生产开发、经济发展、社会稳定提供了有力的保障并起到了推动作用。

由于唐王朝的强盛和开明的民族态度,许多边疆部族和关内部落主动内附或降附。为了有效解决众多归附部落的安置问题并加强地方统治,朝廷在边疆民族地区设立了都护府,作为特别行政机构,专门负责边疆事务。因此,都护的职责是"抚慰诸藩,辑宁外寇"②,统管辖区内各部落的抚慰、征讨、叙功、罚过等事宜。

唐朝曾设六都护府,其中保宁都护府位于今四川阿坝梭磨河。天宝四年(745),在石堡城一战中陇西节度使的军队败于吐蕃,四年后,陇西节度使再次率军反攻石堡城的吐蕃,将其击破。于是朝廷改石堡城为神武军,将其作为防御吐蕃的重要边塞,并在剑南道索磨川置保宁护府以统管这一地区的军事防卫和民族事务等③。

应该说都护府的设立是边疆地区民族关系发展的客观需要,是唐王朝积极处理民族问题所采取的重要举措。朝廷将其统治的行政权力由中央扩展至边疆,一方面保证了边塞的安全、维持了民族地区的稳定;另一方面也将中原的贸易、文化通过行政运作的方式引入了这些远离华夏中心的边疆,因此,都护府的行政设置也是唐朝政治清明、经济发展社会繁荣的原因之一。

羁縻府州制是唐王朝在历代治边经验基础上,结合边疆和民族的社会特点而创制的,早在唐高祖即位之初就在西南等地区推行,随着边疆部落的不断内附,到天宝年间全国羁縻府州已达856处④。

羁縻府州的设立一般有三种类型⑤:一是受招抚归附的各部落在其原居住地区设羁縻州;二是从边疆大批内迁各部落,将其安置在边缘诸州,并设置都督府、州,以管理内迁的各族人口;三是有些边州地区由于形势发生变化,朝廷将边州地区一些无法进行直接统治的正州改为羁縻州。因此,羁縻府州的设置有较大的灵活性,往往根据边疆地区民族的发展兴衰以及与中央朝廷关系的变化来决定其兴废,或调整其名称、级别、数量。

例如,朝廷最初在四川西北及甘青交界的广大羌人地区设有茂州和松州两个都督府。贞观二年(628)松州都督府"督羁縻二十五州"⑥,因吐谷浑、吐蕃不断侵扰松州,朝廷为了制止生羌反叛,于贞观十三年(639),将松州都督府中原为吐谷浑故

---

① 欧阳修、宋祁:《新唐书》卷43,中华书局1975年版,第1119、1138页。
② 刘昫:《旧唐书》卷44,中华书局1975年版,第1922页。
③ 刘昫:《旧唐书》卷9,中华书局1975年版,第223页。
④《唐会要》卷70,第1232页;《新唐书·地理志》卷43,第1120页。
⑤ 见管彦波《试论唐朝在边疆民族地区推行的羁縻府州制度》,《青海民族研究》,2010年第2期。
⑥(后晋)刘昫:《旧唐书》(第5册,卷41),中华书局1975年版,第1699页。

地的九个羁縻州拨出,划入叠州都督府,将吐谷浑与吐蕃、党项诸羌分而治之,有利于加强管理[①]。

又如,元授三年(692)朝廷将二十万户内附羌民分别按其部落置十个羁縻州,基本上一个羌人部落即为一个州,并以"归顺州""归义州""保善州"等为其命名,以显示双方的关系[②]。

不仅羁縻州的数量和具体设置因时势的改变而处于不断的变化之中,而且正州与羁縻州之间的关系也是时有转换。当羁縻州在局势稳定时会有条件地升为正州,从而变成直属州县,正州也可能遭遇动荡局势的影响而降为羁縻州。例如,白狗羌所在的维州,因军事地理位置成为唐王朝与吐蕃争夺的军事战略的要地,故当地羌人在汉与吐蕃二者的力量胁迫和政治威力之下时而反叛、时而臣服,因此导致维州经历了羁縻州与正州的反复转换。如,贞观元年(627)时因贤佐叛乱而维州被废,两年后又因羌酋董屈占等举族内附而重新恢复建置;麟德二年(665),维州又由羁縻州升为正州[③]。

另外,从羁縻州的具体行政运行来看,不改变部落原有社会组织结构的基础,以原部落酋长充任州内的行政长官,并且州内各级官职可以世袭,但不能擅自封赏,他们的官爵名号必须由朝廷正式册封方为合法、有效;朝廷保留了各羁縻州都督、刺史的政治、经济地位和权力,但要承担向朝廷贡赋的义务,也可拥有自己本部落的武装力量,但不得擅自行动,必须听从朝廷调遣,以镇守边疆为主责。

从羁縻制的进步性来看,"以承认中原与边疆民族之间的经济结构和传统习惯的差异为前提","因俗而治,根据边疆民族不同的地理环境、社会发展程度和语言文化水平而设置的有别于内地州县的羁縻府州,沿袭的是由少数民族去管理本地区的习惯"[④],并赋予羁縻州府相当大的自理自决权,因而朝廷通过这种间接控制的方式来达到对边疆民族地区的羁縻统治。

唐朝所开创的羁縻制直到元代才被废除,被新的土司制度所取代。

(四)羌人地带的萎缩:汉化、番化与夷化

虽然唐朝对各少数民族和边疆部落以较为开明的态度和怀柔政策来处理民族间的关系,尤其是行政建置的改革对边疆地区众多部落的发展产生了积极影响,但是在王明珂的研究中,自隋唐起,羌人地带开始明显萎缩,其主要原因是羌人受到的汉化、番化与夷化日益加深。

[①] 郭声波:《"河曲十六州"交通与地望考——唐贞观十三年政区考辨之三》,《中国历史地理论丛》,1994年第2期。
[②] (后晋)刘昫:《旧唐书》(第16册,卷198),中华书局1975年版,第5292页。
[③] (宋)欧阳修、宋祁:《新唐书》(第4册)(卷42),中华书局1975年版,第1085页。
[④] 管彦波:《试论唐朝在边疆民族地区推行的羁縻府州制度》,《青海民族研究》,2010年第2期,第136—139页。

第二章　历史长河中流淌着生生不息的羌人血脉

在汉代时，羌人处于"无君"的"分裂性结构"的社会组织中，但是从南北朝到隋、唐时期，历史文献中所记录的宕昌、邓至、党项、吐谷浑等羌人却已经是较有规模的政治体，活跃在"羌人地带"的东北端与东部边缘上：宕昌、邓至约在甘肃南部之临洮至四川北部的松潘、北川之间；而吐谷浑强盛时期，其势力范围东达到今兰州以南至松潘间广大地区，西至黄河上游与青海湖附近；宕昌、邓至羌衰灭后，党项羌兴起并统领宕昌羌的旧地以及岷江上游"西山八国"的诸羌部落。

对于这时出现的羌人政权，王明珂的看法是由于羌人已经开始接受了相当程度"汉化"，从政治、文化等各个方面模仿、攀附华夏。如党项、宕昌最初只是由许多互不相统的羌人部落构成，但其中有一些部落首领受"汉化"影响，接受中央朝廷的封赏，成为华夏社会结构中的一员，将部落内迁，与汉人杂居，改变自己的经济生产形式并开始建立政权；吐谷浑的汉化程度更深，不仅成为中原王朝的藩属，而且在政治制度上采纳部分中原官制，形成了中央化、阶序化的社会结构，而位于吐谷浑社会结构上层的羌人都学习和仿效汉人的制度、文化与习俗。另外，汉代时朝廷开拓洮河流域和河湟地区，并将汉民和羌民迁移到此屯兵、垦田；东汉时因"羌乱"又把大量"羌人"移入关中地区，到唐宋年间，这些入关中的羌人完全融入汉人社会中；在几百年持续不断的战争中人口流失严重，这也使得临洮、陇西、天水、武都一带的羌人与汉人相互融合。以上大致就是羌人被"汉化"的原因及过程[①]。

但是，王明珂也进一步指出："所谓'汉化'，并非简单地指'成为汉人'，而是指一个接受、展演、或强调汉人习俗，最终宣称祖先为汉人的过程……'汉化'是由东往西渐进的一种文化现象。"[②]

吐蕃在7世纪兴起并急速向东扩张，最后在青藏高原东缘与大唐军队展开持续、激烈的武装冲突。而党项、西山诸羌等众多羌人部落正好处于唐、蕃势力范围的中间地带——吐蕃仅用了近半个世纪的时间便征服了这个地带上几乎所有的羌人部落，也就是从这个时候开始，羌人开始受到吐蕃影响开始"番化"。

9世纪时，吐蕃王国逐渐衰微而最终崩解，但是它的影响力却仍然在羌人地带上发挥着影响，如党项诸羌部落在元昊的领导下建立的西夏政权——这个政权无论在政治结构还是社会文化等各个方面无疑都受到了吐蕃的影响；还有这个羌人地带上的大多数部落，在宋、元、明、清时期大多数仍然是地方政权，由部落酋长控制，而这些地方豪酋多自称是过去吐蕃贵族或将领的后裔。

王明珂所提出的羌人被"番化"首先表现为"羌"作为异族指称的变化，即中原汉人对于青藏高原东缘地带上的人群很少或不再称为"羌"，而开始称他们为"番"。

[①] 王明珂：《羌在汉藏之间：川西羌族的历史人类学研究》，中华书局2008年版，第150—154页。
[②] 同上书，第154页。

而造成这一改变的主要原因是吐蕃王国势力东扩对中原形成的政治和军事压力,以及因吐蕃与唐朝廷在此地带上不断发生的冲突给当地人造成的政治和文化影响,最终彻底改变了中原对这一地带上原有人群的认知概念。

虽然"羌"和"番"都是非汉的异族指称,但对于华夏来说,却有着不同的历史记忆和意义:羌人与汉人借由神农、姜姓、三苗、大禹的历史记忆被联系起来,因此"羌"代表了一个模糊的汉与非汉的边界;而吐蕃与唐王朝长年的战争强化了汉人对"番"的异类认知,因此"番"代表了明确、严格的汉与非汉的边界划分。"当愈来愈多西方'吐蕃化'的人群被中原人称为'番'或'西番'时,过去以'羌'这个异族概念作为划分的华夏西方族群边界,一种较模糊的华夏边缘,逐渐被'番'这个更严峻的异族概念所取代。"①

除了"汉化"和"番化"之外,羌人的"夷化"也使得"羌人地带"在唐代以后日渐萎缩。所谓"夷化"即是指在原来的"羌"后来被中原人称作了"夷"或"蛮夷",这样的转变主要发生在"羌人地带"的南端,也就是雅、黎等州(今大、小凉山及丽江一带)②。

汉代时中原就已开始将西南边疆的异族泛称为"西南夷",到了唐宋时期,南诏、大理等政权的兴起使得中央朝廷逐渐失去了对西南羌州的控制,但同时也让中原人对南诏、大理等西南人群有了更多认识和了解,因此,"蛮夷"与"羌"成为中原区分西南、西部人群的类别指称。西南的"蛮夷"包括岷江上游茂、威等州的非汉人群,而"羌"则是指青海东部、甘南、川北一带以及茂、威州山间的非汉人群。"羌人地带南端的非汉族群由'羌'变成'夷',或'蛮夷',这个改变也显示他们在中原人心目中的异类性逐渐增强。这是'中国西南少数民族'此一近代地理人群概念形成过程中的一个重要阶段性变化。"③

"羌人地带"的萎缩过程最后在明清时期完成,而这一过程也是以"羌"为表征的华夏西部族群边缘向西漂移的过程,"由唐代至清,在汉人心目中西方可称为'羌'的人群愈来愈少,而相对的'番'愈来愈多,显示华夏西方族群边界逐渐深化与鲜明化,此为'华夏西部族群边缘的深化期'"④。

六、宋、元、明、清四代史中的羌人

(一)宋代国家方针政策的制定对羌汉关系的影响

由于宋代统治者在国策方针上的调整使得这一时期的民族关系出现了一些新的特

---

① 王明珂:《羌在汉藏之间:川西羌族的历史人类学研究》,中华书局2008年版,第153页。
② 同上书,第155页。
③ 同上。
④ 同上。

第二章　历史长河中流淌着生生不息的羌人血脉

征。宋太祖"重文轻武"的治国策略以及宋太宗"守内虚外"的国防路线形成了宋代中央政权与少数民族政权（辽、西夏）长期对峙的局面，甚至宋朝廷还通过盟约、议和等妥协手段来处理、缓和与少数民族政权的冲突。因此，朝廷对于西北羌人的统治，也依循这样的思路和策略而对其施以安抚政策，而那些还要偏远的羌人群落，宋朝对他们的统治更是鞭长莫及。因此，汉、羌的矛盾在宋朝时有所缓和了。

不仅如此，中原发达的经济以及朝廷的招抚政策吸引了大批羌人不断内迁而服膺于汉人政权的统治之下，并与汉人进一步融合。最具代表性的事例就是范仲淹对羌人的招抚政策，据《宋史·范仲淹传》中记载，仁宗庆历三年（1043），范仲淹宣抚陕西，组织当地人大兴土木，屯兵营田，同时还招抚羌人以及汉人流亡者。更为重要的是，为了切断西夏与各地羌人的联盟以削弱西夏对大宋的威胁，范仲淹还制定了一系列"亲羌"措施，如"犒赏诸羌，阅其人马，为立条约"①，这种维护羌人生命和财产的条规"诸羌皆受命，自是始为汉用矣"②。范仲淹也因此深受羌人敬爱，称其为"龙图老子"，鄜、庆两州羌民甚至将范仲淹画像立于生祠供奉。

在河湟地区，唐朝时因吐蕃占据此地区并与羌人融合后形成了唃厮啰人，他们与宋王朝的关系较为密切。北宋神宗元丰四年（1081）出兵攻伐西夏，占领兰州，大批羌人降附朝廷。于元符二年（1099）开始，朝廷便在河湟设鄯州、湟州，垦拓农田，开渠引湟水灌溉，促进了当地的农业生产，后在徽宗年间，有羌十二种户三万多人前往内附。③

可见，宋朝廷所制定的"守内虚外""不立田制""不抑兼并"等方针政策为国家的稳定、经济的发展、边疆的稳定、民族的融合发挥了一定程度的积极作用。

随着羌人地带的萎缩，居于岷江上游地区的羌人部落在唐末五代时期仍臣属于吐蕃人的统治之下，唐朝所置羁縻府制未能完全恢复。到宋代时，朝廷沿袭此制，在茂州、威州（维州）设羁縻州，但对于朝廷来说，与其军事对峙的西夏及河湟、陇西地域的人群才是羌人，而岷江上游地区的非汉人群不是"羌"，而是"蛮""夷"。对于这些"蛮""夷"之人，宋王朝的治理原则基本采取保存现状、放任自流，加之建置纷乱，处置不当，因此造成这一地区局势不稳④。

（二）元、明时期羌人地带持续萎缩

总的来看，从隋唐开始，经历五代、宋、辽、金、夏、元、明的朝代更迭，原聚居于甘青及其他地区的羌人都已经基本融于汉人或其他民族之中。还有一部分羌人则

---

① （元）脱脱等撰：《宋史》（卷314，列传73"范仲淹传"），中华书局1977年版，第10271页。
② 同上。
③ （元）脱脱等撰：《宋史》（卷350，列传109"苗授传"），中华书局1977年版，第11091页。
④ 李绍明、冉光荣、周锡银《羌族史》，四川人民出版社1985年版，第216页。

成为克钦、景颇、彝白、怒、哈尼、纳西、傈僳、土家等后来成长起来的民族的祖先。虽然历经千年，羌人地带在不断萎缩，但幸而还有生活在岷江上游地区的羌人，因为深山峡谷隔绝了与外的交通，所有他们较为完整地保留了古羌人的血脉，也在一定程度上保留和传承了古羌人的原始宗教信仰、风俗习惯、建筑、语言等。

1. 元代行政建置改革对羌人的影响

元朝为蒙古人所建立的政权，其疆域辽阔，因此对于国家的行政建置进行了重大改革和调整。

第一，建立行省制度作为地方对最高行政机构，统领路、府、州、县等基层行政，对于省治偏远的地方则另设宣慰司，作为行省的派出机构；在岷江上游地区，废除羁縻制设茂州，辖汶山、汶川两县，具体配套有宣慰司、千户所、万户府，以管理境内羌人的行政事务。另外，元王朝还经常派兵巡视，以加强对羌、番的军事震慑[①]。可见，元代统治者沿袭了华夏的中央集权制统治体系，并更加细化地将其统治的触角深入到偏远的少数民族地区，因此在中央集权化、阶序化、等级化的行政统治下，羌人的社会运行原则、日常生活、行为规范等被持续地形塑从而加深了"汉化"的程度。

第二，因蒙古人多信奉藏传佛教，故设立"宣政院"以专门处理吐蕃地区诸事务和掌管佛教僧徒。岷江上游的茂州、威州、通化都归属在"宣政院"的管辖范围内，在此行政划分的统治下，羌人被视为"吐蕃化"的人群。"此种祖源宣告具有的意义是：唐代以来逐渐由西方入侵此地的吐蕃文化，被当政者认知并强化而表现在行政空间划分上。"[②]由此，在藏传佛教的传播以及行政区划的政治认知的双重影响之下，此羌人地带上的人群被"番化"。

第三，元代的行政建置改革废除了羌区的羁縻州府制，而将当地族群的首领封为土司，赋予他们很大的权利。土司所管辖的地区基本上算是他们自己的领地，而其内的所有羌民皆受土司统治，为土司所奴役。从社会发展的客观角度来看，元代在西南民族地区推行的土司制度具有积极意义，为明代确立完备的土司制度奠定了基础。

2. 明代土司制对羌人地带的影响

明王朝在元代民族地区行政建置的基础上，对各级土司制定了一套官位、赏罚、黜陟的规定，而最终成为较为完备的土司制度，"土司之官九级，自从三品至从七品，皆无税禄"（《明史·职官一》）[③]。土司接受中央王朝的分封，但关于各级土司的承袭，中央并不加干预，原则上由长子继承，不过，其弟、妻、婿也有成为土司的可能。明王朝赋予土司极大的权利，但亦受所在地朝廷直属行政权机构的管制，且须履行朝贡

[①] 李绍明、冉光荣、周锡银：《羌族史》，四川人民出版社1985年版，第220页。

[②] 王明珂：《羌在汉藏之间》，中华书局2008年版，第159页。

[③] （清）张廷玉等撰：《明史》（第6册，卷72），中华书局1974年版，第1752页。

第二章　历史长河中流淌着生生不息的羌人血脉

的"义务",向朝廷进贡的物品多为当地贵重土特产,所以这种朝贡只是臣属关系的象征。有些地方的土司每年还要向上交纳一定数量的粮赋,并在战时为朝廷提供军队支持。[①]因此,中央朝廷是通过土司对民族地区进行间接的管理,与唐朝羁縻府州制相比,土司制更为完备,而且土司与中央王朝的关系也更为密切。

羌人地区的土司统治是一种封建农奴制的形态。土司既作为地方最高行政长官,又是世袭领主,掌握所在地区的土地、山林等全部自然资源,统管所辖地区的羌民,将他们视为其农奴或家奴,承担繁重的义务:定时向土司缴纳租粮、盐税、"差事杂派钱",而且生产所得农副产品的一部分还得作为租税上贡给土司。

虽自元代开始就在羌人地带设土司,但这一制度的全面施行却是在明初派大军经略之后才逐渐展开的。洪武四年(1371)朱元璋统一四川以后,羌族地区的土官纷纷归降,两年后前往京师朝贡,但并未受封土司之职。后因羌患时常发生而成为明朝廷地方治理的困扰,朱元璋加以重视,才开始在这一地区设置土司。土司之下,各寨有牌头、寨首。在明英宗时,吐蕃酋长雍中洛罗思受封为瓦寺宣慰使司,后成为羌人地区势力最大的土司,即瓦寺土司。为了平叛羌乱,在确立土司制度的同时,朝廷还设计了一套较为严密的军事治安体系。明初设平羌将军都督府,镇守松潘、威、茂等处,并在各地关键地点配置关、堡、墩台,驻兵防守。[②]

土司制度的推行一方面加强了中央王朝与民族地区的关系,有助于羌、汉的交往,从而促进了羌人地区的开发,同时也对羌人社会原有的社会结构造成了破坏。此时的羌人社会已经完全丧失了汉代以前游牧社会松散的特质,完全转变为中央化、层级化的社会结构,且面临着中央集权与土司地方政权的双重统治系统,即从中央到地方的各级官吏、土司、头人——朝廷通过土司对羌族地区进行间接统治,并设立衙门、监狱、刑具和制定法规条文,以一套"汉化"的行政机构系统来处理所管辖地区的民政、税赋、司法、军事等事务,实现对羌民的统治和管理。

在一些未设土司或土司势力达不到的地方还有另外一些羌人部落,如白草羌、草坡羌、黑虎羌、罗打鼓羌、杨柳羌,他们依然保持着一定程度的"分裂性结构"社会组织,生产水平较低,但迁来的大量汉族移民不仅歧视他们,还与他们争夺资源,加之朝廷军队的巡防,最终导致"羌番为乱"。这些羌人部落常常掳掠汉民和其他羌民的财产、人口,并与防卫军队发生武力冲突。对于中央朝廷来说,这些不受土司管控的部落是边区统治中的"羌患",是非华夏的异己,因此多次派军队征伐。"走马岭战役"成为一场关键的战役,"羌番"各寨形成的联盟被朝廷军队全部歼灭,此后"羌番"滋扰之事鲜有发生,许多被征服的羌人要求成为汉民编户,自愿耕作且每年向官

---

① (清)张廷玉等撰:《明史》(第6册,卷72),中华书局1974年版,第1749页。
② 李绍明、冉光荣、周锡银:《羌族史》,四川人民出版社1985年版,第221—225页。

府纳粮缴赋，他们把垒石而居的碉楼村寨改造成汉式聚落，逐渐的，越来越多的"羌番"有了汉姓并送子女读书接受华夏文化的教育，而这些都使得汉与羌的边界模糊，随着文化的变迁，最终完成了对汉人身份的认同。

3.羌人的"汉化""番化""夷化"持续加深

五代以来，甘青地区相继受宋、夏、金、元政权的统治，政局变动较大，军、政势力的冲击较为强烈，宗教影响也加深，佛教、藏传佛教、伊斯兰教空前流行，因而民族间的融合更为迅速。羌人在这样一个纷乱多变的社会环境里，为了适应世界的变化，也加快了与周边族群的融合。

佛教的影响：一是动荡的时局，羌人不断被外来强力的政权控制，战乱对家园的摧毁，使佛教成为精神的寄托和抚慰；二是政权者利用佛教来改变羌民习俗，通过"以夏变夷"更好地对边地异族实行统治，进而促使羌人与他族融合。如宋代时曾在羌人聚居地洮水流域广建佛寺，在岷州建广仁禅院时刻录下了建寺的目的："西羌之俗，自知佛教，每计其部人之多寡，推择其可奉佛者，使为之其诵贝叶傍行之书……虽然其人多知佛，而不知戒……非中土之教为之开示提防，而导其本心，则其精诚直质，且不知自有也。传曰'用夏变夷'，信哉其言乎。"①（宋元丰七年，《广仁禅院碑》）

藏传佛教的影响：元、明时期，统治者大力提倡藏传佛教的传播，修建寺院之风盛行，羌人地区也受其影响，尤其是受吐蕃统治的羌人地区更甚。由于藏传佛教的传播，自唐以来即受吐蕃影响的甘青羌人的意识形态、宗教信仰、文化生活等方面"番化"程度不断加深，而羌人自有的宗教信仰和生活习俗逐渐消失或被改变。

在明代中原人眼里，岷江上游人群在文化认同上的复杂与不明确性，表现在当时文献对当地非汉族群的称呼上。中原人将原在"羌人地带"上的大多数地区的异族都通称为"番"或"西番"，岷江上游土著也不例外。如《明史》记载"黑虎五砦番反"，"乌都、鹁鸽诸番亦叛"（《明史·卷三·列传199·四川土司1》）。有些地方称作白石、罗打鼓诸寨生"番"、黑水生"番"为乱，但有些又称松洲"羌"、松潘"羌民"作乱，还有则合成为"番羌"，"羌民"与"番"之间的区分似乎模糊了，"居住在灌县至松潘间，接近城镇较汉化的编户之民，常被称作'羌民'；叠溪、松潘、黑水等地汉化程度浅且常生事的村寨人群，则被称作'生番'或'番羌'"②。

（三）清代的"改土归流"

土司制经历元、明两代，最后在清代迎来了它的终结。具体来说，主要有以下几方面的原因：

---

① 马长寿：《氐与羌》，上海人民出版社1984年版，第7页。
② 王明珂：《羌在汉藏之间：川西羌族的历史人类学研究》，中华书局2008年版，第160页。

第二章 历史长河中流淌着生生不息的羌人血脉

第一,土司制度所维持的是一种封建农奴社会形态,但随着地主经济在羌区的形成和发展,最终取代了领主经济,因而土司制度的改革也就势在必行。

第二,土司与中央朝廷的矛盾激化。清朝初期,中央仍然委任土司管理茂县、汶川等羌人。但因为土司在地方上的权力过大,其势力逐渐增强,因此与中央朝廷的矛盾也日益激化。尤其明代中叶以后,军屯制度被破坏,朝廷在地方上的武装力量遭到削弱,需依靠土司的军队来镇压农民起义和少数民族反抗,因而土司日益骄横。

第三,土司相互之间的战争、对人民残暴的统治和贪婪的掠夺引起羌民的反抗斗争,由此形成的地方社会动荡、秩序混乱给中央朝廷的统治施加了压力。

以上这些原因促使清政府实施了"改土归流"的边地政策改革,即废除世袭的土司制,而代之以州县流官,也就是说朝廷对羌区的统治和行政管理由间接变成了直接。羌区的改土归流是在乾隆十七年(1752)废除杂谷土司之后开始进行的。对于羌民来说,他们自愿缴纳粮差,希望成为汉人社会组织内的编户:"茂州所辖卜南村曲山等寨乞为白人,愿纳粮差。其俗以白为善,以黑为恶。礼部覆,番人向化,宜令入贡给赏。""给以木牌铁刻"列为编户,"永隶茂州,不许土司侵管,羌民悦服"[①]。

因为"改土归流"的推行,羌的"汉化"深度进一步加深。到了清朝中叶,许多地方的羌民在语言、服饰等方面已与汉民基本无异,部分羌民还接受了较高的汉文化教育,这又影响和吸引了更多的羌民归附朝廷,编入汉人户口。至道光年间,在羌人地区实施的"改土归流"基本完成,这一项制度的推行对羌人地区产生了一系列重要的影响:

首先,表现在经济方面。由于羌民不再为土司缴纳贡赋、服劳役,因此他们原先从土司手中领种的土地就变为了私有。同时,先前土司占有的大片土地仍归属于土司及其亲属所有,只是他们将原有的无偿劳役制改为租佃制,从领主身份转变为大地主,因此农奴经济形式彻底发展成为地主经济形式。另外,随着农业生产经济的发展,手工业和商业贸易也兴盛起来,汉人地区的商人纷纷到羌人地区与羌人做买卖,从而使这一地区的贸易经济得以发展、繁荣,同时也促进了羌、汉双方的物质和文化交流。

其次,表现在羌人社会结构的变化上。因为经济生产形式、土地所有权、赋税缴纳方式的改变以及贫富差距的变大,最终导致羌人社会结构再次发生巨大变化,一个由地主、富农、小农构成的封建农业经济社会逐渐形成。

第三,羌人接受汉式教育和外来宗教信仰,加速了自身文化的改变。明初以来至清朝,茂、汶、叠溪等羌区就相继设立州学/官学、兴建文庙,作为朝廷礼仪教化的标志,也是将儒家思想灌输给羌民的重要基地,"番亦闻风归化,大小姓亦遣子弟入学,

---

[①]《古今图书集成》卷593,转引自李绍明、冉光荣、周锡银:《羌族史》,四川人民出版社1985年版,第253页。

与诸生相率唯谨,揖逊从事俎豆,彬彬然有齐鲁之风"①。到了清朝中叶,已有许多羌民能读书识字,而且他们当中的一些知识分子还要求朝廷将内附的羌民"编入汉甲",同时也希望能与汉民一样享有同等的教育和考试机会②。

除了教育对羌人的"汉化"程度加深产生了积极的影响,同时佛教、道教、藏传佛教等外来宗教的传入和寺庙的兴建,也改变了羌民本土的原始宗教信仰,甚至连传统节日活动也越来越具有"汉化"色彩。

此外,在王明珂的羌族史研究中,他认为汉人移民所带来的"汉化"影响也是羌人地带萎缩的一个重要原因。由明至清,进入岷江上游的外地汉人移民逐渐增多,而且身份复杂,从文武官员、商贾到工匠、垦荒难民,从聚居于州府、城镇到深入高山中,"他们通过各种媒介——文书、文物、建筑、口述——为本地带来许多汉文化与历史记忆"③。在历史记忆建构的影响之下,被汉人先进的生产技术、发达的经济、较高的生活水平和丰富的生产资源所吸引,羌人开始主动地攀附、模仿汉文化,积极要求成为"汉民"。例如,在道光年间,茂州下辖的58个寨子的羌民要求内附,官员在呈给朝廷的报告中称:"各寨夷民等环跪吁求,佥称伊等久慕天朝声教。言语、衣服悉与汉民相同,亦多读书识字之人。是以一心向化,愿做盛世良民。"④

七、近现代羌人:"羌族"概念的确立

从1840年鸦片战争到1949年中华人民共和国成立,近代的中国历经清王朝晚期、中华民国临时政府时期、北洋军阀时期和国民政府时期,在中国半殖民地半封建社会从形成到瓦解之历史过程中,偏居川西北部一隅的羌人也不可避免地卷入其中,因此它所面临的和经历的是一场翻天覆地的社会变革,形成了羌人历史中最为重要的阶段,即现代"羌族"的形成。自此,对于羌人的历史认知便有了古羌与现代羌族的分界。因此,接下来将以近百年来学者们对羌区所做的民族调查和研究资料为基础,来简要梳理岷江上游及其北川地区"羌族"的历史概况。

从14世纪到19世纪,在中国历史文献的书写中已鲜用"羌戎"或"诸羌"来指称青藏高原东缘的宽泛的非汉人群或部落,在汉、藏之间的羌人地带上,西、北部的人群称为"番",东部雅安以南地区的人群称为"蛮""夷",只有岷江上游及北川地区的一部分本土人群还被称作"羌",但受"番化"影响,"羌""番"的人群界线是模糊的。直到清末到民初时期,"羌"与"番"模糊的群际区分才在岷江上游地

---

① 《茂州志·道光》卷3,转引自李绍明、冉光荣、周锡银:《羌族史》,四川人民出版社1985年版,第262页。
② 同上。
③ 王明珂:《羌在汉藏之间:川西羌族的历史人类学研究》,中华书局2008年版,第160页。
④ 《茂州志·道光》,转引自王明珂:《羌在汉藏之间:川西羌族的历史人类学研究》,中华书局2008年版,第161页。

第二章　历史长河中流淌着生生不息的羌人血脉

区逐渐变得清晰起来，最后形成了现在的"羌族"族群指称，王明珂将之称为"民族化过程"①。在这一过程中，边区地方官员、西方的传教士和学者、本国新学术研究者、本土知识分子等以西方之"民族""文化"的理论视野来观察、研究和描述这一地区的人群，通过文献、口述、田野调查工作等对这些人群进行分类和民族识别，最终形成我们现在所指的中国56个民族中的"羌族"。

1915年英籍传教士陶伦士（Thomas Torrance）在羌区做过羌族的民俗调查时认为，羌族人群主要分布在汶川、理番、威州、茂州、叠溪、松潘，龙安府也有少部分羌人，而武都羌人已被汉化、越嶲羌衰微。陶伦士的传教和羌族调查活动"不仅使许多汉人知识分子得知本地有'羌族'存在以及哪些是'羌族文化'，也让许多土著知道自己是'羌族'，因此在客观文化和主观认同上都使'羌族'这一范畴逐渐具体化"②。

20世纪20年代末期，中央研究院历史语言研究所黎光明等人前往岷江上游地区进行民俗调查。他们调查的羌民主要分布在汶川，另外茂县、理番、石泉、安县等地也有许多羌人。由于他们主要以语言为分类依据，所以大部分理县的羌族被排除在他们所划分的"羌民"范围之外。

1928年，国民政府在岷江上游驻军屯戍，建立"屯殖督办属"对这一地区进行军事、民政、经济开发，在工作中他们掌握了当地社会较为深层的信息，如当地不同人群的权力结构以及各土司之间的冲突、婚姻关系等。用"土族汉人""归流夷人""羌人"等对当地人群进行了划分，并从性情、职业、风俗、分布等方面针对这三类人群进行了描述和比较。在他们的调查报告中显示，羌人生活在茂县西路与松潘东路那些不属于土司管辖下的村寨中，其"性质尚良"介于土著汉人和归流夷人之间，"概以农牧为业"。③

20世纪三四十年代，更多的学者和学术团体进入到岷江上游地区进行学术考察。其中，美籍学者葛维汉（David Crocker Graham）在人类学田野调查工作中用收集到的资料完成了民族志调查报告，从文化与地理环境、生产生活之间关系的角度出发，介绍了羌族风俗、宗教信仰等独特的文化以及羌人社会结构和羌与汉、藏的民族关系：羌族"在几个世纪以前从西北迁到现在居住区。在崇山峻岭、半干旱、很难从自然界中获得生存和面临强大敌人进攻的地方定居下来。他们的邻居，除了汉族以外，就是藏族文化地区。通过他们众多的文化特质渗透到羌族地区。他们与汉族通过战争、政府、商贸和通婚的方式不断进行文化交流。他们受汉族比受其他民族影响更深"④，此外葛维汉还注意到，

---

① 参见王明珂：《羌在汉藏之间：川西羌族的历史人类学研究》，中华书局2008年版，第165—172页。
② 同上书，第167页。
③ 同上书，第168页。
④ ［美］葛维汉（David Crocker Graham）：《羌族风俗》，徐君 译，收录于冉光荣、［日］工藤元男 主编：《四川岷江上游历史文化研究》，四川大学出版社1996版，第201页。

多元文化视域下的文化认同研究——以四川羌族为例

羌族虽然有自己的语言、文化体系，但是却受到了汉人的影响。因此，他指出，岷江流域与杂谷脑河流域是中国仅存的羌人聚居地，而这些羌人也逐渐被"汉化"。

同样在这个时期，国内学者闻宥、胡鉴民等人和"大学生暑期边疆服务团"也来到这里对羌人的文化和语言进行了调查。因为羌人文化的混杂性难以将当地居民进行族群区分，于是学者们便按照语言标准将羌族的范围划定为汶川、理县、茂县，也包括了黑水河上游一带的村寨。

1938 年，冯汉骥赴岷江上游考察，并清理戈基人的石棺葬，开创了川西北民族地区考古发掘工作的先河。此后在他所撰《松理茂汶羌族考察杂记》一书中，创见性地采用体质人类学的理论来描述和研究了松潘至茂县一带的羌人与理番、汶川一带羌人在体质特征上的差异，并通过探讨近百年的羌族人口的变迁和羌文化的历史提出造成体质差异的原因主要是羌人与他族的通婚①。

新中国成立后，通过民族识别政策，羌族正式成为中国 55 个少数民族中的一员，而且国家在行政区划上设置了阿坝藏族羌族自治州和北川羌族自治县。新中国成立初期，民族研究的首要任务是对各民族的历史和现状展开深入调查。1952 年，李志纯等人赴羌族地区进行田野考察，撰写《尔玛情况》，对当下羌族人的现实生活进行了记录，并在此基础上分析了羌族社会的变迁。1958 年，在中央民委的指示和规定下，四川少数民族社会历史调查组羌族小组历经长达五年的调查，最后形成了《羌族社会历史调查》，通过对羌族的发展历史书写反映羌族的新面貌和新的民族关系，并阐述民族区域自治政策。

20 世纪 80 年代，《羌族史》《羌族简史》《羌族社会历史调查》等相继完成。王明珂认为，在中国历史上，有关羌人记忆的典范历史书写曾出现过两次。第一次是《后汉书·西羌传》的撰写，范晔作为由中原文化浸润成长起来的文人史官，以华夏观点编定出一部"典范的羌族史"；相隔 1700 年之后，"典范羌族史"在现代新的语境中再一次产生，《羌族史》《羌族简史》等即是这类典范历史书写的代表。在这类历史新文体的叙事中，有对《西羌传》书写传统的继承，即追溯族源/祖源，将炎帝、共工视为羌族的祖先，并通过对神话、文献的爬梳，寻找炎帝、共工更为广泛的后裔，最终将羌与汉、藏、彝及所有西南氐羌系的诸民族联结在一起，各民族之间紧密的历史关系由此被建立起来。作为现代典范羌族史，不仅是用新文体写旧历史，更重要的是经由语言、考古、体质与民族学等新的理论范式和学科知识并配合少数民族识别、分类与民族区域自治政策来重新书写、阐释或解读、建构历史。就如王明珂对这些典范羌族史书写的看法，"由这些古之华夏与今日中国人对'羌'的历史叙事来看，三苗之后的羌人，是华夏心目中的'夷狄'；炎帝之后的羌族，则是中国人心目中的'少

---

① 冯汉骥：《川大史学·冯汉骥卷》（《松理茂汶羌族考察杂记》），四川大学出版社 2006 年版，第 411—431 页。

第二章　历史长河中流淌着生生不息的羌人血脉

数民族'。对古之华夏来说，'夷狄'是在边界外的异族。对今之汉族来说，'少数民族'是国家主权、疆界内的边缘族群与兄弟民族"①。

自改革开放以来，国家加快了对少数民族地区的民主政治建设，并制定一系列政策来积极推动少数民族地区的经济开发。同时随着全球化、政治经济一体化的发展，在新的历史语境下，羌族也面临着传统与创新、经济开发与可持续发展等新的机遇与挑战，而羌族的社会与文化也与整个中国的社会与文化发展一样处于转型的过程中。面对因转型产生的各种困扰与问题，学者们对羌族典范历史的书写转向了对羌族社会变迁、经济发展、文化保护等方面的讨论。如徐平详细描述并分析了现在羌族村寨中人们的经济生活模式、社会结构及其运行、个人与社会的关系等，并且关注到在外来经济的冲击下，羌族民众对传统文化的保护与文化复兴之间的关系。②

四川大学与日本早稻田大学联合进行长江流域文化调查并完成了《四川理县桃坪羌族社会历史文化调查报告》。报告从桃坪羌族村寨名称的变迁、社群生活、经济生活和宗教生活等方面的描述中呈现出羌族传统文化在羌民社会中逐渐走向式微的景象，而通过旅游经济已经将羌族的生产生活纳入现代市场经济体制下，同时旅游业的兴起也使他们与外界的社会经济联系更为密切，而外来文化又进一步冲击着羌族的传统文化。③

此外，近年来越来越多的学者将羌族现代社会的变迁即变迁带来的诸多问题聚焦在某个羌族村寨上做更细致、更深入的民族志书写或研究④：

具有代表性的有何斯强、蒋彬主编的《羌族——四川汶川县阿尔村调查》，记录了阿尔村巴夺寨羌族村民的历史、现状以及新的发展变化，并通过阿尔村的动态变迁来探讨当代整个羌族社会的变迁。例如，以前巴夺寨主要是家族管理，即家族通过制定寨规来管理村寨事务。但是，在现代羌族社会中新的政权组织产生，政治参与成为新的管理途径。于是在巴夺寨便形成了政权组织和家族管理两套权力系统——既相互渗透，又相互冲突。⑤

蒋彬主编的《民主改革与四川羌族地区社会文化变迁研究》则以研究报告、官方档案、统计资料、新闻报道与评论作为研究基础，讨论了民主改革对羌族地区社会制度、文化、生活方式的变化及加速步入现代化社会步伐所发挥的影响和作用。⑥

---

① 王明珂：《羌在汉藏之间：川西羌族的历史人类学研究》，中华书局2008年版，第168页。
② 徐平：《羌村社会：一个古老民族的文化和变迁》，中国社会科学出版社1993年版。
③ 卢丁、[日]工藤元男：《羌族历史文化研究——四川理县桃坪羌族社会历史调查报告》，四川人民出版社2000年版。
④ 参见袁林蓉：《百年来羌族民族学研究回顾》，《西南民族大学学报》（人文社会科学版），2017年第1期。
⑤ 何斯强、蒋彬：《羌族——四川汶川县阿尔村调查》，云南大学出版社2004年版。
⑥ 蒋彬：《民主改革与四川羌族地区社会文化变迁研究》，民族出版社2008年版。

多元文化视域下的文化认同研究——以四川羌族为例

羌族地区是地震多发区，地震常常会严重影响羌族人民的生活和社会的发展，尤其是 2008 年的 5 月 12 日汶川特大地震对整个羌族地区的经济生态、文化生态、人群和社会造成了巨大的影响，杨正文等学者通过撰写《阿尔村：援建主导下的灾后重建模式》记录了羌族村寨重建的历史过程，并总结了对口援建的赈灾及灾后重建的经验，从而反映了羌族社会在外力推动下的剧烈变迁史。[①]

[①] 杨正文、蒋彬等：《阿尔村：援建主导下的灾后重建模式》，华中科技大学出版社 2012 年版。

第三章 以"文化自觉"之眼看羌族文化的变迁、适应与认同

岷江上游地区是古羌人完成迁徙、开始定居的最后地带,为了适应自然环境和社会历史变迁以延续族群生存,他们从游牧生产生活转为高地农耕为主、畜牧为辅、间歇打工相结合的生产生活方式,进而形成了新的文化形态,并且在与汉、藏的交往中借鉴二者的文化要素,然后与自己的文化结合,不断地进行着文化的传承与创新,在历史的进程中,通过维持社会文化的活力以确保自己族群的延续。那么,从"文化自觉"的理论关怀和践行的层面出发,本章将选取现代羌族发展历史动态过程中的一个截面,在这之上对羌族社会的文化变迁进行微观分析,以期具体呈现出羌族文化的特殊结构模式,同时说明:一个处于"文化失调"的民族/族群,为了确保自我生存,是通过何种努力对"文化失调"的现象进行调整、改变,进而解决因"文化失调"所引起的种种矛盾和问题,逐渐适应新的文化和社会环境,最后重新达到"社会平衡"。

第一节 文化自觉、文化认同与文化自信

1997年1月上旬,第二届"社会文化人类学高级研讨班"在北京大学社会学人类学研究所正式开班,费孝通在这次研讨班的闭幕式上首次正式提出了"文化自觉"这一概念,并做了较为详细的阐释。"文化自觉"是费孝通在回顾和反思自己的学术生涯,并结合对全球发展趋势与中国现代文化转型的思考之后提出的。并且,他以这一概念为中心,就全球化发展、文化转型、文化变迁、多元文化共生、民族文化生存等问题进行了系列的讨论、反思和学术探索,而众多学者也随之呼应了费孝通的讨论,由此掀起了自20世纪90年代以来,在中国学术界经久不息的"文化自觉"讨论热潮,成为当下中国思想界、学术界的核心概念。

那么,什么是"文化自觉"?费孝通为什么要提出"文化自觉"?"文化自觉"的内容、核心、主体、意义是什么?而谈到"文化自觉"时,绕不开地、必然要将其

与"文化认同"及"文化自信"联系起来，因此这三者之间的内在逻辑如何阐释？在本章开篇，我们只有对以上这一系列的问题进行深入的探讨、找到较为满意的答案，才能以一种更为清晰、准确、客观、深刻的眼光来审视羌族社会的文化变迁以及在文化变迁过程中形成的一种动态的"文化认同"。

一、关于"文化自觉"的认识

关于"文化自觉"这一概念的提出和界定，费孝通在发表于1997年的《反思·对话·文化自觉》[①]一文的最后部分，对"文化自觉"的概念进行明确了界定："指生活在一定文化中的人对其文有'自知之明'，明白它的来历，形成过程，所具的特色和它发展的趋向，不带带任何'文化回归'的意思。不是要'复旧'，同时也不主张'全盘西化'或'全盘他化'。自知之明是为了加强对文化转型的自主能力，取得决定适应新环境、新时代时化选择的自主地位"，并提出了"各美其美，美人之美，美美与共，天下大同"对文化自觉历程进行了概括总结。[②]

后来他又在《"美美与共"和人类文明》中对这一概念进行了重申："什么是文化自觉？简单地说，就是每个文明中的人对自己的文明进行反省，做到有'自知之明'。这样，人们就会更理智一些，从而摆脱各种无意义的冲动和盲目的举动……后来我又进一步提出'各美其美，美人之美，美美与共，天下大同'的设想。这几句话表达了我对未来的理想，同时也说出了要实现这一理想的手段。"[③]

费孝通的这一定义体现出"文化自觉"是一个文化的自我觉醒、自我反省、自我创建的动态过程，其中包括两个核心：一是要正确认识自己的文化；其次，还要正确对待他者的文化，要在文化的交流中互相学习、借鉴、融合。也就是说，传统社会的文化在面对外来文化的冲击和多民族文化的交流时，本民族的文化传承者应该如何定位自己的文化，如何处理本民族文化与他者文化的关系，这些都是"文化自觉"概念的核心所在。

在20世纪八九十年代，费孝通曾先后前往内蒙古鄂伦春族和黑龙江赫哲族进行实地调查，引发了他关于现代工业发展和社会转型对民族生存问题的思考。之后，在1997年第二届社会学人类学高级研讨班上，有两位学员的问题直接启发了费孝通关于"文化自觉"概念的提出。其中一位学员在新疆出生、长大的汉族移民，后来到北京工作生活，她所感受的"文化界线"问题启发了费孝通用"场"的概念来补充原来的"差序格局"理论，并考虑将其引入到对全球文化交融、冲突所形成的文化转型之思考中；

---

① 《反思·对话·文化自觉》一文发表于《北京大学学报》（哲学社会科学版）1997年第3期，后收录于费孝通文集《文化与文化自觉》。
② 费孝通：《反思·对话·文化自觉》，载《文化与文化自觉》，群言出版社2016年版，第195页。
③ 费孝通：《"美美与共"和人类文明（上）》，《群言》，2005年第1期。

第三章 以"文化自觉"之眼看羌族文化的变迁、适应与认同

而另一位鄂伦春族学员所提出的文化存亡问题则启发了费孝通对现代后工业化时代人类所共同面临的人类文化前途问题的重视和深思。也就是说,文化自觉问题实质上是关于民族、人类的生存发展问题,只有在自觉中去求生存、求发展。因此,在这次研讨班的闭幕会上,费孝通正式提出了"文化自觉"概念。虽然这个词是他在做闭幕发言时冒出来的,但是其思想来源、概念成型的过程却是来自他长年在全国各地,尤其是少数民族地区的实地考察,来自他对自己学术生涯的反思,是在全球化的发展、后工业文明、文化转型的时代语境下逐渐形成的。

所以说,20世纪90年代以后全球面临着共同的危机:"我们的生活本身已经进入了一个世界性的文化转型期",但"在多元文化中生活的人们还未能找到一个和平共处的共同秩序"①。在这样的背景下,费孝通提出了文化自觉的问题。当然,这不仅仅是要"表达当前思想界对经济全球化的一种反应",更为重要的是,他希望通过这一概念开启新的学术风气,即"从小见大,从人口较少的民族看到中华民族以至全人类的共同问题",各民族,尤其是"人口较少民族",在面对较快发展的世界,如何从文化转型上,求得生存和发展,首先需要重新认识自己的文化,需要思考一系列现实的问题:"我们为什么要这样生活?这样生活有什么意义?这样生活会为我们带来什么结果?我们的文化是从哪里来的?怎样形成的?它的实质是什么?它将把人类带到哪里去?"对这些问题的思考,实际上就涵括了"文化自觉"的主要内容。如果"生活在一定文化中的人对其文化有'自知之明',明白它的来历、形成的过程,所具有的特色和它的发展的趋向",那么我们就能"加强对文化转型的自主能力,取得决定适应新环境、新时代文化选择的自主地位"②。这就是"文化自觉"的意义所在。之后,费孝通又进一步阐发了这个意义的内容,"文化自觉是一个艰巨的过程,只有在认识自己的文化、理解并接触到多种文化的基础上,才有条件在这个正在形成的多元文化的世界里确立自己的位置,然后经过自主的适应,和其他文化一起,取长补短,共同建立一个有共同认可的基本秩序和一套多种文化都能和平共处、各抒所长、联手发展的共处守则"③,"我认为,如果人们真的做到'美美与共',也就是在欣赏本民族文明的同时,也能欣赏、尊重其他民族的文明,那么地球上不同文化、不同民族、不同国家之间就达到了一种和谐,就会出现持久而稳定的'和而不同'"④。

进一步来看,费孝通提出的这个概念,实际上包含了两个关键词,即"文化"和"自觉"。文化其实就是人们的生活方式,它存在于人们集体生活的行为和意识中,只要

---

① 费孝通:《开创学术新风气》,载《文化与文化自觉》,群言出版社2016年版,第181页。
② 费孝通:《反思·对话·文化自觉》,收录于《文化与文化自觉》,群言出版社2016年版,第191、218、195页。
③ 同上书,第195页。
④ 费孝通:《"美美与共"和人类文明(上)》,《群言》,2005年第1期。

多元文化视域下的文化认同研究——以四川羌族为例

人们以这种生活方式生活着,那这种文化就能够一直延续下去。但是,一旦受外来各种因素的影响而使传统生活方式发生改变的话,那原有的文化与外来文化如何达到一种平衡,或者说,在不同文化的碰撞、交流中,如何保持原有文化的存在?黄淑萍的观点是,如果"一个缺乏文化自觉的民族,当它面对其他文化冲击的时候便会手足无措,甚至随波逐流,逐渐丧失自己民族的文化。文化传承的内源性动力只能源于居于该种传统文化'主位'的群体的'文化自觉'"[1]。而在王文兵看来,文化自觉既是指人们实现文化自觉过程这一行为本身,同时又是指人们对文化自觉这一文化现象的自觉意识。因此,在面对外来文化冲击,自己文化处于弱势的情况下,文化实践主体只能运用文化自觉的实践方法来帮助他们摆脱文化偏见、开阔文化眼界、提高自我意识和文化交流能力以实现文化自觉;除此之外,文化研究者则应该运用文化自觉的理论方法,提出或丰富、完善关于文化自觉的各种观点、理论,以供文化实践者学习、借鉴和运用。[2]另外,高丙中、赵萱从理论层面对文化自觉这一概念进行了两个理论的预设,一是文化自我的存在,另一个是文化主体的存在,在此基础上来看"文化自觉"中的关键词"自觉"相对应的也有两个层次:"一是个人作为文化的自我意识的主体;一是社会共同体作为文化的自我意识的主体——个人的思想意识的觉悟以言说的形式表达出来,或代表社会共同体的心声表达出来,然后传达给众人,这一社会过程即是"用社会过程贯通个人之'自觉'与共同体之'自觉',也就是凭借社会过程让个人的自觉成为共同体的自觉。"[3]

从以上各位学者对于"文化自觉"内涵实质及实践内容来看,都涉及了"文化自觉"之主体的问题。在黄淑萍的眼中,"文化自觉"之主体更多集中在少数民族文化传承主体身上,也就是各少数民族群众身上,因为只有他们认同自己的文化,"从内心深处感觉出本民族文化的重要性,自愿地采取行动,加以保护、传承,这种文化传承才最为有效"[4]。而对于王文兵来说,"文化自觉"的主体包括了文化实践者和理论研究者,前者在"文化自觉"过程中进行直接的文化实践活动,"是一个个实现了程度不等的文化自觉的鲜活多样的个体人格,并且人们彼此之间是不能替代的";而后者则对文化实践者的具体文化活动进行研究,也包括文化自觉过程中的自我活动的对象化,是具有主体能动性的研究者,他将现象、事实、经验抽象为理论、方法、指导原则反过来指导文化实践者行动。他更进一步指出,同一主体如果同时具有"实践者"和"研究者"两种身份,而且也可以分清两种身份的层次差异并根据具体情境适时转换主、

---

[1] 黄淑萍:《文化自觉:少数民族文化传承的内在动力》,《中国民族报》,2012年7月6日。
[2] 王文兵:《文化自觉的方法论思考》,《思想战线》,2007年第2期。
[3] 高丙中,赵萱:《文化自觉的技术路径:非物质文化遗产保护的中国意义》,《中南民族大学学报》(人文社会科学版),2014年第3期。
[4] 黄淑萍:《文化自觉:少数民族文化传承的内在动力》,《中国民族报》,2012年7月6日。

第三章 以"文化自觉"之眼看羌族文化的变迁、适应与认同

次关系的话,那将有助于文化自觉活动充分、有效地进行①。

二、"文化自觉""文化认同"与"文化自信"的逻辑关系

文化自觉表现为文化实践者在以本民族生存和发展为宗旨的条件下,发挥主观能动性,有意识地对本民族/族群文化进行理性认识和自由选择,以在彰显文化理性价值的同时兼顾民族/族群文化认同的主观目标。而文化认同则是民族/族群成员对自己所属群体的文化的承认或认可,并由此产生归属意识,进而完成文化自觉的过程。

詹小美、苏泽宇在论述文化自觉与文化认同的内在逻辑时,将文化自觉系统分为情感自觉、利益自觉、价值自觉三个层次,在时代场域中,这三个层次链接分别对应的情感认同、利益认同、价值认同相互嵌套并依次递进形成一个具有梯级与节点的文化认同层级结构。在他们的分析中,情感自觉作为文化自觉的基础层次,民族成员的利益自觉则构成了文化自觉的强化层次,最后由民族成员的价值自觉构成文化自觉的理性层次,并具体阐述了这三个层次的演化向度和动态过程②:

首先,作为文化自觉的基础层次的情感自觉源自该群体成员的族群归属与集体记忆,它通过原生文化的涵化与血源根基的连接而得以巩固和加深,对"想象共同体"的终极问题"我们是谁""我们从哪里来""我们去向何处"——进行诠释,以寻求族属身份的确定性和归属感,因此是民族/族群成员主观体验与判定生成的重要依据。"这种情感自觉以一定的物质和生理承载为基础,于社会关系互动的语言、仪式、风俗中得以重复与强化,为民族成员定距同一性与差异性的心理量标与边界,进而生成'自己人''我们'与'他们'的区分与斥异。情感自觉依托于情感认同中由符号、语言、景观、社会展演等文化信息所构筑的原声空间",进而在承载本民族文化意涵的符号表征和历史文化叙事所形成的文化语境中,"生成民族成员深层文化选择的主观判定与传承,形塑民族成员文化情感的群体意义,构成由个体认同走向集体认同最强烈的内聚性源泉"③。另一方面,情感认同又具有斥异性,即认同中的文化排他,在赋予个体以群体属性的同时也区分出相异的他者,进而在与彼此的参照对比中催生、加强群体内部的认同感和凝聚力,整合、强化对外的意识与情感,最终达到个体在群体中的生存维系和精神慰藉。

作为利益认同结果的利益自觉构成了文化自觉的强化层次。在这一层次中,群体成员的文化认同建基在利益的分配与共享之上,当利益变量在受到政治与经济资源竞争与调配机制的作用影响时,"其参与物化的实践指向与利益诉求,直接形塑着社会互动场景边界的拆和与伸缩。人们在特定的资源竞争关系中形成维护和改善现有资源

---

① 王文兵:《文化自觉的方法论思考》,《思想战线》,2007年第2期。
② 詹小美、苏泽宇:《文化自觉的认同逻辑》,《贵州社会科学》,2017年第1期。
③ 同上。

共享机制的观念,并最终落实为利益代言的政治、制度中介,赋予文化自觉以工具性的积极肯定与现实意义"①。

最后,经过利益自觉层次,文化自觉达至理性层次。而这一过程实际上是主观与客观统一辩证的过程:价值认同是人类主观意识活动,文化的价值确认则是一种在人类理智主导下的自由选择行为。从这个角度来看,价值认同的核心是价值的自主选择与判断;而价值自觉作为价值认同的结果,是民族/族群成员把握和解释客观世界的一种手段,它脱离不了主观性的历史诉求,但同时又必然受到客观规律的制约——"前者是理性的价值规定,后者是理性的逻辑要求"。因此,对于价值认同来说,它"支配着文化自觉的动力与方向,决定着文化体系思想的连贯,以及外部世界存在与适应的交互……这种以文化认同凝聚'我族'、区分'他族'的作用,是一种强大的力量,也是'一种维护社会模式的工具'"②。由此,两位学者做一总结:"作为民族生存方式的主观抽象,价值自觉试图使民族成员按照共同体的意愿,朝着'应当'的方向发展,形成存在范式的主观超越。价值自觉同时又是客观的,主观与能动不能脱离民族共同体的客观与实际。就起源和生成方式而言,民族文化是特定历史条件下的产物,价值自觉的表达成为个体成员存在的现实性思考。人们总是倾向于高举理性的'火炬'探索未知的世界,这就为民族成员的承认、认可和赞同设置了情感目标和价值归依,使之达到共同体'自知之明'之上的文化自觉。"③

王建民在《文化自信与文化自觉关系的省思》中,对"文化自信"做了学理层面的解读:他认为文化自信"是指对于自我群体文化的信心、信赖和认同",结合我国具体的语境来理解,其涵指"各民族、各地方文化的自我认同与尊崇"。接着,他分别从个体性和群体性两个层面对"文化自信"进行了进一步分论述,文化自信主要通过文化群体中的成员个体进行表达,但这种个体表达与所在群体的态度和立场密切相关,个体的文化表达实际上是对所在群体整体文化的自我认识和理解,但同时也会受到群体内其他成员的影响。这主要表现在公共知识生产过程中,主流意识形态的知识分子、文化精英等对文化自信的取向和程度所施与的影响。而对于"文化"概念的认知,王建民更强调从思想观念和价值体系层面将文化视为"特定的文化群体习得的和共享的概念系统、意义体系、情绪情感模式",因此,"文化自信的根本所在是人们对于这种概念系统、意义体系和情绪情感模式的共享"④。在从当代人类学的观点来看"文化",它呈现出流动、变化、创新的特点,文化所在群体中的成员个体作为其载体,

---

① 詹小美、苏泽宇:《文化自觉的认同逻辑》,《贵州社会科学》,2017年第1期。
② 同上。
③ 同上。
④ 王建民:《文化自信与文化自觉关系的省思》,《西北师大学报》(社会科学版),2018年第3期。

第三章 以"文化自觉"之眼看羌族文化的变迁、适应与认同

在现实情境中可以通过发挥主观能动性对文化进行创新,而这种创新一旦为群体成员共同承认、接受,就会成为这一群体的"集体财富和社会公式"。

在对"文化自信""文化"概念进行梳理的基础上,王建民对"文化自觉""文化自信""文化认同"之间的逻辑关系进行了一番论证:

首先,文化自觉是文化自信的基础,缺乏文化自觉的文化自信极易走入妄自尊大的民族主义或极端主义;反之,如果对自己所属群体的文化失去自信,看轻或漠视本土文化中的社会伦理和文化资源,那么也难以实现真正的文化自觉。因此,文化自信与文化自觉之间是一种辩证的、共生共在的逻辑关系。

其次,文化自信与文化认同也存在着密切的依存关系,即人们对所属群体的本土文化越是认同,那么文化群体内的成员就会倾向于共享这种文化,从而提高对自己文化的自信心和自豪感,也就是说,当一个民族或族群的文化的精神动力、行为规范、群体利益和价值取向在得到内部成员的了解和认同之后,则规范化乃至神圣化的"个体自觉"便会产生,进而对自己民族/族群的自信心和自尊心将大大加强;反之,一旦成员产生了对自己文化的信息和自豪感之后,就会主动地、积极地表达对文化的认同,"也会更想要并且选择被认为是能够更清晰、更鲜明地表达文化观念的文化形式来表达自我,使得自我表达呈现出更多的文化归属感。否则,在特定的场景中,人们为了某种利益获得,甚至有可能改变所在群群的认同,而隐瞒自我的族群身份,将自我表述为其他族群的成员"①。

由此,王建民也提出要在具体的场景中,结合时代语境,以一种动态的视角、开放的眼光来看待文化自觉、文化自信与文化认同三者之间的关系。而且更为重要的是,文化自觉是一个"需要谨慎践行的自我反省和自我认识过程","文化自觉,建立在对于文化根脉的找寻和继承上,建立在对原有认识的批评与反思上,建立在对发展趋向的认识与理解上"②。

通过回顾、反思自我文化来理解、接受、认同自己的文化;同时文化自觉也是一个需要不断进行文化对话的过程,在与不同文化的对话中认识自己文化与他者文化之间的不同,在不同文化的比较中找到自己所属的文化在多元文化世界中的位置,从而建立起真正的文化自信。

另外,他还引用迈克尔·赫茨菲尔德(Michael Herzfeld)在《人类学:文化和社会领域中的理论实践》一书中对人类学的界定,即人类学是"对常识进行研究"的科学,所谓的"常识"不能脱离它所特有的文化语境,但若以局外人的眼光来看某一文化语境中的"常识",又难以观察和把握这一概念的种种变化形式。因此,赫茨菲尔

---

① 王建民:《文化自信与文化自觉关系的省思》,《西北师大学报》(社会科学版),2018年第3期。
② 同上。

德认为，常识是被社会普遍接受的对文化所做的表述方式，且与文化形式和社会规则一样多变[①]。那么，在这种理论关怀下来看羌族社会中的文化变迁与适应，"文化自觉"的立场和"文化认同"的角度就显得尤为必要和重要。对不同文化之间、同一文化的内部及其变迁过程的"自知之明"，使得这一文化领域内的人懂得自己文化存在的价值与意义，当这种文化的实践者意识到了所属文化的权利，就能够发挥主观能动性，通过"文化自觉"的过程将文化外化为行为准则和社会规范，从而实现得到真正的文化"赋权"，进而影响社会秩序与政治制度的建构。此外，使用文化自觉的方法论来看待文化变迁与适应中的文化身份的认同，能够为我们的研究提供一种面向整体性的动态视野，将多种观察角度与思考方式结合起来，实现文化与理论的对话。

第二节 20世纪后期的羌族社会及其文化的变迁

1985年，费孝通的学生徐平开始进入羌族社会的一个社区"羌村"进行社会文化调查研究工作，直到1990年，徐平前后共六次深入羌村进行深入细致的田野调查，最后形成了他的博士论文《羌村社会——一个古老民族的文化变迁》，通过定量、定性混合研究方法，结合羌族历史上从游牧向农耕转变的历史背景，阐述和分析了20世纪80年代中期至90年代初这一时段羌族社会基础结构、生产和经济模式、个人与社会的关系、精神世界等发生的变化，从而说明在社会变迁中的文化适应与文化认同问题。

徐平选择了具有典型羌族文化形态和社会结构的羌村为调查点[②]，在五年时间里，他先后共六次深入村寨，对羌村的社会结构、生产、经济、日常生活、生命周期、仪式、精神信仰等进行了调查研究，并对羌族从游牧迁徙转型为农耕定居所发生的文化变迁与适应，以及羌族村落在面临由自然经济向商品经济过渡时所发生的文化变迁与适应进行了具体分析，呈现出20世纪八九十年代羌族社会的基本面貌和文化特征，并针对人们在动态的社会与文化变迁中是如何继承传统、调适不平衡、创新发展以保持族群社会持续稳定发展的一系列问题的思考提供了参考。

---

① [美]迈克尔·赫茨菲尔德：《什么是人类常识：社会和文化领域中的人类学理论实践》，刘珩，石毅，李昌银译，华夏出版社2005年版，第32页。
② 羌村和附近的簇头村、沟头寨合为一行政村"羌锋村"，其中羌锋三寨与高东山寨、河坪寨合称为"河西五寨"，是南部羌族中少有的传统文化保存较好的羌族文化区。

第三章 以"文化自觉"之眼看羌族文化的变迁、适应与认同

一、羌族以农业为主的多样化经济生产模式

羌人的祖先原为逐水草而居的游牧民族,当部分羌人经历漫长、艰辛的迁徙之后,他们最终在岷江流域定居。由于这一地区土地贫瘠,多沙石,土质偏碱,气候较为恶劣,为了适应高山峡谷的气候和特殊的地理条件、自然环境,利用并不丰饶的自然资源以维持生存,羌人们逐渐由游牧走向了农耕为主、畜牧为辅的农牧结合的生产生活方式。

首先,从羌人农业生产的发展来看,一直延续着较为原始的农业生产方式。因此,在气候、土质、地理条件等因素的制约下,羌人最早以种植青稞、荞麦为主,大约在清中后期才引入了玉米和土豆,民国时期传入小麦。在生产方式上,原来一直是刀耕火种的粗放型耕作方式,品种单一,加之土质贫瘠,所以虽广种但薄收,只能靠天吃饭。新中国成立以后,政府重视和加强了对少数民族地区的建设和开发,因此,通过技术、科普、资金等方式,对羌族地区的农业生产注入了强大动力,如改土造田、人工灌溉工程为羌族现代农业生产奠定了基础;20世纪六七十年代政府又投入人力物力,先后在羌寨中推广"带状种植"耕作技术和"地膜覆盖"种植技术,取代了传统单一耕种;并引进优良品种,逐步替代当地单一的地产品种;指导科学的田间管理,废除了遇灾害只能请端工打太平保护(羌族巫师施行巫术)的原始方式;另外,还以化肥替代刀耕火种的草木灰肥,充分地利用了土地资源,通过轮耕换地、降低气候恶劣造成的作物损失、科学施肥等科学途径的耕作保证了农作物更好地生长,极大地提高了粮食产量。在进行耕种收割等系列农活时所使用的生产工具,主要受汉人农业传统方式的影响,基本上沿用了比较原始的人力和畜力,但随着国家现代化进程的快速推进,基础设施的建设普及,即使偏远的羌族村寨也实现了生活生产电气化和生产运输的部分机械化。这些都是针对传统原始农业无法提高产量、无法满足人口日益增多的家庭之温饱问题在新的社会发展条件下,通过政府力量、科学技术等进行的文化调适的具体表现。

其次,从农业产量和形成的农业饮食模式及经济收入来源来看。羌人以玉米、小麦、洋芋(土豆)、红薯、荞麦为主,蔬菜、油菜籽等为辅,以在适应自然环境的基础上维持基本的生存——由此也就逐渐形成了羌人特有的饮食生活基调:在羌人的日常生活中,大部分时间以玉米、小麦为主粮,搭配洋芋、红薯、荞麦、蔬菜等。可见,羌人在从游牧社会转为定居的农业社会之后,其饮食生活习惯也相应地做出了调整,同时农业生产也决定了羌人社会的经济模式必然是以农作物交换为主的经济形式,大致情况是:家中所产洋芋、荞麦除了作为家中三餐的辅食之外,大部分都拿到市场交换成大米以用作家庭主食,另外还有小部分出售换成现钱以用作家庭生活品开支;红薯大部分作为猪饲料,只有小部分出售换钱;菜籽用来换成油和土烟自用,收获的黄豆

多元文化视域下的文化认同研究——以四川羌族为例

基本不出售而是供自家使用,或者作为维持社会基本结构运行的人情礼物交换或馈赠(如制成豆腐、豆干等作为谢礼)。由此可知,羌人基本上不愿出售自己生产的粮食产品,究其原因,一是因为"重粮保本"的传统农业思想的影响,另外也因为粮食价格较低,无法成为家庭致富的保证。因此,在羌人社会,农业生产只能成为生活的基本保障。在羌人社会中,农业生产的自给自足决定了他们的土地经营只能成为每个家庭有饭吃的根本保证,"并不富裕的土地上要养活越来越多的人口,而过剩的劳力又在农业之外找不到第二条可靠出路,劳力的便宜窒息了农业工具及生产方式进步的要求;而农业生产率的低下又反过来要求维持庞大的人口,以满足农业生产的季节性需要,羌村就在这么一个循环中徘徊不前"[①]。

第三,作为次要生活支撑的是畜牧养殖。农业生产是羌人适应自然环境而形成的基本生活保障方式,对于祖先曾以游牧为生产传统的羌人来说,在定居岷江上游的高山峡谷地带之后,畜牧却成为他们次要的、辅助性的生产方式,而且猪取代牛羊成为羌人主要畜牧养殖对象。根据地方史诗《羌戈大战》的描述,猪在羌人社会早期仅仅是一种祭品,是羌人从夷多(现在的成都)买来祭祀神灵的,但随着羌人山地农耕发展的定型,猪在生活生产中的用途和地位逐渐超过了牛羊,而成为羌人最重要的肉食来源和经济来源。从生产与环境适应的角度来看,一是因为高山峡谷的植被覆盖率低,无法提供牛羊游牧的生态条件;二是农业产量有限,在满足人吃饱的情况下,没有充足的粮食来喂养大量的牛羊。与这两个限制条件相比,养猪成为畜牧生产的最佳选择。猪能很好利用农产品的剩余资源(红薯、玉米等)辅以"猪草"(野生植物),因此可以降低养殖成本;而且猪粪是很好的农作物有机肥料,猪多肥多、肥多粮多,形成农畜生产的良性循环。与牛羊相比,猪采用圈养方式,不需要专人看守。此外,与牛羊相比,猪的食用价值更高(猪膘含油量高,是家庭全年肉食和烹饪油的主要来源),出栏周期短,能满足日常生活的饮食需要。虽然养猪是主要养畜生产,但因其成本、劳力投入大,因此家庭养猪业基本仅供自用,很难形成养殖产业。随着商业经济的发展,也有部分羌人开始带头搞养殖产业,据徐平的追踪调查,20世纪80年代末期的羌村粮食自给有余,并在政府建设和推动市场经济的政策下(价格调整、市场服务体系建设、饲养技术推广等),畜牧业收入逐年上升,到1989年,羌村牧业收入达8710元,商品率占比39%以上,远远高于农业[②]。牛是第二重要的牲畜,其主要作用并非食用或盈利,而是作为农耕畜力,这是羌人从游牧转向农耕的一个重要标志。前文在对"羌"作解字溯源时,就已经分析了古羌人是一个主牧羊的人群,因此,羊是古羌人早期最重要的生产生活对象,但是对于现代羌族来说,牧羊已退居其次,仅视为对他们一项

[①] 徐平:《羌村社会:一个古老民族的文化和变迁》,中国社会科学出版社1993年8月版,第21—22页。
[②] 同上书,第40页。

第三章 以"文化自觉"之眼看羌族文化的变迁、适应与认同

传统文化方式的沿袭。羌人对羊仍然存在着特殊的信仰和情感,在重要的节庆、庆典、仪式、祭祀的场合中,羊是必须献祭的象征物和文化符号,羊皮鼓、羊皮袄是羌族释比做法事、行仪式的必须装备。此外,除猪、牛、羊,羌人也畜养鸡、鸭、鹅、兔、蜂,是他们食用、礼物馈赠、补贴家用的重要途径。

"要得富,找门路",徐平引用羌村人的俗语生动地说明了羌族人在漫长的农业生产过程中受商品经济影响而形成的经济生产多样化模式。作为基本能解决温饱的小农经济生产,羌人社会生活中修房、婚嫁、子女教育、人情交往等所需要的大笔资金,仅靠单纯的农业收入是无法解决这些支出的。正如徐平所分析的那样,"要想过富裕日子,必须在农牧之外另找出路,但这条路似乎一直不太通畅,'找门路''找副业'的'找'字,说明了羌村人赚钱的不易"①。还有一个不容忽视的重要因素是农业生产的作息规律:除了2—3月春耕春播、5—6月抢收抢种、8—9月秋收是羌人一年中最忙的几个时段以外(而且每个时段主要集中在10天左右),实际上他们有大量的农闲时间和剩余的动劳力。因此,在农闲时节,羌族妇女在家操持农活和经营家庭,羌族男子则外出寻找挣钱的门路,等下一个农忙时节到来时,再返回村寨参与农活。这是羌人从游牧走向农耕,在具体的社会条件下,逐渐形成的社会生活模式。史书《后汉书·西南夷传》就有早期羌人入蜀为佣的"副业"记载:"土气多寒,在盛夏冰犹不释,故夷人入冬则避寒入蜀为佣,夏则违暑返其邑。"② 这也证明了羌人长期以来就有"找副业"的传统习惯。在徐平的调查中,被访村寨中60岁左右的男性老者中几乎都有过去成都邻近市、县打工的经历(背茶叶包、做短工等),还有部分羌族妇女也有外出做工的经历,他们用做工挣的钱补贴家用、购买日常生活用品或筹办家中大事(结婚、丧礼、修建新房等)。据调查统计,羌人的主要副业包括:当脚夫、熬硝、打短工、采挖药材然后出售、打猎、做生意。其中,1949年前,以脚夫、熬硝、打短工、出售药材等为主要副业,1949年后因为公路的修建和公社集体化,传统副业的形式有所改变,以集体出工伐木、挖矿等记工分的形式作为集体经济的重要补充。改革开放以后,劳动力剩余现象愈加突出,加之传统农业生产已经开始受到商品经济的影响,因此,"副业"在羌人生产生活中所具有的影响越来越大。另外一个重要原因,即因伐木所造成的生态破坏进一步恶化,各级政府通过政策法规控制了砍伐、贩卖林木的行为。因此,在内外环境和客观条件的限制、阻碍下,羌人在市场供需的自由调控下,开始利用当地自然资源,扩大林果业的发展,将当地盛产的苹果、花椒、樱桃、核桃等销往外地市场,成为家庭收入的重要现金来源。随着贸易市场的开拓,羌族社会与外界的联系愈加广泛和复杂,这也催生出更多的副业类型,如运输、商业、饮食等。

---

① 徐平:《羌村社会:一个古老民族的文化和变迁》,中国社会科学出版社1993年8月版,第33页。
② 范晔撰,李贤等注:《后汉书》(卷87),中华书局1965年版,第2858页。

多元文化视域下的文化认同研究——以四川羌族为例

从事这些副业的家庭收入都远远超过一般家庭,从而使副业超越基本生产形式的传统农业在羌人家庭的地位,而一跃成为家庭的主业和家庭收入重要来源。"林果业的崛起,预示着羌村人找钱形式的新变化,副业生产将逐步从出卖简单劳动,走向出售产品的商品经济生产。"①

接着,徐平又通过统计分析的手段对羌村的农牧副分别做了定量的研究。其结果显示:农业仍是羌族社会经济的基础,牧业为农业的重要补充,虽然副业对一般家庭收入来源的影响不大,但对于部分已经开始融入商品经济和商业化市场的家庭来说,它已经成为其重要的收入来源。这之中最为特殊的形式是进入主流社会谋得工作或职位的羌人的收入(工资及其他经济来源)对羌区经济生活的影响竟占到了整个收入来源的百分之十以上。由此可见,羌族社会在即将进入到商品化、市场化、信息化、科技化、全球化的新世纪之时,商品经济的崛起已经初见端倪。但是从整体上看,农业依然是羌人社会的生存基础,粮食、蔬菜是人们自给自足的基本生活保障,并为牲畜提供饲料;而养畜业则为人们的生活提供肉食来源并解决了农业肥料的问题;作为必不可少的补充,副业解决了家庭日常开销和重大家庭财政支出。这三者作为基本生产形式在羌族社会的经济中缺一不可,搭配补充,形成了多样化的经济生活模式,保证了羌人社会的正常运行。

在定量调查所获数据材料的基础上,徐平进行了进一步的分析总结②:

土地、劳力、门路是羌族社会运行的三个基本要素,具备土地、劳力两大要素可以保障人们的基本温饱,这是羌族社会处于以传统农业为主的发展阶段时的重要标志;而在这两个要素的基础上,如果还具备门路这一要素的话,就能成为羌村中的富裕家庭,而这是羌族社会由传统农业社会向商品经济社会转型的必要条件,门路的宽窄、多寡、准确或无效成为拉开羌人家庭贫富差距的关键。家庭劳力的强弱与家庭收入高低的关系则较为特殊,即土地的大小在中、低等家庭中与收入成正比,而在上等家庭中与收入成反比。总而言之,当一个社区以自然经济和传统农业生产为主时,土地作为基本生产资料的作用最为重要和核心。然而,一旦商品经济进入打破这种自然经济框架之后,人们就只有通过寻找"副业"的门路来平衡家庭经济收入和农业生产的失衡。但是因为商品经济的侵入和冲击所造成的新兴产业和职业的出现和分化,加之农业生产的低效益使得农业在羌族社会中的基础地位发生了动摇,这也影响到后来出现的大量羌族青年都积极通过各种途径(学业考试、外出打工、经商、外嫁等)离开他们认为贫穷落后的家乡而奔向心之向往的城市工作、生活,最终导致了许多村寨的空心化、老龄化,羌族社会的基本结构也随之发生了变化,出现了许多新的社会问题和对新的

---

① 徐平:《羌村社会:一个古老民族的文化和变迁》,中国社会科学出版社1993年8月版,第37页。
② 同上书,第42—48页。

第三章 以"文化自觉"之眼看羌族文化的变迁、适应与认同

文化不适应的现象。虽然此后有国家权力和政策的介入调整,但商品经济和现代社会各种观念的强势冲击下,羌族社会的农业发展依然无法停止衰退的趋势。由此出现的社会失衡问题、文化如何发挥调适功能进一步实现文化的再适应和社会的重新平衡等等内容我们将在下一节中继续讨论。

二、羌族社会的基本结构

羌人社会结构主要由血缘关系、地缘关系、行政关系构成一个纵横交错的社会关系网络:以父系血缘的单向联系为社会基础结构的核心,并通过母系血缘中的母舅来制约和平衡父系社会关系,地缘关系是血缘关系在空间上的投影同时又是行政关系界定的标准,行政关系则在地缘关系的基础上构建起更大范围的社会多维网络(村寨之间、村乡之间、乡县之间、地方与政府之间等),是国家从外部施与的强制力量。父系血缘关系连接起来的家庭—家门—亲房—族房,与地缘关系连接起来的邻里—村寨—大寨体系构筑起羌人社会的基础构架。在此之上,由母系血缘关系联结起来的内部母舅权威体系和来自外部强加的组、村、乡、县等自下而上的权力等级秩序的国家行政体系则构成了这一社会的控制系统,是保证社会良好运行的经络。下面根据对羌村社会结构的调查研究来具体梳理血缘、地缘、行政三个不同层次的社会关系。

(一)血缘关系及其家庭结构

以父系血缘关系为核心的血缘关系是羌族社会结构的基础,是联系整个社会关系的主线。父系血缘构成的家庭是羌人社会的基本单位,家庭成员依次外推三代的近亲构成"家门",再从"家门"外推五、六代是远亲关系的"亲房","亲房"之外则是关系最为疏远的"同姓族房"。由核心往外推及,形成了费孝通所提出的"乡土社会差序格局",是建立在自然经济基础之上最基础的羌村社会结构层次:"以父系血缘关系为主线系,由己及人的水波纹式结构贯穿整个社会,亲属亲戚关系构成这个社会的主要社会关系"。所有亲属、亲戚的关系中,家门最亲,亲房次之,族房最疏远。但是这种亲疏关系的房族的范围界限并不明确,而这种含糊的边界来源于作为父系家庭核心势力不同,"对于中心势力强的亲属关系,一直可以从家庭扩展到同姓的族房。对于大多数的家族来说,只能含含糊糊地扩展为房族(包括亲房,有可能包括族房的范围),带有很大的伸缩性"[①]。

在羌人社会结构中,由母系血缘关系所产生的亲戚关系也是不可忽视的重要组成部分。据《后汉书·西羌传》等文献记载,羌人原始游牧社会的部分部落社会结构以母系氏族为特征,在岷江上游地区定居的羌人也残留了母系氏族社会结构的部分特征,最为明显的就是母舅在家庭地位中的至高权威,对社会关系的运行起着平衡和监督作

---

① 徐平:《羌村社会:一个古老民族的文化和变迁》,中国社会科学出版社 1993 年 8 月版,第 71 页。

用。徐平在对羌村的调查中发现，羌村人在血缘关系上的一对较为矛盾的观念现象，即一方面他们试图淡化母系血缘关系而强调父系血缘关系对家庭—社会结构形成所起到的核心权威能力，但另一方面在婚姻制度上由秉承父系同姓不婚，母系"亲上加亲"的习惯，因此姑表婚成为羌人婚姻联结的主要形式。另外，对母系血缘关系"三代四代人不着"，但又有坚持舅权优先且威不可撼动。"天上的雷公，地上的母舅""大不过大母舅，亲不过小母舅"。"舅舅"是对母系血缘关系亲戚权威的一种称呼，"舅舅家的人"即可以是个人又可以是集团，舅权一般追溯到两代人，第一代是母亲的兄弟称"小母舅"，第二代是奶奶的兄弟，称"大母舅"，其中小母舅关系最亲也最有权威。舅权一般表现在对外甥的监护、抚养、管教、婚姻定夺等具有权力和义务。此外，其权威还表现在对家庭生活各个方面的监督与制约上面，小到家庭纠纷，大到盖房、分家、结婚、丧葬等都需要母舅出面解决、打理和安排。

王明珂也对羌人社会中的母舅制做过一番研究。他在田野考察基础上更为细致地分析了母舅所具有的社会功能，即大母舅更多地在仪式上显现其崇高地位，而小母舅则在世俗的家庭事务中扮演重要角色。因此，对于父权或家庭的主体性来说，母舅始终代表着一种来自家庭外部的制衡、干涉力量，"在家族或家庭中有兄弟叔侄紧张关系。因此在村寨里的每一家庭中，表面上是以父系家族为主，而事实上处处潜在另一制衡的、敌对的力量——这是经由外面嫁来的女子所带来的力量"①。

在羌族社会中，以血缘为核心，通过婚姻联结和养育关系形成的家庭结构类型总是在核心家庭——联合家庭——主干家庭再到新的核心家庭的模式中循环演化②。据统计，截至1989年底，羌村平均家庭的人口为5—6人，在4人到8人的区间变化，这个数值区间正好印证了羌村家庭结构模式的动态运行：家中孩子到适婚年龄时，无论娶媳还是招赘，都意味着核心家庭将面临向联合家庭的裂变与延伸，通过分家形成新的核心家庭，新旧核心家庭在血缘的基础上再形成联合家庭。但是，家中最小的儿子会作为家族血缘的"正根"继承父母的房屋和大部分财产并承担赡养父母的责任，俗称"守老屋"。在一些具体情况下，父母也有可能会被分配给两个孩子进行赡养，于是便形成了一个或多个主干家庭。

由此可见，其社会结构实质上已经属于小农社会的基本家庭结构，"小农经济制约了羌村的家庭规模，小块土地经营，有限的劳力需要，使小家庭更具有生命力"③。这与早期以游牧生活形态为主的古羌人社会结构相比，着实发生了巨大的变化。前文已经分析过，羌人早期游牧社会结构是一种"分裂性结构"形式：放牧期间，以家庭

---

① 王明珂：《羌在汉藏之间：川西羌族的历史人类学研究》，中华书局2008年版，第34页。
② 徐平：《羌村社会：一个古老民族的文化和变迁》，中国社会科学出版社1993年8月版，第74—79页。
③ 同上书，第77页。

第三章 以"文化自觉"之眼看羌族文化的变迁、适应与认同

为单位,一个社会群体可以随时分裂成数个牧团;在资源分享、抵御灾害、进行战争时,又可以迅速聚结成部落。如《后汉书》所记,西羌的祖先无弋爰剑的子孙在河湟地区采取的就是一套与游牧兼营农业生产生活相配套的"分裂—聚合"式社会结构。王明珂认为,在"分裂性结构"之上支撑羌人社会运行的是一套"平等自主"原则,从部落到各次级群体都自成一体、各自为政。但是,在以小农经济为基础的现代羌族社会,作为社会结构基本单位的家庭已经转变为稳定的"聚合式结构",即以服从家长权威为准则、以血缘亲疏为联结标准来保证家庭在"核心—联合—主干"的模式循环运行中分化、扩展但不致散裂,始终向最内的核心家庭凝聚,同时构成一种差序格局。核心、联合、主干这三种类型家庭的"家长"呈现出年龄段的差异,每一个家庭类型对应的年龄段中最年长者,且具有劳动能力的男性就是成为"家长",负责计划一年的生产生活、家庭成员的分工并掌握家中经济大权,统筹全家的消费、成员个人的用度,而且其子女只要不结婚、不分家就必须将自己挣得的钱交给家长来统筹安排[①]。

但在20世纪80年代向90年代过渡期间的羌族社会,由于商品经济逐渐侵入而产生的代际差异在文化教育、婚姻观念、经济意义、生活方式等方面愈加明显的差距也影响到这种"家长权威"式的家庭关系。年轻人更容易接受商品经济意识的影响,能更快地适应外来市场冲击对传统生产方式带来的变化,他们通过新的商品经济途径获得经济实力,与家长形成了对立,所以慢慢地不再如实向家长上交收入。挣钱的手段和经济的独立又让他们不再遵照家长的安排行事,而时髦的观念、流行时尚的文化也让他们更乐意穿新式服装、更喜欢消费和体验新的娱乐方式。家长的权威不断受到威胁,他们常常指责下一代不听管教、乱花钱、瞎折腾,而年轻人又抱怨家长不理解和支持自己,伴随着新的矛盾和冲突出现,现代羌族的家庭结构和运行也在发生着变化。

(二)地缘关系

邻里之间、村寨之间,构成羌村的地缘关系。但地缘关系与其说是经济上的联系,不如说是血缘关系的扩展和行政关系的界定,也是由中心向外层层波及的差序结构,如以父系血缘为主线,家门、亲房、族房以行政村为中心向周围各寨扩及,从母系血缘关系来看,嫁娶的范围狭小,主要根据母舅亲戚关系从行政村向周围各寨扩展,使羌村户与户之间不是亲属便是亲戚,彼此盘根错节地形成"竹根亲"的密切关系。血缘关系和地缘关系的重合反映出农业社会中血缘家族的扩张,通过姻亲关系和地缘关系延伸形成新的血缘关联,而重要事务(建房、婚礼、丧礼)的参与、小事(杀猪、修葺、打杂、农忙等)的协助、经济的互助,人情的往来,都是在血缘关系下面展开,

---

① 徐平:《羌村社会:一个古老民族的文化和变迁》,中国社会科学出版社1993年8月版,第80—82页。

同时在这些互帮互助的过程中也逐渐形成了地缘上的认同。徐平记录了羌村通过狮子会、龙灯会来强化以村为单位的地域认同的例子，如寨中某人犯错，以开除其在狮子会、龙灯会参与资格来象征被开除村籍，不准其吃水推磨，村寨中无人会为他帮工，此人必须向龙王爷、狮子神跪拜请罪，并罚献若干的酒、肉、油等才能豁免其罪。如若是寨与寨之间因草场、用水、地界等问题发生问题，则是通过在狮子会、龙灯会上的互访来解决矛盾、达成谅解。因此，在20世纪80年代以前的羌人社会，狮子会、龙灯会是明确村寨之间地域观念、强化地缘认同和社会整合的重要社会活动。但随着外来文化的影响和商品经济带来的新的价值认同，使得这样的活动慢慢失去了它们原有的功能并逐渐淡出了人们的视野。

（三）行政关系

从元朝开始至清末，中央王朝就对岷江上游地区的羌民进行了行政统治，民国时期以保甲制延续着中央政府对羌区的行政管理。中华人民共和国成立至今，在"多元一体格局"之下，羌族聚居区作为中华人民共和国行政区划的一部分，直接被纳入了政府的行政管理运行体系之中，因此行政关系成为羌族社会的第三种社会关系。而且随着国家的稳步发展，行政关系在羌寨社会中的影响力渗透逐渐深化，取代了原有的传统社会关系，通过实行农村改革和推动少数民族地区发展的一系列政策扶持，羌村社会的经济市场被催生、活化，商品经济意识和外来文化也逐渐被引进村寨并慢慢地改变这羌寨人民的生活方式、社会结构、意识思想、价值观等，代际冲突也有加剧的趋势，随之而来的则是一系列新的社会矛盾和问题，进而出现了文化不适的新现象。

三、羌人社会中的节日仪式与人生仪式

社会的发展过程往往以不同阶段的通过仪式为标志，来展现物质、行动、关系、事件、空间和各种社会关系和价值观念。因此，在特纳（Victor W.Turner）的仪式研究中，他强调仪式在社会变迁中的作用，他认为仪式不仅仅限于宗教仪式，实际上，仪式应该包括诸如节日、庆典、生辰、成人、婚礼、葬礼等人类各种人类活动，是"适合于与神秘物质或力量相关的信仰的特殊场合的、不运用技术程序的规定性正式行为"[①]，实践仪式的族群用仪式来调整内部的变化以适应外部的环境及其变化。接下来，将运用特纳的仪式理论来对羌人社会中的重要仪式活动进行具体的分析，从而理解羌人如何通过举行各种仪式来完成文化的适应与身份认同。

[①] [英]维克多·特纳：《象征之林：恩登布人仪式散论》，赵玉燕、欧阳敏、徐洪峰译，商务印书馆2006年版，第19页。

第三章 以"文化自觉"之眼看羌族文化的变迁、适应与认同

(一) 以农业生产为中心的节日仪庆系统

农业生产是羌人生活的中心,他们的社会时间都以农历为基本坐标,一年中所有的活动、生产和日常劳作都围绕农业生产形成的时间框架进行。从正月开始为春耕做准备到冬月收获庄稼、储存粮草,最后在腊月杀猪、迎婚嫁娶、庆新年,构成一个完整的社会生活时间周期。因此,羌人一年中的系列节日仪庆活动也是围绕农业生产生活而逐渐形成的。从腊月三十祭祖过年、三月清明节、五月端午节到八月中秋节,以及每逢2、6、9月19号的"观音会",这些明显是受汉族节日风俗的影响,延续了农业文化的节日传统。但是,还有一些节日仪庆活动,如立春的"迎春典礼"(释比"打太平保护")、三四月春播时节和八月丰收时节的青苗会("山神会")、六月二十四的川主会、十月初一的羌历年等则是羌人独具特色的文化风俗节日,是羌人神灵系统和信仰与农业生产规律相结合逐渐衍生出来的。

1. 社会结构网络中的节日系统

一般来说,羌人社会结构网络中的各个村寨就是一个完整独立的文化空间单元,他们以农业生产为中心形成了一套节日系统,并将神灵信仰作为节日文化的精神核心。在各个羌寨中,完整的神灵系统与特定的节日仪庆紧密相连,而在具体的仪式活动中又必然包括相对应的神灵的祭祀,节日仪式与神灵祭祀仪式相连接,在村寨中以集体性的形式完成实践,深刻地影响着每一个人,塑造、指导并纠正着他们的言行与关系,进而构建出一个独特、完整的文化逻辑空间。

例如,每年除夕、清明、七月半等节日,不仅要祭祀羌人系统主要神灵和家神,还要祭祀当地信仰的神,如在休溪寨,以休溪坡的两棵大柏树为恶神象征,在节日时全寨集体举行柏树神祭拜仪式,以驱灾辟邪①。按照特纳的仪式理论的分析来看,羌族神灵系统中有善与恶、神圣性与世俗性的分类,他们所祭祀的不一定都是善的、崇高的神灵,而是受现实场域的影响,也有可能选择恶神进行祭拜。因此,在休溪寨,以柏树作为恶神的象征符号和角色模式,通过祭祀仪式表达了社会结构中的各种冲突、矛盾、纠纷、灾难,而要解决这一切,也只有在节日特定的权力场域中,通过祭祀仪式,将各种对立冲突在仪式化的过程中消解、转化,从而保证社会体系的团结和延续。

可见,在羌人的这类宗教祭祀仪式中,神灵作为文化的象征符号,在各种仪式中被不断塑造和反复强化,形成了村寨人们共享的一套文化内涵体系,与此同时,羌文化的丰富内涵也通过这些象征符号在反复的祭祀仪式实践中得以传承,约定俗成的乡规寨约、道德标准、行事准则等都透过神灵信仰中的各种仪式活动和相关神话传说不断强化,潜移默化地渗入人心,指导、约束着人的一言一行,可以说,这种不成文的

---

① 高梧、尧一三:《羌人的神灵信仰与羌寨的社区生活——以休溪寨为例》,《绵阳师范学院学报》,2014年第12期。

规范制度对人心灵的约束远比文字法典更具约束力。

2. 节日活动与仪式

从社区空间的构建来看,凝聚与和谐是建构社区的要素。神灵信仰的共同祭祀提供了凝聚与和谐的资源,休溪寨的集体祭祀活动成为公共性的载体和运作领域。在共同的祭祀活动中,人与人进行沟通与交流,并形成大众舆论,由这种对世俗事务的讨论建构起了休溪寨子的公共领域。

特纳运用仪式场域理论分析了在以仪式场域中个人和群体的目标追寻与风俗习惯的维护与遵守,认为二者并不冲突。在仪式过程中,如果个人和群体的利益目标没有按照仪式结构的规定实现,那么仪式的这个结构框架就不能再被人们当作安全措施和社会交往的标准,一旦维持和表达重要"结构性"的风俗习惯不再得到履行时,社会就会导致不安全感和不稳定感。特纳认为,这是因为"一个社会本质上是一个纠正性和调整性行动的完整等级体系,其中每一个更具有包含力的行动更正或弥补在此等级体系中处于其下的偏离或者违背行为。这个等级体系中从来没有发生如彻底地纠正偏离或者完全地恢复所违背之原则这类事。一方面是生物心理学的需要和冲动,另一方面是外在的社会文化刺激,确保了每个社会会不断受到干扰,但是组成一个社会的行动是由风俗模制的,模型仅仅出现在纠正和调试情境里"①。以此来反观羌人的这类神灵祭祀仪式,才能明白个人的言行规范与目标、心愿与价值如何在集体性的仪式活动中得到展现和实现。而且在神灵祭祀仪式中,人们还获得了心灵安慰,这种受神眷顾或是凭借仪式驱除恶神侵扰的精神慰藉是羌人战胜自然、社会和人生困境的信念支撑。因此,借由仪式结构中的意义体系,羌人在个人的言行和集体的活动中塑造出文化生活空间并构建出社区共同体的集体意识。

每年农历的二月二十一日是羌人的"清明会",村寨中的羌民以家族为单位前往坟园清扫坟墓、祭祀祖先,然后参加祭祀仪式的人再共享献祭使用过的供品,如香肠、瘦肉、猪膘、酒水等,俗称为"打平伙",饭后各自归家散去,祭祖仪式结束。通过这样的仪式,文化空间内的人群的血脉根基再次得到巩固,彼此的凝聚和认同得到加强。

"转山会"是羌人最为重要的节日之一,在每年农历二月"上九日"(这在当地人的时间观念里是属狗或属猪的日子)都会举行盛大的祭山神仪式。村寨全体成员参加这一仪式活动:首先由前一年抽签决定的两家人提供两头黄牛,一头祭献山神,另一头供全寨村民享用。接下来的仪式过程包括:洁净(祭祀用的牛)、"息咕"念经、牵牛"转山"、与牛摔跤、宰杀牛、分食牛肉和歌舞、射击等活动(为期三天)等,

---

① [英]维克多·特纳:《象征之林:恩登布人仪式散论》,赵玉燕、欧阳敏、徐洪峰译,商务印书馆2006年版,第277页。

第三章 以"文化自觉"之眼看羌族文化的变迁、适应与认同

最后通过丢骰子决定下一年提供祭祀用牛的两个家庭。

另外,"观音会"是受汉人文化影响,在羌寨中影响较深的一个节日,分别在每年的2、6、9月的19日举行,参与仪式的均为寨中60岁以上的妇女,她们以"观音弟子"的身份前往观音庙,向观音转达人们的愿望,并大声说出请求,祈福观音能保佑家人,尤其是小孩子的平安。整个祭祀仪式持续三天,结束后,参与祭祀仪式的妇女们要吃"转转饭",每年一家进行轮换。这两个节日的仪式活动也是集体性的,全寨子的人都要参加,而且分工都按惯例进行,没有专门的事务性机构进行管理,也没有权威人士负责召集,都是全寨子人主动、自愿地积极参加,在这些公共活动中,能为大家尽心办事的人会得到大家的尊重,逐步赢得较高的社会地位。

那么,该如何来看待以上这几类集体性的仪式活动呢?

羌人的村寨不同于汉人的村落。前文已经分析过,从地理空间来看,羌人生活在高山峡谷之中,环境相对封闭、资源相对匮乏,而羌寨多坐落在河谷高台或高海拔的半山腰上,因此同一条沟的村寨共享血缘、空间与资源,但以沟为区隔界线,不同沟的村寨之间却存在紧张的空间与资源竞争。从同一村寨的不同家族、同一条沟中的不同村寨再到同一乡镇的不同沟,由此推演而分级形成越来越疏远的血缘关系和距离越来越远的生活空间,那么在资源的竞争与分享关系上也会逐级疏远,相反,敌意与紧张的关系却会逐级加深。从历史的层面来看,村寨之间常有暴力争斗,长年累积的纷争、械斗与积怨形成了村寨之间的区分与隔阂。另外,同一寨中的羌人虽然采取集体居住的方式,但劳动方式却基本上形成了以个体劳动为主的模式,因此比邻而居的每户村民在生活中难免会有矛盾、纠纷发生。一旦村寨中或村寨之间出现纠纷或争夺,羌人社会中是没有像汉人村落中的家族族长或像藏区的宗教人物主持矛盾调解的,而只能依靠集体活动来凝聚彼此的认同或强调彼此区分的界线,在集体性仪式的场域中通过沟通、商议、协调来化解、消除矛盾冲突。特纳在其仪式理论中也对仪式集体性的性质和功能做了深入的阐述,他借鉴了卢因的观点,即"对群体生活进行分析的一个基本工具是把这个群体和它的背景作为'社会场域'来表述",因此,无论是转山会上的仪式,还是观音会上妇女群体的仪式,在各自相对应的场域中,一方面是由仪式的一般信仰和实践组成,另一方面由它特定的社会背景组成,由于"社会是一种进程,一种永远也达不到完美的调适进程……社会这个过程的一个基本特征是其各构成原则之间的不一致。由这些不一致所激发的个体之间以及群体之间的冲突持续地产生出矫正和调适行动,这些行动的等级涵括了人类的社会生活"①,因此,在仪式的场域中,通过受空间坐标和社会组织传统原则形塑的集体性仪式化活动实践,来纠正、调适、

---

① [英]维克多·特纳:《象征之林:恩登布人仪式散论》,赵玉燕、欧阳敏、徐洪峰译,商务印书馆2006年版,第277页。

平衡在社会进程中出现的行为失范、个体或群体冲突以及社会关系失衡等。而且，在羌人村寨的集体仪式活动中，全寨成员参与，依凭习俗惯例来决定村寨中这一年将要处理的诸多重要事务，如晚辈的道德教育问题、家庭矛盾的调解、子女的婚事商议等等，以建立起同一文化空间下的社会秩序，在这一秩序之上引导羌人发挥自己的自主性，激励彼此的信任和协同合作，从而达到守望相助、和谐有序。

此外，在这些集体性的仪式活动中，依靠文化传习形成了羌人共享的文化空间，个人在其中通过文化展演获得身份的认同和彼此认同的凝聚。例如，在观音会上妇女们穿上自己缝制的服饰，以向众人展示自己的刺绣技艺，而获得称赞的妇女不仅会获得心理层面的满足，而且在现实层面上，她还会成为群体学习的榜样。在转山会等其他集体性仪式上，人们通过交换、分享自酿的咂酒和自制的腊肉、豆制品、面食等，以展示和比较各家的酿酒技艺和厨艺，而男子还通过摔跤、射击等活动展示自己的力量与智慧。最后，男女一起唱歌跳沙朗，将羌人的文化精神贯穿在歌舞仪式中。这些展示性的活动构建起各个羌寨的文化空间单元，且仪式的反复实践不断强调着羌文化的价值与意义，从而使同一羌寨社区的成员的认同与凝聚得到强化。

（二）贯穿羌人一生的礼仪——不同人生阶段的通过仪式

羌人一生需要经历多个不同生命阶段的通过仪式：从出生仪式"满月酒"、成人仪式"订婚—结婚"、自立门户的独立仪式"建房"、老年仪式"做生"到死亡仪式"丧葬"，最后是向世俗世界作永别的"新清明"仪式[①]，在此不再一一赘述，接下来主要是对这些仪式做具体分析。

孩子的诞生预示着社会新成员的添加，待新生儿满月后，由父母举办"满月酒"仪式，邀请长辈、舅舅和近亲好友参加，通过一系列仪式活动以获得家族承认，正式将孩子接纳为家庭成员。如果孩子四五岁时，经过出水痘还能继续健康成长的话，在山神会（八月初一）上，其父母就会请释比或村中最德高望重的老人为其举行仪式，在脖子上栓五色线，象征村寨对孩子的正式接纳，进而完成由家庭到社会的承认。但是随着社会的变迁，山神会逐渐消失，尤其是医疗条件的改善提高大大降低了孩子的死亡率，这种仪式传统也随之发生了一些变化。除保留满月酒的习俗外，家长必须向政府申报孩子的户口，7岁后进入小学接受义务教育，并由教师为其取一个正式学名。通过这样一种新的生命通过仪式，赋予孩子在社会上一个合法的身份。

开始进入青春期一直到16岁，这是羌人漫长的成人阶段阈限期，"订婚"意味着开始成熟，"结婚"则是正式成人的仪式象征，因此取得订婚和结婚的资格，是羌人社会认可一个人是否成熟的标志。在过去，孩子一进入青春期就会由家长出面，为

---

① 徐平：《羌村社会：一个古老民族的文化和变迁》，中国社会科学出版社1993年8月版，第135—172页。

第三章 以"文化自觉"之眼看羌族文化的变迁、适应与认同

其挑选婚配对象、安排订婚,然后在16岁左右正式结婚。徐平在对羌村进行调查时发现,虽然早婚习惯已被社会的变迁所打破,但由双方父母出面达成订婚的习惯仍旧保持,即使青年男女已有自己的心仪对象,也需通过家长出面,完成做媒、订婚的仪式才能进行下一步的婚礼仪式,否则不仅得不到家族和村寨众人的承认,而且还会背负社会舆论压力[①]。因为,对于这一阶段的生命通过仪式来说,它是巩固原有社会关系或形成新的社会关系的连接的关键,同时它赋予完成这一仪式的年轻一代的羌人以新的社会身份和责任,即作为"成人",他们在家庭中将要开始担当生产生活的主要角色和家庭的支柱,承担赋予儿女、赡养老人的责任。因此,羌人对"订婚—结婚"的生命仪式格外慎重。

首先,男方的求婚和女方的接受都要通过家庭内部的商议,并以各种途径互相试探,待双方达成一致的意见后,才会进行正式的求婚,而通过订婚确立下来的关系,不可轻易拒绝或悔改。因为其社会关系需要通过联姻来加强,如果这一仪式不被严格谨慎地遵守,就会造成双方关系的断裂,甚至结下宿怨。"比之个人幸福来说,更重要是家族间的关系"[②]。

在订婚仪式之后是"花夜典礼",这一仪式在婚配双方各自的家庭中举行,但都必须由各自的母舅出面完成:女方将要离开原来的家庭和家族进入到新的家庭和家族中,其身份也由女儿的身份转换为妻子的身份,因此其父母代表家庭、母舅代表家族将她送出家门。而对于男方来说,他将由儿子的身份转换为丈夫的角色,舅舅会为其升冠挂红,象征他已成为一个真正的男子汉,而不再是一个可以任性胡闹、被父母庇护的男孩子了。

"正圆典礼"和"拜新年"是这一阶段仪式的最后两个环节,通过"上报祖宗神灵,下由新属亲戚挂红,以及男女双双拜望所有亲戚亲属来完成"[③],自此一对新夫妻被羌人社会中正式确认接纳。

不过,在20世纪90年代以后,随着商品经济的进一步发展,教育的进一步普及和提高,以及青年一代羌人更多地离开村寨,到城市读书、发展、就业,新的社会观念和婚姻习俗对羌人社会中传统的成人仪式造成了巨大的冲击和威胁。

羌人结婚以后并不意味着马上就会分裂出一个新的核心家庭,而是要经过两三年的阈限期,然后完成建新房的仪式之后,才能自立门户,形成新的核心家庭。"建房仪式"是羌人生命历程中的家庭独立仪式,旧的核心家庭由此分裂为两个及以上新的核心家庭,从而实现羌人社会结构由核心家庭向联合家庭的裂变和延伸。在修建新房

---

① 徐平:《羌村社会:一个古老民族的文化和变迁》,中国社会科学出版社1993年8月版,第137页。
② 同上书,第146页。
③ 同上书,第147页。

的仪式过程中，有几个重要的角色参与：首先是父母，他们要帮助新婚夫妻修建新房，算是履行对子女最后的抚养义务；然后是释比，在新屋即将完工的尾期，要派专人请释比帮助测算举行"上梁"仪式的吉日，并确定大门的开向和神龛安放位置等重要细节；舅舅在整个建房仪式过程中充当着重要角色，在"上梁"仪式中，他作为权威形象代表，通过丢"梁包子"赋予外甥新房主人的身份，并将财富运气等送给新房的主人，在新房正式落成之后，他还要代表长辈近亲为新房及其主人送上祝福并为整个建房仪式做出结论。另外，建房的木匠也是这一仪式过程中不可缺少的角色，在上梁仪式中，新房主人的舅舅会将意喻财富运气的钱银、茶叶、大米等用纸包好，请木匠在主梁上凿孔将其放入，然后还要委托木匠主持接下来的上梁仪式，为新房送上贺词。新房落成以后，还需要宴请众人吃饭，向社会宣布一个新"门户"的产生，同时，通过众人送房主人"礼信"的礼物互惠的方式，接受社会的祝福从而得到社会的承认。

在《后汉书·西羌传》中，范晔对处于游牧生活形态的西羌人的家庭结构、家族制度、风俗习惯做过一些记录，"其俗氏族无定，或以父名母姓为种号。十二世后，相与婚姻，父没则妻后母，兄亡则纳釐嫂，故国无鳏寡，种类繁炽。不立君臣，无相长一，强则分种为酋豪，弱则为人附落，更相抄暴，以力为雄。杀人偿死，无它禁令……"[①]。还有一些地方文献，如《龙安府志》记录了岷江上游较早时期的羌人的丧葬习俗特点为"番人死丧无孝"[②]。通过这些历史文献的零星记载，可以发现过着游牧生活的古羌人和从游牧向农业定居转型的早期岷江流域的羌人是没有一套孝悌伦理道德观念来规训日常行为的。但是，随着农业定居生活的稳定和汉人文化习俗的不断影响，"孝道"成为羌人社会最基础的道德伦理标准。《羌村社会》对此做出了这样的描述："羌村是敬老的社会，牢记老人毕生的辛劳和尊重赡养老人，是下一辈必须尽的义务，社会用'孝道'来约束每一个人。在过去，羌村每家要在大年正月初八、初九请春酒，宴请长辈和寨中老人。有钱人还要在坟墓上画上十二孝图。谴责一个人不孝，将是十分严重的指责，这个人会受到极大的社会压力。"[③]因此，一旦老人到了六十花甲，他/她就要面临人生中至关重要的一个生命通过仪式——"做生"。对于整个家族来说，为老人"做生"是必须认真对待、隆重举行的一个仪式，家门房族和大小母舅，直系后代和侄儿、侄女必须按约定的时间聚齐，为老人送礼祝寿，以彰显家族的孝道榜样。此外，"做生"也具有祈寿免灾的功能。羌人认为，为老人"做生"可为其添福添寿，免去三灾六难。因此，如果老人体弱多病，可以提前"做生"或多次"做生"，而且，前来参加"做生"仪式的亲人和客人越多，放的火炮越多，就能有效地冲走秽气。这

[①] 范晔撰、李贤等注：《后汉书》卷87，中华书局1965年版，第2869页。
[②] 李绍明、冉光荣、周锡银：《羌族史》，四川人民出版社1985年版，第14页。
[③] 徐平：《羌村社会：一个古老民族的文化和变迁》，中国社会科学出版社1993年8月版，第152页。

第三章 以"文化自觉"之眼看羌族文化的变迁、适应与认同

一仪式持续两天,第一天为"拜寿",第二天为"拜生",待仪式完毕后,老人就正式宣告退出社会和家族中的角色扮演,结束主持家庭事务权力和抚育子孙的责任,并将家庭管理的权利移交给下一代。而对于儿女子孙来说,他们将要承担起赡养老人的义务。

与"做生"相关的还有"割寿材"的仪式,常常与"做生"一并完成,为老人下一阶段的生命通过仪式提前做好准备。

一个完整的生命周期,从诞生被接纳为社会一员为起点,以生命结束为终点。因此,对于羌人来说,死亡不仅是生命的终结,也是家庭和社会结构中成员的重大变动,对家庭和社会都会产生影响。"丧礼"作为生命终结的仪式,一方面表达了羌人的死亡的态度与观点,另一方面也达到整合社会的现实功能。比如,在"丧礼"过程中,母舅扮演着重要的仪式功能角色:首先,大小母舅代表家族权威检验死者是否属于正常死亡;接下来,他们要主持丧葬仪式,对死者的一生进行总结和评价,并对死者的子女家属进行抚慰,表彰其孝道。此外,死者的亲属则要按照释比测算的日子召集家族成员,并邀请村寨中德高望重、懂规矩的老人来共同商议"丧葬"仪式的具体事物和程序细节等,通过这种集体性的活动达到社会整合的目的。

丧葬的具体方式在从游牧到农耕定居的变迁中也发生了很多变化。古羌人盛行火葬,大概近两三百年前受汉人丧葬风俗影响改为了土葬,"番人死丧无孝,但穿破衣,埋葬无棺椁。死者亲子负尸往穴地,盘其足,坐入生时,用土石掩覆安埋"①。除此之外,羌人丧葬仪式的其他方面也多已从汉人习俗,尤其是孝道思想在整个仪式中的标榜和宣扬,检验、督促和勉励这社会中每一位成员要将赡养老人的责任贯穿始终。

羌人的"丧葬"仪式只是标志着一个人生理意义上的终结,但他/她对世俗世界的影响仍然持续着。以死者去世后的第一年作为阈限期,在第二年的清明节前夕,家人将为死者准备最后的仪式——"新清明"——向家人和世俗世界做永别,"标志着死者社会意义上的死亡,从此这个人的社会影响渐渐消失,将理所当然地被人们所逐渐忘记……一个羌人真正的人生终点,也是社会对去世者的永别礼仪"②。参加这一仪式的成员包括死者的家门房族、儿女晚辈、大小母舅、亲戚邻居和生前朋友,他们为死者举行最后一次集体性的盛大仪式,以纪念死者。从此往后,只有家人子孙会在每年腊月三十、清明上坟祭拜,经过四代以后,死者通常就已抽象化为血亲家人"祖宗"的形象。

综上所述,在羌人的社会中,他们以一套完整的人生通过仪式来界定个人所处的不同人生阶段,以及在不同阶段所应扮演的角色和承担的责任与义务等,更是借由不

---

① 李绍明、冉光荣、周锡银《羌族史》,四川人民出版社1985年版,第14页。
② 徐平:《羌村社会:一个古老民族的文化和变迁》,中国社会科学出版社1993年8月版,第168页。

同阶段的仪式规训人们遵从社会从属关系中的各类规范,从而使社会结构关系在矛盾和冲突中得以保持稳定;完成了仪式也就意味着其社会地位的转变,因此,人们也是凭借"仪式"的实践来解决自己在社会场域中与环境、与他人发生各种的冲突和矛盾,从而达到调整、整合社会结构中的个体之间的关系和力量的目的,进而保证他们的社会能够稳定地发展下去。正如徐平在对羌村社会的节俗、礼仪进行调查研究所作出的总结:"人们在各种礼仪中学会正确的做人模式,掌握传统文化,通过程序化行为,更好地认同和加入这个社会",羌人的社会"经历了巨大的社会变迁,传统的'程序'遭到一定程度的破坏和改变,近几年商品经济的兴起,更从根基上破坏着传统文化体系。但是,任何社会都不可能没有礼仪,所有的冲击只能改变礼仪,而不能取消礼仪。人类社会的存在,在某种意义上,正是依赖于礼仪的制度化,来整合完成的。礼仪给予个人以社会公认的活动模式,让个人通过这些模式将行为规范化,从而使个人纳入社会的大运行系统中。"[①]

四、羌人的精神世界与释比文化

(一)羌人的精神世界:多神信仰、祖先崇拜与白石崇拜

羌人的精神世界是以二元分类作为他们认知体系的基础,在此之上建立起一套认识和理解世界的基本方法、知识系统、思想观念体系:[②]

首先是从日常生活中对事物和现象归纳、演绎出的基本分类概念、分类方法和逻辑,如好与坏、男与女、天与地等等。然后在分类和概念的基础上逐渐建构起一套完整的社会伦理观念,如男女有别、尊卑贵贱、内亲外疏等等。同时,也形成了鲜明的对称审美观,追求对称和谐所产生的稳定平衡之感,表现在日常生活中,如羌人建房强调左右、南北、东西对称,刺绣服饰追求构图对称,色彩对比鲜明。随着从二元分类到分层的不断深化,当基础概念上升到阴阳、虚实等抽象概念时,就形成了羌人的基本思维模式和命运观念,这鲜明集中地表现在他们的宗教思想上,具有现实世界和虚幻世界的对立。如从天帝阿爸木比塔到家中各种神灵,对应着现实世界中的层层官僚或家庭辈分层体系,并将人的思想与情感类推到世界万物皆具"人格",而且现实世界的行为会影响死后在阴间的生活和来世的轮回转世。由此可见,羌人的宗教思想观念既有本民族内生的朴素的神鬼观念,又明显深受道教、佛教和喇嘛教等外来宗教思想,反映出在社会历史的变迁中,羌人文化与汉、藏等外来文化相遇并逐渐形成了文化的交融、创变,而处在这一社会结构中的羌人也随之主动或被动地受到了潜移默化的文化模塑,形成了独特的精神世界观。

---

① 徐平:《羌村社会:一个古老民族的文化和变迁》,中国社会科学出版社1993年8月版,第135页。
② 同上书,第174—179页。

第三章 以"文化自觉"之眼看羌族文化的变迁、适应与认同

虽然徐平对羌人精神世界和宗教信仰做了一些基本特征的总结，但在近十几年的羌文化研究中，学者们又有了更为深入的认识、更为丰富的阐释和解读。

李祥林以《羌族释比经典》中的释比戏、禁忌、神话等为研究对象，从生态人类学的角度分析了羌民在适应严峻的生存环境过程中所反映出的人与自然的关系、立场、观点、价值观，并进一步提出，在羌族民间所形成的种种信仰、习俗等"小传统"中蕴含着人与自然和谐相处、善待自然的积极生态意识①。例如，在对释比戏《木姐珠剪纸救百兽》②的分析中，李祥林认为，这一出释比戏反映了"羌人对待自然万物的态度。羌民相信，山林中的飞禽走兽都归山神看管，他不允许人类肆意猎杀野物"③。虽然打猎是川西北羌人生产生活的一部分，但"黑山"这种有违生态原则的捕猎方式对于羌人来说是一种"禁忌"，而禁忌的民俗传统，在小传统中起着一种"无形法律"的作用，限制了人们对自然无度索取的种种破坏行为的发生。在《羌族释比经典》中专门有"禁忌篇"记录了羌人生产中的禁忌，如"惊蛰之日禁上山／这天正值鸟交配""平常出门在劳动／禁忌砍伐神树林"④，要求人们守护自然资源并遵循万物的生长规律，禁止人为的干扰破坏。此外，在举行祭拜神树林仪式时，释比要带领羌民唱颂《神树林》，以告知众人神树林是神圣之地，"松树神""杉树神""柏树神"等神灵居于其中，因此神树林也是禁忌之地，人们不得随意进入："一忌去神林割草，二忌去神林拾柴火，三忌去神林采石，四忌去神林放牧，五忌去神林采药，六忌去神林狩猎，七忌去神林喧闹，八忌去神林乱踩踏，九忌去神林滥砍树，十忌去神林窥视。"⑤若触犯这十忌中任意一条，将受到天神或释比的诅咒和惩罚。

李祥林又用羌族释比唱经《苦涅巴》来对此作了进一步阐释，"天地之间生万物，万物种种均有灵""水源来处是水神／山岩之中是山神／森林之中大树神／草坪之中草坪神"⑥，即这一现象背后最本质、最核心的是羌人"万物有灵"的宗教思想，他认为，对于羌人来说，在与自己生产生活息息相关的大自然中，处处都有神灵、万物皆有灵，因此，对神灵敬畏的信仰，其表征就是对自然的敬畏。

而这种对自然的敬畏进一步延伸至对社会结构单位"家庭"的关系处理上，即通过"铁三脚"信仰——主屋火塘放置的三脚铁架靠近神龛，铁架的三脚分别代表火神、

---

① 李祥林：《从民间信仰看川西北尔玛人的生态意识》，《民俗研究》，2015年第6期。
② 由羌族作家叶星光根据他在20世纪80年代前期从蒲溪奎寨搜集采录的神话传说编写而成，讲述了铜羊寨头人木勺金保欲设"百獐席"为自己庆寿，派打山娃子坑耿山保欲用"黑山"法术猎杀山林间百兽，当天王木比塔的三女儿木姐珠得知此事之后，便施神力用纸剪的动物以假乱真，拯救了百兽。
③ 李祥林：《从民间信仰看川西北尔玛人的生态意识》，《民俗研究》，2015年第6期。
④ 四川省少数民族古籍整理办公室主编：《羌族释比经典》，四川民族出版社2008年版，第1102页。
⑤ 同上书，第2228—2229页。
⑥ 同上书，第636页。

多元文化视域下的文化认同研究——以四川羌族为例

祖先神和媳妇神，象征着神、祖先与大小母舅共同治理和守护一个家庭。也就是说，"铁三脚"信仰体现出母舅与父系家族在家庭管理与成员关系平衡上所具有的制约力量[①]。

《羌戈大战》被羌人尤其是本土羌人学者和文化精英视作羌文化的经典，他们通过在历史与神话杂糅的史诗叙述中去搜索、解读古羌人迁徙的历史信息，去追溯羌人独特风俗习惯和精神信仰的源头。例如，《一种特殊类型的英雄史诗——试论羌族史诗〈羌戈大战〉》一文中，作者认为《羌戈大战》"与原始宗教的关系极为紧密：史诗的形成和发展与原始宗教有关；史诗的情节内容与原始宗教观念杂糅"[②]。邓宏烈、吴音萃两位学者在这一观点基础上更进一步，他们将《羌戈大战》与羌族另一个神话故事《木姐珠和斗安珠》结合起来进行阐释，提出了"一体三面"的羌人信仰观系统：天神与祖先神合二为一的神灵信仰观，以白石崇拜为表征的多神信仰观，敬天尊祖的祖先崇拜信仰观[③]。《羌戈大战》虽然有不同版本，但主要线索都是讲古羌人在迁徙至岷江上游河谷时，先后与魔兵、戈基人发生战争，在天神阿巴白构和木姐珠帮助下用白石战胜了戈基人，最终成为这一地带的居住者。而《木姐珠和斗安珠》作为羌族人民的创世神话史诗则主要讲述了羌人的祖先天神的女儿木姐珠与地上凡人斗安珠相爱结合，繁衍羌人群体的系列故事。因此阿巴白构和木姐珠既是守护羌人的天神又是他们的祖先神，为了表达对天神的崇奉和感恩之情，并永远为之祭拜，因此羌人便以白石为神灵的象征，将其供奉在房顶上，"白石神"被羌人祭祀和崇拜的文化传统便逐渐确立了下来。此外，在羌人万物有灵思想的影响下，白石也是众多神灵的表征符号，因而以白石崇拜为表征的多神信仰便成为羌人精神信仰的重要特征之一。

《羌戈大战》主要讲述的是古羌人由北南迁的历史，当他们在岷江上游定居下来，逐渐由游牧生产向农业兼营畜牧的生产形态转变的过程中，又形成了更为丰富的地方民间神话传说，而这些神话传说反映的是羌人的信仰结构随着他们的生产方式和社会结构的变化也由信奉天神扩及到山神、寨神、家神等多神信仰。例如，在树林神的传说中，它掌管山林植物动物的生长繁殖和人的福祸灾病，因此羌民要用羊与祭礼来供奉它。树林神还托梦给羌人，告之他们应当供奉诸神及其地位：在房顶上敬白石是代表天神，在屋内墙上的神座内立一白石代表地神，在火塘后面立一白石代表火神，祭祀时须燃柏枝，并在天神后面立一根杉木。这一传说"解释了白石可以代表各种类型神的缘由，白石神信仰体系逐渐扩大，表明羌族由单一的天神信仰发展为多神信仰，

---

① 王明珂《羌在汉藏之间：川西羌族的历史人类学研究》，中华书局2008年版，第34页。
② 李子贤：《一种特殊类型的英雄史诗——试论羌族史诗〈羌戈大战〉》，《民族文学研究》，1985年第2期。
③ 邓宏烈，吴音萃《民族迁徙历史图景与宗教信仰的文化解读——以羌族神话史诗〈羌戈大战〉为例》，《宗教学研究》，2017年第2期。

第三章　以"文化自觉"之眼看羌族文化的变迁、适应与认同

它反映了羌族信仰世界中对神崇拜的一种特殊态度"①。

天神信仰与祖先崇拜合二为一标志着羌族信仰结构的变化，而天神祖先崇拜也逐渐扩展到对英雄祖先的崇拜，从而使得祖先崇拜的地位在羌人信仰观念系统中愈加突出地显现出来，最具代表性的是将大禹视为羌人的英雄祖先。随着羌人农业定居生活的稳定，与汉、藏等外族的冲突、战争时有发生。与此同时，相互的日常交往也不断加深，进而在文化、经济、生活等方面形成了融合与变迁，并导致其祖先崇拜的内容趋于复杂化。例如，背石塞雁门的周仓被羌民奉为祖先神，在汶川龙溪的传说中周仓被关羽欺骗，体现出羌汉之间的紧张关系；在北路羌族流传的传说中周仓被观音欺骗，而到了黑水藏族那边，周仓却成了当地的"格萨尔王"——这体现出汉、藏、羌三者之间文化的相互融合与影响②。除了祖先神、英雄祖先之外，诸如建筑房屋神、石匠神、铁匠神、战争指示神等等，凡是对推动社会发展做出贡献的或有功于人民者，羌人都将之视为"神"或英雄祖先而予以崇拜。例如，羌人们将治水英雄李冰父子尊奉为祖先神，建川主寺纪念之；在汶川布瓦、克枯等寨子流传着龙山太子的传说，羌人在龙山顶上筑"太子坟"尊奉其为自己的英雄祖先；在茂县黑虎寨的羌人皆有头包白帕、穿白衣的传统，是为纪念寨子的英雄祖先"黑虎将军"。

王明珂在对羌族的研究中，运用族群认同与区分的理论对羌寨神灵信仰做了新的阐释，他认为，在羌人社会里，各个村寨通过对不同空间范围的守护神的供奉形成由近及远的资源共享和人群区分体系。例如，根据对埃期村寨的神灵信仰的调查，他对村寨的守护神进行了细致的分析并总结道："'龙头寺'庙会（藏传佛教）凝聚所有小姓沟中的羌族藏族村寨民众。'雪宝顶'菩萨（藏传佛教与山神的混合）信仰，则凝聚小姓沟与松潘附近各沟的羌、藏族。这样的村寨认同与区分体系，除了以层层的山神祭祀来表达外，也由说明一群人共同来源的'历史'来强化"，"一层层由小而大，由近而远的'神'，佑护各范畴人群的土地及其资源。定期的祭庙子或山神活动，可说是凝聚人群认同与强化人群区分的集体活动……各地羌族的山神与庙子信仰都是在强化各个村寨与家族的认同与区分，以及确认每一家庭在本家族、本寨、本村与本沟资源共享体系中的地位。"③

李正元认为，虽然王明珂提出了文化与人群之间关系的重要命题，但这个命题忽略了羌人社会中各神灵之间的关系，也没有具体讨论神灵信仰在羌民社会中的文化理性和实践。实际上，不同民族和社会文化空间对阶序的形成和表现具有多样化的特征，

---

① 邓宏烈、吴音萃：《民族迁徙历史图景与宗教信仰的文化解读——以羌族神话史诗〈羌戈大战〉为例》，《宗教学研究》，2017年第2期。
② 王明珂：《羌在汉藏之间：川西羌族的历史人类学研究》，中华书局2008年版，第226—227页。
③ 同上书，第42、47页。

多元文化视域下的文化认同研究——以四川羌族为例

因此,对阶序的形成的观察与分析一定要与当地社会的人观和文化结合起来。正是基于以上的考量,他提出了不同的研究思路,即"从对羌族神灵信仰与空间位置之间关系的描述来探讨羌族阶序形成的方式,以及这种方式背后的文化理性。从观念和实践两个层面来看羌族人如何认识和理解群体与个体、部分与整体之间的关系。"①

羌族的多神信仰主要包括对天神、山神、寨神和家神的信仰与祭祀。在羌人精神世界中有一套上至天神、山神下至村寨守护神、家神的信仰观念等级体系,这一体系与各个神灵所在的空间有关,每个神灵所占的空间越大,其管辖范围越大。天神为地位最高的神灵,掌管神、人两界的一切事物,天神占据着整个宇宙空间。天神之下是山神,一般居于高山顶上,这也是不同村寨之间的分界线,山神掌管着整座山的资源。寨神是羌寨中最大的神灵,每个羌寨都有自己的寨神,是寨盘业主,管理其地盘上的所有民众,"寨神是人们对羌寨及其所在地盘的文化建构,也就是一个整体村落的信仰表述。村寨守护神作为一个村寨的象征,它有着社会组织所具有的整合功能"②。"家神"也称"屋神",是羌人社会最小单元——家庭的守护神,每一个家庭都有属于自己的保护神,通常被供奉在厨房中,守护着家庭及其所有成员③。一个家庭可以构建自己家中的神灵系统:祖先神、女人神、男人神和牲畜神。因此,"家神"/"屋神"是羌人家庭的文化象征,它代表着完整的家,是"同一祖先分出来的后代"的凝聚象征,凡是祭祀同一个家神的各个家庭,羌族人认为就是一个"根勒括",而"根勒括"下面包含了血亲和非血亲家庭。在日常生产生活以及重要节日庆典中这些家庭都要承担起相应的责任和义务④。

由此可见,这一神灵信仰系统的阶序与其所在的自然、人文空间范围的大小相对应,羌民通过对空间的把握来认识和理解神灵的阶序高低,无论是神圣的仪式还是世俗的生活,羌人在节日、婚丧、庆生、祭祀中都要举行请神活动,请神的顺序依次是天神、山神、村寨守护神、最后是家神。羌寨信仰空间建构不仅体现了神灵之间的位置,还隐藏着羌寨对不同空间、不同人群、不同个体之间关系的认知。羌族人的信仰和生活实践中不断地展现和再生产这种文化认知⑤。

通过讨论,李正元对羌族神灵信仰的空间认知模式、阶序和文化实践做出了总结:

---

① 李正元:《羌寨信仰的空间阶序、文化理性和实践》,《宗教学研究》,2014年第1期。
② 同上。
③ 在李正元的调查中,这样描述到"在厨房的一角放着一个神龛,神龛上有一个盒子,盒子上放着三根箭镞形状的用彩色纸剪成的东西,每根顶端都有类似人的形状,这就是羌族家神的物质形象。箭头形的彩纸,代表箭,是羌族以前爱打猎的标志;三个人形象代表太阳、月亮和星星三神"(《羌寨信仰的空间阶序、文化理性和实践》,《宗教学研究》,2014年第1期。
④ 李正元:《羌寨信仰的空间阶序、文化理性和实践》,《宗教学研究》,2014年第1期。
⑤ 同上。

第三章 以"文化自觉"之眼看羌族文化的变迁、适应与认同

"羌族空间阶序所表达的是一套自己对整体和部分、社会和个体关系的看法。这种看法不是人际关系的被动反映,背后还体现了羌族自己的认知模式。这样一种认知,不仅仅是一种观念,也是一种实践。"①

(二)释比——两个世界的连接人

在羌人社会中,释比是具有多重身份和功能的特殊人物,在汶川以北到茂县、黑水、松潘一带称"许"或"释比",汶川以南以西沿杂谷脑河一带则称"诗卓"或"诗谷",尊称"比"。研究者常用"端公"来称呼羌族释比,但李祥林根据人类学主客位的角度分析认为,用"端公"这种汉化的指称来称呼释比未必妥当,首先羌人自己不一定会认同"端公"这一汉化指称,甚至可能导致"释比"称呼的边缘化;而且"比"在羌语中是指祖师爷阿爸木拉(是天神阿坝木比塔家中专管占卜、驱邪、治病、送鬼的人),是对释比的尊称,"在日常生活、传统礼仪、文化传承、精神信仰等诸多方面,羌族释比的角色、作用、地位、影响远非汉族端公所能比肩,以后者称呼前者,有矮化前者之嫌"②。

释比是羌人社会中连接现世与虚世、神圣世界与世俗世界之间的特殊身份者,也是请神还愿、祭祖祀天等重大仪式的主持者,同时释比又是为羌民驱邪、禳灾、治病的施法者和唱经者。根据释比唱经的上、中、下三坛(上坛为神事,中坛为人事,下坛为鬼事,驱鬼除魔),释比分为与神沟通的"还愿释比"和与鬼打交道的"驱鬼释比",这种区分明显地体现出神圣与世俗、善与恶、正与邪的二元对立的认知思维的特征。因此,释比的具体宗教职能也是双重的:一为祭司兼典礼主持人,带领众羌人在重大节日仪式中向神祈祷,祈求寨中羌民的平安、日子的风调雨顺、家庭万事顺利,比如,茂县渭门沟羌人每年农历八九月的"打太平保护",以寨为单位,请释比举行打保护的宗教活动,以送晦气,求得村寨的人畜兴旺和平安。另一宗教职能角色为巫师,通过打卦、立水筷、占卜等巫术活动驱除邪魔污秽。在羌族民间,"驱魔避邪的仪式有很多种,人们相信患病、死亡和其他的许多灾难是邪魔所致。这些仪式包括清扫房屋、踩犁头、化水、封魔于罐埋在路下等等,这些法事是由巫师来表演的"③。

释比文化蕴含了羌人精神信仰中"山有山神,树有树神,石有石神,树林有护林神"的万物有灵观念,这使得释比的宗教职能角色和法事活动充满了神秘的色彩,但实际上这些内容和活动是一种伦理道德教育和社会秩序规范,而释比借助人神中介的特殊身份,通过神圣的释比经典和神秘的祭祀仪式将这一套理道德和社会秩序规范用来监

---

① 李正元:《羌寨信仰的空间阶序、文化理性和实践》,《宗教学研究》,2014年第1期。
② 李祥林:《羌族释比文化研究三题》,《民间文化论坛》,2010年第4期,第34页。
③ 李绍明、周蜀蓉:《葛维汉民族学考古学论著》,巴蜀书社2004年版,第123页。

多元文化视域下的文化认同研究——以四川羌族为例

督、约束和调整着人们的言行,并对羌民起到威慑作用。正如特纳所说的"宗教信仰和宗教行为并不是对经济、政治以及社会关系的'奇异怪诞'的反映,而是远远超乎其上……它们是决定性的要素,能够帮助人们来理解和感受这些关系,以及理解和感受这些关系所赖以存在的自然环境和社会环境"[①]。在释比的社会威望、身份权威以及释比文化、神灵信仰的影响之下,羌人以集体的形式共同参与到释比所主持的各类祭祀仪式中,通过仪式活动来实现自觉遵守寨规民约的目的,从而保持了村寨安宁和族群稳定。也就是说,释比所主持的祭祀仪式将道德教化外化为宗教禁忌、祭祀仪式、社会秩序,以神圣的名义,强调族群成员的归属感,强化他们的责任感以维持共同的道德规范。"羌族释比及释比文化长期担负着从思想上解决羌人人生困惑、抚慰其心灵、化解羌区社会现实矛盾以及道德教化、民族宗教文化传承的作用。"[②]

另外,"释比经典"记录了羌人族源与迁徙历史,包含了他们深邃丰富的宗教思想、宇宙观念和风俗信仰,而且还有羌人经典的神话传说、史诗诗歌等。对于有语言无文字的羌人来说,要成为一名释比,只能通过口传心授的方式熟悉和掌握释比经典,并学会使用经典中的各种法事、遵循经典的规则、要义,因此,释比也是本民族文化的重要传承人,在羌民社会中享有崇高威望。

但是,如果仅以徐平所做的为期 5 年多的羌族社会文化调查结果作为本章的文化变迁切面仍是不够充分的。从 20 世纪 90 年代开始至今,世界已经发生了巨大变化。与此同时,全球化趋势进一步凸显,商品经济、物质消费、大众文化、流行时尚、主流意识形态向全球扩张与蔓延,而在全球一体化总体发展框架内又出现了地方化、多元化的具体特征。更为重要的是,90 年代开启了信息化时代的到来,手机、互联网、多媒体信息技术逐渐普及成为人们生存、交流不可或缺的手段并逐渐成为社会生活的一部分,信息充斥着社会网络的各个角落,极大地改变了人们对世界和人生的认知。同时,世界也进入了知识经济时代,知识的巨大生产力和科技的飞速发展对人们生活和社会的改善与提高超乎人们想象,科技、经济的发展伴随人口膨胀和流动加剧导致了一些负面结果。即使是偏居于岷江流域高山峡谷中的羌族人群,他们的生产生活方式、社会文化也受到了影响和冲击,在各个方面皆发生剧烈变迁。正是基于以上这些因素和当下全球语境的考虑,我们还有必要将十多年的羌族社会与徐平所描述的 20 世纪八九十年代的羌族社会做一连续变迁的对比,才能更为完整地呈现出现当代羌族社会的文化变迁与文化适应。

[①] [英] 维克多·特纳:《仪式过程:结构与反结构》,黄剑波,柳博赟译,中国人民大学出版社 2006 年版,第 6—7 页。

[②] 孔又专:《论羌族宗教化的社会适应性》,《社会主义研究》,2011 年第 4 期,第 115 页。

第三章 以"文化自觉"之眼看羌族文化的变迁、适应与认同

第三节 十多年来羌族社会及其文化的变迁

20世纪80年代以前的羌人因高山峡谷与外界阻隔,尤其是与他者社会的信息沟通、贸易往来因长途险境而变得异常缓慢、滞后,因此羌人社会的发展稳定而静息,文化变迁几乎接近于一种静态。但自90年代以后,当国内改革开放政策经过多年的努力已见成效,即使是地处偏远的少数民族,也在国家政策的推动下积极进行着地区发展和经济开发。90年代以后,全球发展加速和世界政治经济一体化趋势愈加明显,羌人族群已不仅仅是国家民族的一部分,他们也被纳入全球发展体系中,成为受其影响和控制的一个部分。因此,当来自全国和国家的政治、经济、文化等的影响力触角打开了封闭的羌人世界以后,他们开始受到现代商品经济、大众文化、现代科技等巨大的影响和支配,从而导致羌人的社会和文化在短短二十多年间发生了前所未有的剧烈的变化,原有的许多社会传统和文化现象发生了改变甚至消失。但是,随之也出现了许多新的社会事象,并产生出新的文化现象,如旅游开发、非物质文化遗产的发展与保护、扶贫与美丽新乡村的建设、文化重建等等。下面从羌族旅游开发与文化重建两个角度入手,说明近年来羌族社会及其文化变迁的具体情况,以及在一系列变迁过程中形成的文化认同与文化自觉。

一、在旅游开发影响下的羌族社会文化变迁及文化认同

作为现代工业社会产物之一,旅游产业的快速发展现已蔓延到世界的各个角落,宗晓莲在旅游人类学的研究中指出,旅游产业的发展对社会、文化、经济、政治乃至国际关系等带来了不容忽视的冲击与影响[1]。虽然我国现代旅游事业起步较晚,自20世纪90年代末,随着改革开放政策实行,我国的大众旅游才开始迅速发展,但是在短短的二十年间,我国已发展成为全球最大的旅游地之一[2],而且根据联合国世界旅游组织对中国旅游发展的测算显示,"中国旅游产业对国民经济综合贡献和社会就业综合贡献均超过10%,高于世界平均水平"[3]。与欧美国家和其他亚洲国家相比较,我国旅游事业发展迅猛。究其原因,最为明显的就是我国拥有丰富的旅游资源,除了自然地理资源,还包括多元、独特而精彩的民族文化人文旅游资源。另外,我国的旅

---

[1] 宗晓莲:《旅游人类学与旅游的社会文化变迁研究》,《旅游学刊》,2013年第11期。
[2] [美]纳尔逊·格雷本、金露:《中国旅游人类学的兴起》,金露译,《青海民族研究》,2011年4月第2期。
[3] 国家旅游局局长李金早在2018年全国旅游工作会议上所做报告《以习近平新时代中国特色社会主义思想为指导奋力迈向我国优质旅游发展新时代》。

多元文化视域下的文化认同研究——以四川羌族为例

游开发与乡村建设与地方扶贫、少数民族地区开发等国家政策方针紧密结合[①],通过政府、开发商、投资商、社区的合作,充分挖掘和利用地方资源,将旅游作为帮助贫困地区和少数民族地区脱贫致富的重要途径,尤其对第一、二产业资源匮乏、发展滞缓的少数民族地区来说,民族风情旅游和村寨、村落旅游以其高效的文化资源配置和低社会成本的投入迅速成为当地经济市场上占据优势的新兴产业,从而借助旅游的平台以旅游开发带动地区发展、实现经济创收。

对于生活在岷江流域的羌族来说,得天独厚的自然风光与民族风情浓郁的文化资源促成他们开始发展旅游产业,将都江堰、九寨沟、黄龙、九顶山、卧龙自然保护区等自然地理风光与桃坪羌寨、萝卜寨、大禹故里等羌族人文风情相结合,构建起具有鲜明特征的"成都—理县—汶川—茂县—北川—绵阳"的九(寨沟)黄(龙)旅游环线和羌文化走廊,以羌人独特的风俗习惯、节庆仪式、饮食、服饰、手工技艺、歌舞艺术以及他们生活其中的村落布局、建筑为旅游产品元素,着力打造羌族文化旅游品牌。

随着旅游线路和文化品牌打造的成熟,游客市场的扩充和巩固,羌民真实地感受到了旅游带来的收入明显提高,愈来愈多地开始参与到旅游开发的事业中,尤其是处于景区内即沿线公路的羌人村寨,人们通过完全参与旅游经营或从事旅游衍生出的产品销售获得了(与务农、畜牧相比)更高的家庭经济收入。由此,羌人社会原有的以农业为主兼营畜牧的生产生活方式开始发生了改变,以旅游为主带动商业发展的第三产业模式链开始出现并逐渐部分地取代了农业生产的主导地位。随之而来的是家庭中老一代与年青一代开始在世界认知、家庭观念、宗教信仰、习俗传统等等方面出现越来越多的分歧与矛盾。更为严重的是,旅游开发成为打通对外往来的重要通道,借由这一通道,外面世界盛行的商品经济价值观、道德标准、生活方式、文化观念等开始侵袭和改变着羌人社会原有的传统,羌人家庭结构也随之发生了改变,这也是徐平在对羌村社会所做调查中,开始觉察到的新的社会变化。

从另一方面来看,旅游开发以前,在羌人社会中,个体的一生是被羌文化潜移默化地濡化、形塑的过程,他们对自己文化的认知主要表现为一种集体意识行为,即通过对传统的自觉遵循、对宗教神灵的虔诚信仰、对集体性的节庆仪式的积极参与等等保证了社会的稳定发展和文化的延续,这是涂尔干所说的"机械团结",即通过强烈的集体意识将同质性个体结合在一起。而他们对自我文化的认知则几乎表现为一种无意识行为状态,在生活中能感觉到自我与他者的不同,却不能说明为什么。但是,在旅游开发的过程中,通过政府、学者和本土知识精英对羌文化资源的挖掘、利用,羌

---

① 改革开放以来,全国开展了大规模的扶贫开发工作,先后发布并实施了《国家八七扶贫攻坚计划》《中国农村扶贫开发纲要》《扶贫开发整村推进"十二五"规划》《关于创新机制扎实推进农村扶贫开发工作的意见》等。

第三章 以"文化自觉"之眼看羌族文化的变迁、适应与认同

人发现了自己文化的价值,并在非物质文化遗产的观念意识作用下,开始认识、建构自己的文化,将文化资源与旅游开发结合起来,推动了羌人地区的发展。尤其是 2008 年地震的灾后重建工作。岷江上游地区的各区县、当地羌人社区参照并执行国务院制定了《汶川地震灾后重建总体规划》,依托羌族文化资源,将羌族文化体验、文化演艺、手工技艺结合起来积极发展文化旅游和文化产业,着力打造了羌文化体验旅游区和藏羌文化旅游走廊,并形成了以"羌绣"为代表的本民族非物质文化遗产系列,不仅完成了羌文化的符号化过程,而且还有利于把原本行将消失的一些文化资源进行更好的保护与传承。可以说,旅游开发的过程在一定程度上是羌人自我身份认同意识的觉醒过程。外来游客来到羌人生活的地方,表现出对他们社会与文化的极大兴趣,他们通过购买这一行为完成对羌文化的体验,使许多羌民开始意识到自己文化的价值。他们开始利用这种文化价值资源,通过打造羌文化体验项目、接待服务、住宿、运输、销售农副产品与工艺品等各种途径来获得经济收入。在这种有意识的利益追逐中,作为羌人群体一员的身份认同感也一并被激发出来,转化成自觉的行动。他们开始重新穿上自己的传统服饰,主动学习本民族传统手工技艺和歌舞,大声向外来游客讲述羌族的历史与英雄故事……通过种种文化自觉行为,羌人逐渐明白何为羌族;羌族与藏族、汉人的区别是什么;为什么会有这样的区分;羌族的文化包括哪些;如何传承和保护自己的文化等等。

由此可见,羌文化旅游制造了一个中心与边缘、现代与传统交流互动的空间,在这一空间中,旅游发展与传统社会文化变迁形成一种矛盾张力。地方既要接受自来中心的标准与观念,又要经得起外来的中心文化的冲击,保持其传统的文化景观和生活习俗。这一过程充满了经济运作和文化再造的双重意义:游客带来了来自中心的他者文化,改变了地方上的本土文化;而地方少数民族为获得经济利益,有意识地改造自身文化以吸引游客。正是由于羌人社会处于这种张力之下,所以导致其既增加了中心文化色彩,又保存了自我传统文化的内核,进而衍生出一种新的次生文化形态,"这是一种集边缘文化与中心文化为一体的文化形态,是地方建构民族文化认同的新形态……文化认同对于保持民族的个性与特质,实现文化的传承与更新有重要意义"[①]。

但是,也应该看到在文化认同和文化自信建立起来之后存在的一些问题,正如王明珂所指出的那样,位于九黄旅游环线范围内的汶川、茂县、松潘因旅游业的发展而使得"羌族"得以被外界所认识和感兴趣,这些都逐渐强化了不同村寨人群的族群认同。与此相对的是,过去松潘一带的人群只有语言上的差异,并不存在明显的羌、藏认同与区分,但是在旅游发展的数十年间,人们却因认同与区分产生了较为强烈的隔阂。

---

① 吴其付、陈静:《旅游与社会文化变迁下的民族文化认同:羌族实例》,地方文化研究辑刊(第九辑),四川大学出版社 2015 版,第 180 页。

另外，旅游观光虽然为羌族文化向世人展示创造了舞台，羌族民众在文化展演中获得本民族自信与身份自豪感，然而这种观光性的舞台文化展演也易导致民族文化的世俗化，甚至会因侵犯宗教文化之神圣性而造成我者与他者相互的敌对与冲突。

"旅游"作为羌人社会二十多年来的新现象，引发了一系列新的社会和文化变迁，而羌人在适应这些变迁的过程中所呈现出来的文化适应。从本质上来看是从文化无意识转变为文化自觉，并进一步完成了文化认同，最后达到文化自信。费孝通洞悉我国少数民族政策中出现的矛盾和冲突，深刻指出少数民族问题不是一个救济问题，而是一个发展问题，关键在于尊重和帮助他们寻找本身的优势，重建他们的民族自觉和民族自立的主动性[①]。他在提出"文化自觉"概念和理论以后曾总结表示，地方性知识和文化同现代化进程有效结合对于少数民族地区的经济社会发展来说，也是有效的。因此，"文化自觉"的重要意义是获得"文化主体性"，在对少数民族文化内涵进行挖掘和保护过程中要重视主体性作用的发挥。王建民在讨论扶贫开发与少数民族文化旅游发展时也特别强调对少数民族主体性的重视与保护，认为增强民族文化旅游项目的独特性和内在魅力是少数民族地区减贫开发成败的关键，应当尊重各民族智慧及其表现形式，使其以独特的艺术形式鲜活地体现出来，使基于其主体性的阐释得以完整和充分地表述，"在多元文化社会中，通过这种体现文化内涵和文化价值的文化旅游发展模式，文化资源的保护和发展才有可能真正呈现为不同文化相互理解和欣赏的必要条件"[②]。

二、羌族社会文化的变迁与文化的重建

（一）近代民族化过程中的文化重建

王明珂曾以近代羌族社会文化变迁为例撰文专门讨论了中国"民族化"过程中的重大社会变迁以及在变迁中处于时空边缘的人群微观互动，以对社会变迁及其意义进行把握[③]。

首先，王明珂所指的"民族化"是"在近代民族主义潮流下全球各地由国家主导，经学术调查、研究、分类以界定各'民族'并识别各民族归属，所造成的全面之政治经济与社会文化变迁"[④]。晚清民初时期（19世纪下半叶至20世纪上半叶）的中国知识分子和革命人士以保国护种为目的展开了一场近一个世纪的"民族化"运动工程，期望建立中国现代民族国家，以"民族"来整合中原及"四裔"地区，形成统一的中华民族，直到20世纪70年代，民族化与国民化才大体完成。

[①] 费孝通：《少数民族地区发展战略》（《费孝通文集》第11卷），群言出版社1999年版，第61—63页。
[②] 王建民：《扶贫开发与少数民族文化——以少数民族主体性讨论为核心》，《民族研究》，2012年第3期。
[③] 王明珂：《民族考察、民族化与近代羌族社会文化变迁》，《民族论坛》，2012年第11期。
[④] 同上。

第三章 以"文化自觉"之眼看羌族文化的变迁、适应与认同

中国近代民族化过程是民族史知识建立的过程,其中,华夏文献有关"羌"的历史记忆和近代以章太炎、刘师培等为代表的历史学者以"羌"或"氐羌"为研究对象的结论对于中国民族史的构建起到相当重要的作用。羌或"氐羌"代表中国古代某一重要民族(或民族集团),在数千年华夏历史演变中与华夏形成了紧密的联系,而且他们也成为汉、藏、诸西南民族的重要族源之一。而"羌"并非一个古代民族的自称族名,而是华夏给予西方异族的称号,古典文献和近代历史学者所构建羌族历史其实是一个华夏边缘的历史。

此外,民族化过程也是"民族"概念和国民知识传播的过程。当黎光明、王元辉、闻宥、胡鉴民等具备"民族"学术知识背景的学者先后对川西边缘的国族人群进行了语言、文化等方面的考察,并根据民风习俗的特点差异对这一地区的本土居民进行族群的区分与识别,以体质、语言、文化为依据初步确定了羌族的范围。在此基础上,20世纪五六十年代的民族识别调查工作进一步深入民间搜集资料,并最终确定了居于岷江上游与北川地区的三万多村寨居民成为中华民族中55个少数民族之一的"羌族"。

在对中国近代民族化过程进行讨论的基础上,王明珂对民族化之后的社会文化变迁进行了再思考:

第一,民族化之后的羌人族群认同发生了改变。在此之前,羌人以村寨为基本社会组织结构单位,只认同一条沟中一个或几个村寨的人群,缺少对民族一体的认知和感情。但是经历了"民族化"并接受"民族"概念和国家民族识别所界定的"羌族"之后,各地羌人知道了不仅"尔玛"是羌族,而且上游的"蛮子"与下游的"汉人"也是羌族。此外,国家对各少数民族的各项补助、优惠,中央与地方政府办的庆典活动,都是以"民族"为单位,"羌族"也不例外。现代羌族的"民族化"和族群认同变迁绝不只是被动地接受来自国家中心权力和主流社会对其历史记忆的植入,更是羌族(以羌族知识分子、本土精英为代表)自己积极主动建立本民族历史与文化的结果。他们将"阿爸白构""阿爸木色""大禹"等地方性传说英雄人物视为羌族之英雄祖先,构建起各个羌寨人群共享的历史记忆,且透过文字出版物与日常闲谈,将这些本土化羌族史知识演变成为生活常识。

另外,羌人的语言与文化在"民族化"前后也发生了明显的变化。各地羌民语言差别极大,以沟为界线的不同村寨几乎无法交流,而且他们对何为羌文化也颇感困惑。"民族化"后的羌族,虽然仍然保留了地方乡谈语言,以供在各自内部人之间交流使用,但他们在与外人交谈时,则用四川话作为彼此沟通的共通语言。不过,虽然"羌族"的"民族化"打破了各村寨之间的封闭传统,强化了彼此的认同,却也因为对内对外往来的频繁,羌族青年向外发展的趋势加剧,对具有共性语言使用的普及,导致了地方性羌话流失的加速。

多元文化视域下的文化认同研究——以四川羌族为例

关于语言文化重建与族群认同，赵旭东和罗涛也有较为深入、具体的讨论。他们认为王明珂的观点立场是"试图把羌族的语言文字的标准化纳入近代羌族基于民族认同的文化建构与再造的范围中"，但是赵、罗二人则更倾向于认为"羌语的发明和规范化是羌民族要求获得民族合法性的部分产物，羌族文化精英试图把规范化的羌语作为羌民族认同的象征和标志"[①]。也就是说，羌族语言文字的标准化是羌族本土文化精英将"羌族"合法化地作为中华民族中的一个民族的努力结果。因为在国家的话语体系下，一个民族的合法性存在需要从语言、文化和风俗习惯等方面做评估判断。与此相反，多元一体格局下的中国也需要通过民族识别来确立作为统一的多民族国家的合法性，国家的合法性与羌族作为一个民族的合法性一起被纳入国家话语体系之中。从另一个层面来看，羌族标准化语言文字的制定也是国家语言文字的一部分[②]，只能在国家的教育体系中进行推广普及，由此显示出国家在场的影响力。因此，语言工作者和羌族本土知识分子通过调查研究，制定出羌族标准化语言与文字，将之运用到本民族的历史书写工作中。

除了有意识地采用具有共性的语言交流工具之外，西北羌人在成为"羌族"之后，他们也在寻找具有民族共性的"羌族文化"，以地方政府、羌族干部、羌族知识分子作为本民族文化的先锋，将羌族妇女刺绣服饰，沙朗舞、山歌、羌历年、祭山会、瓦尔俄足等节日庆典活动，以及羌笛、羌寨、碉楼等作为诠释与宣传羌族物质与非物质文化遗产的代表。但是还有部分羌人传统文化却因外在社会环境的改变而呈濒危之势。以羌族释比文化为例，虽然现在还能找到精通仪式、经文的老释比，也有部分中青年羌族人愿意学习和传承释比文化，但这仍不表示此文化从此得到保存与抢救，因为，如果只能靠观光旅游和文化展演来进行文化保护的行为，其结果最终被保存下来的"只是旧文化的外壳，在此外壳下是新社会情境下的羌族文化再创造……释比文化如同许多羌族文化一样，这些'传统文化'值得在各级学术及文化机构中被记录、整理、研究、保存，但它们在新的时代社会情境中逐渐消逝是无人能阻挡的趋势"[③]。面对类似这种在社会变迁中的出现的有关文化适应与文化传承与保护的反思，我们还将在下文的"灾后文化重建"部分继续深入讨论。

从20世纪50年代的民族识别政策开始至今，羌族社会都处在一个文化自觉的阶

[①] 赵旭东、罗涛：《以文字书写典范与以文化融合多元之间的互动与生成——以羌语发展与羌族认同的社会史为例》，《广西民族大学学报》（哲学社会科学版），2010年03期，第80、81页。
[②] 《羌族拼音文字方案》首先上报国家民委，1993年国家民委委托中国社会科学院民族研究所召集国家语委、中央民族大学等有关单位的全国著名语言文字专家召开了羌文审查鉴定会，通过鉴定之后才能在四川羌族地区推行该文字方案。
[③] 王明珂：《羌族文化重建之道》，《21世纪经济报道》，2010年5月11日。

第三章 以"文化自觉"之眼看羌族文化的变迁、适应与认同

段,也就是民族知识精英的文化建构阶段[①]。在这一阶段,羌族本土的知识精英与学界研究者从古典文献、历史人物、民间传说等资料中梳理羌族的历史,并从中搜索和塑造本民族英雄祖先,把羌族传统文化习俗与这些英雄祖先联系起来,将羌族碉楼建筑、释比文化、白石崇拜、羌历年、转山会、羌族歌舞以及羌绣艺术作为羌族特色的文化的代表,树立了羌族文化的典范,完成了羌族文化的历史书写与符号化塑造,这就是"当代羌族认同下的文化再造"[②]。

(二)地质灾害所造成的社会文化变迁与文化重建

羌族居于高山峡谷之内,自然环境恶劣,其生活的区域大部分属于龙门山断裂带,地震活跃,山势险要,又没有坚硬的岩体,山石结构松散,植被浅疏,加之夏季雨水较多,因此经常发生山洪、泥石流、滑坡等地质灾害。尤其是2008年"5·12"汶川特大地震对羌族所居的生态环境和生存地理空间造成了毁灭性的破坏,许多地方已不再适宜人类生活居住,羌民不得不进行整体或部分搬迁,由此带来了新的社会文化变迁。在新的生存空间和自然环境中,羌人面临新的文化适应问题。地质灾害除了对自然地理空间造成毁灭性破坏,也使得羌族的文化空间、社会网络、人口结构、生计方式、传统习俗等承受了巨大的冲击。这些都让羌族民众担负起巨大、严峻、沉重的文化重建工作。这里主要讨论地质灾害对羌族社会造成的影响和带来的文化变迁。

1. 生活的地理空间和文化空间结构的变迁

汶川大地震及其后连续不断的地质灾害破坏、割裂了羌人原有的"两江七河"生态环境系统,羌人历经千年积累形成的适应系统几近瓦解崩溃。面对急剧恶化的生态环境,羌人被迫整体或部分移民搬迁至异地重新开始生活,比如北川县城的整体搬迁、汶川县龙溪乡直台村、垮坡村昔格组村寨远迁至邛崃市南宝山农场、茂县高山村寨的部分人口移居县城凤仪镇等。这种较大面积的羌族人口移民既有政府主导的、非自愿的异地安置,也有由避灾驱动的自发性近距离迁徙,多是从高山搬迁至河谷平坦且交通便利之处或是县城附近。但不可避免的问题是,人口的迁徙必然会造成与原有生活空间的割裂,民族文化与自然环境所形成的共生关系遭受的破坏程度越大,其文化流变、同化、消亡的隐患就越高。而且地理空间的迁移也必然会带来身份认同、知识建构、文化重建等一系列连锁反应,在这些急剧的改变中,羌民对新的生态环境、生存空间的适应也可能会产生诸多冲突和矛盾。

2. 人口结构、社会网络的变迁

巨大的地质灾害导致羌族人的社会网络发生了前所未有的改变。首先表现在血缘

[①] 赵旭东、罗涛:《以文字书写典范与以文化融合多元之间的互动与生成——以羌语发展与羌族认同的社会史为例》,《广西民族大学学报》(哲学社会科学版),2010年03期。

[②] 王明珂:《羌在汉藏之间:川西羌族的历史人类学研究》,中华书局2008年版,第289—299页。

关系和地缘关系的变化上。20世纪八九十年代，羌民社会的结构由血缘关系、地缘关系、行政关系组成，其中血缘关系是基础和核心，地缘关系则是血缘关系的扩展，也是对行政关系的界定。这种社会结构的地域认同较弱，婚姻范围狭小，形成了盘根错节的"竹根亲"社会网络，羌族村寨之间的联系更多地表现为血缘关系的婚姻联结，经济互助、人情往来等社会活动与行为都在血缘关系之下进行。但是近二十年频发的自然灾害对社会人口结构造成了不可复原的改变，例如南宝山异地永久性安置点由于自然条件的原因导致羌族移民部分分离，阻断了他们与原有社会关系网络的连接。其次，由于跨区域向汉族居住区域搬迁，羌人与汉人通婚的概率增加，而羌族社会固有的"竹根亲"社会网络因此瓦解。另外，在语言交流方面，因龙溪乡直台村和垮坡村昔格组羌民使用自己当地的羌语语言系统进行交流，这与邛崃南宝山当地人使用的语言无法做双向的交流沟通，因此羌民很难在当地找到工作，为了维持生计，他们不得不返回汶川县找工作，或是在五六月份回到原居住地的高山中采集冬虫夏草[①]，这种长期与家人的分离在一定程度上对家庭结构的团结与亲密造成了负面影响。由此可见，完整的羌人社会结构因此被打散、支离、分化，进而对移民的社会关系重建造成了一定的挑战。

3. 生产生活方式结构的变迁

新的生存环境通常会引起生产方式、生活习俗的改变。前文已述，羌人的传统生计模式是以农业生产为主，兼营畜牧，同时采取种植、养殖、采集等劳作生计方式。但在汶川大地震之后，许多羌寨失去了可耕土地，而部分药材、山珍也变得稀缺，因此异地安置的羌民们为了适应新的生态环境，而不得不改变传统的生计模式，或学习种植茶叶和特色蔬菜，或外出务工，或开设农家乐、经营旅游等发展第三产业。而对迁徙至公路沿线、县城周边的羌民来说，他们无地可耕作，只能放弃农业生产而改为做生意、办企业或外出打工，如果有土地也主要用于种植蔬菜、水果或做养殖。此外，在灾后重建工程中，国家的投资和基础设施建设等也为羌民提供了就业机会，使他们有了较为稳定的收入，生活水平较之地震之前有了明显的改善和提高。伴随生产模式的改变，羌民的生活方式也随之发生变化，大部分移民来自交通不便的高山村寨，当他们迁到河谷、县城或汉人地区之后，在交通、教育、卫生等生活条件方面得到巨大的改善，为他们的发展提供了重要条件。但也增加了新的负担，除了要解决生活问题外，还要面临水、电、教育、医疗等费用[②]。

而羌人在原有生活空间的一系列活动，如婚礼、葬礼、宗教祭祀活动、服饰、饮食、

---

① 张世均，徐全利，朱彬：《地域变迁对民族地区非物质文化的影响》，《民族学刊》，2011年第3期。
② 耿静：《迁移、社会网络和知识体系建构——四川茂县蓝店坡村震后羌族自发移民的适应性研究》，《西南民族大学学报》（人文社会科学版），2012年第11期。

第三章 以"文化自觉"之眼看羌族文化的变迁、适应与认同

歌舞等也相应地随着生活空间的改变而改变。例如,在南宝山安置区的羌民在与汉人的婚礼中,仪式已然基本汉化,成人冠礼、婚礼十二歌和挂红习俗等传统羌族习俗非常少见。前文在讲述羌人一生的仪式时,提到了结婚仪式之后两三年之内要进入到自立门户的建房仪式,但在南宝山安置区内修建的全是统一的现代化建筑,禁止私自搭建,羌人无法自己修建房屋,从而人为地中断了羌族人生仪式活动的延续。葬礼是羌民一生中极为重要的人生仪式,按照传统习俗,羌人死后要在家中安放三天,再请释比占卜下葬时间,还要请释比做法事,跳丧事锅庄舞等,但南宝山是汉族生活区域,按照当地的传统和政策规定,人死后只能在家停放一晚,第二天必须到邛崃市的殡仪馆进行火葬,遵循了上百年的人生仪式传统就在短短的几年时间内就被外力强行改变,这对于羌人来说,是难以很快接受和适应的①。还有一些学者对灾后地域变迁后的羌族非物质文化进行调查,在调查中发现,天火坪、勒色坪、火塘屋、照楼台、芋初坝、议话坪、神树林等羌人特有的文化空间,过去他们会定期在此文化空间中举行传统文化活动和重要仪式②,但现在却因为自然灾害的毁灭,祭祀塔、火塘屋、议话坪、神树林等文化空间减少或消失,没有了这些特殊的文化场所,许多集体活动和祭祀仪式无法进行,进而延续千百年的宗教信仰失去社会的文化功能,逐渐被人淡忘。上面所列举的这些文化变迁的例子都应属于迈克尔·塞尼所提出的"社会性的关节脱臼"现象,即"被迫的人口迁移,它总是带来深刻的社会经济和文化的破坏。这样一种脱臼中断了原来的生活模式和社会关系。它摧毁了现存的生产方式,打乱了社会网络,使人们背井离乡陷入贫困,危及他们身份的认同"③。

还有另外一种文化变迁代表着传统的再造和文化的创新,这就是释比进城的文化现象。释比作为羌族民间祭司,他们法事活动的空间被限制在所在村落的区域内,要遵守严格的"领地"边界,不得随意改动。而且他们并非专职从事法事和祭祀,在日常生活中他们仍然是家庭主要的务农劳动力。他们进行的法事、祭祀活动实际上算是羌族民间的传统习俗活动,大多属于为村寨贡献的"义务",因此没有具体的报酬规定。所以传统的释比具有守土性、民间性、宗教性、传统性的特点。然而,释比所遵守的这些传统在近几十年的社会变迁过程中出现了新的突破与转变。杨杰宏对灾后释比生存现状进行了访谈式的调查,他发现了一个新的文化变迁现象,即释比搬到县城居住,脱离农耕生产而以做法事或参加文化展演为生。目前释比进城主要通过两类途径,一

---

① 张世均、徐全利、朱彬:《地域变迁对民族地区非物质文化的影响》,《民族学刊》,2011年第3期。
② 周毓华、赵曦:《羌族文化空间的多重性与发展价值考量》,《西北民族大学学报》(哲学社会科学版),2008年第5期。
③ [美]迈克尔·M.塞尼:《社会整合与人口迁移:社会科学的贡献》,载于《社会科学与公共政策》,社会科学文献出版社2000年版,第303页。

是凭借自身实力和"非遗"传承人的身份在县城立足,以肖永庆、余有陈两位老年释比为代表;二是通过演艺公司、地方文化部门获得在县城生活的机会,以王小刚、王小勇年轻一代释比为代表。2009年被评为国家级"非遗"项目羌历年传承人肖永庆,原是茂县沟口乡人,在汶川大地震后迁到茂县县城居住,不仅是为了生活的便利,也可以凭借非遗传承人和释比的身份为更多的人做法事,以增加收入。来自茂县黑虎乡小河坝村的余有陈是四川省羌历年"非遗"传承人,也是一位搬迁到城里居住的释比,与肖永庆相同,他认为住在城里生活起居更方便些,但他更加强调自己是农民释比,而不是"舞台释比"或"表演释比"。理县休溪村的王小刚、王小勇兄弟作为年轻一代的释比,与肖永庆、余有陈这一代老释比相比,他们对自己民族传统文化的发展怀有更多的反思,对于释比文化有更为自觉的传承意识,因此在灾后重建中,兄弟二人因对羌族传统文化抢救与传承的突出表现而通过官方途径进入了县文化局工作[①]。

4. 灾后文化重建中的文化变迁

虽然不少学者对灾后羌族文化重建提出了反思和担忧,认为无论是自然灾害所造成的文化断裂,还是移民安置带来的对文化空间和文化传承人为因素的改变,对于如何更好地进行羌族文化的传承与保护来说都是巨大的挑战,而且在具体的文化重建工作中也存在着不少问题,因此对文化重建能否取得成效充满忧虑。还有一批学者对羌族文化的灾后重建工作给予了肯定,他们看到羌族文化在自然灾害之后新的发展生机。如喇明英通过灾后文化重建的调查,从三个方面进行了说明[②]:

第一,羌族传统文化元素通过灾后重建分布的地域更加广阔,比如过去几十年间,传统的羌族村寨建筑在岷江流域沿线公路一带被大量的汉式民居或现代小洋楼建筑所取代,但是在灾后重建过程中,"具有羌族建筑风貌特征的建筑和体现羌族信仰的在房顶和窗楣上放置的白石、被现代人作为羌族'图腾'崇拜图形符号使用的羊头和羊角图形符号等,广泛出现在涪江上游的北川新县城—老县城—禹里(古县城)的沿线城镇乡村和平武县的羌族聚居村镇中"[③]。

第二,羌族文化得到了更为丰富的发展。按照灾后重建的统一规划,公路沿线的羌族村寨和建筑都采用羊头、羊角花等代表羌文化特点的图案进行装饰,同时对传统进行创新,设计并建成了富有羌文化内涵的新羌式建筑和景观,人们可以通过沿线的观光来感受羌族建筑和人文景观的特点。而且为了保证羌族文化能够得到更为丰富的发展,国家还批准建立了羌族文化生态保护实验区,成为唯一对民族文化实行整体保

[①] 杨杰宏:《释比进城:灾后羌族传统文化变迁新现象》,《中国社会科学报》,2014年4月9日。
[②] 喇明英:《羌族文化灾后重构研究》,《西南民族大学学报》(人文社会科学版),2012年第5期。
[③] 同上。

第三章 以"文化自觉"之眼看羌族文化的变迁、适应与认同

护的国家级文化生态保护区之一。

第三,文化多样性和区域特征变化明显。在灾后重建中,许多区县根据国务院制定的《汶川地震灾后重建总体规划》重点发展旅游产业,因此对村寨的建筑和环境进行了新的规划设计,在突出羌族文化内涵的同时强调现代建筑结构的标准和功能,但这种标准化、规范化、大同小异的建筑结构和功能布局使得原有的区域性村寨建筑风貌特征消失。不过近几年在"一村一品"的旅游开发的政策指导下,对区域性特色进行开发,村寨的建筑风貌特征更趋多样化。

羌族传统社会所具有的弹性社会网络能够帮助迁徙的羌民较为快速地适应新的生活环境,"传统的羌族村寨聚族而居,是以家庭为中心向外扩张,村落内部与附近村落关系盘根错节。一旦一户发生变动,对周边亲友必然有影响,产生模仿效应。逐渐形成一种社会网络的重建和维护"①。这种具有弹性的社会网络所具有的重建与维护功能主要体现在两个方面:一是在新的生活环境中迅速地复制原有传统社会的网络,通过亲属本身的聚合力来促进对异地社会空间的适应;二是充分利用自身原有的社会网络来规避风险,羌族的移民不是个体行为,而是通过一家人的迁徙来影响和带动一个家族或亲属、亲属群体的迁徙。因此,通过移居实际上是对原有社会网络的延伸与扩展,在新的环境中,亲戚朋友间的相互帮助与照应,进一步巩固彼此之间的关系。特别是在移民入户问题的处理上,充分显示出羌人的生存智慧和策略,他们通常采取部分家庭成员在迁徙地入户的对策,"这样既能有效解决移民的生活问题,减轻城镇生活的压力,又坚固了农村惠民政策的动向",而且他们对自我身份的确立也是具有弹性的,"身份的确立是基于自我的认同身份和他人的认可身份的统一。在新的环境中移民努力寻求与当地居民相一致的身份,即本地化,这就是他们的身份适应的努力"②。这种防御异地安置各种风险的有效方法正是弹性的社会网络作用下的产物。

(三)文化重建与文化认同

在近二十年的羌族社会发展过程中,经过旅游开发、民族化、灾后重建等社会变迁之后,羌族的文化在结构、功能、内涵、意义等方面得到了进一步的发展与创新。同时,通过旅游开发、民族化、灾后重建等一系列社会的改革运动和国家在场的力量推动,外部对羌族及其文化的认识得到了极大的提升。旅游开发打开了封闭的羌人世界,越来越多的外来者通过旅游观光和文化体验,认识了羌族、感受了他们丰富多彩的传统文化;通过新闻报道和媒体宣传,尤其是通过对汶川大地震的报道,外界越来

---

① 耿静:《迁移、社会网络和知识体系建构——四川茂县蓝店坡村震后羌族自发移民的适应性研究》,《西南民族大学学报》(人文社会科学版),2012年第11期。
② 刘有安,张俊明:《民族学视野下的移民"文化适应"研究——以宁夏南部的汉族移民为例》,《黑龙江民族丛刊》,2007年第5期。

多元文化视域下的文化认同研究——以四川羌族为例

越多的人群知道了"羌族"这一生活在岷江流域的古老民族,大批专家学者开始对羌族文化进行更加深入、全面的调查和研究,并与社会人士一起积极地介入到羌文化的抢救与保护工作中。这些都进一步激发和强化了羌族大众对自己身份的认同和对本民族文化的自信。在不同区域的羌寨中,越来越多的当地人开始具有"羌族"认知和观念,也有更多的羌族青年开始从城市回归家乡,穿上传统的羌绣服饰,重新学习讲羌语、唱羌歌、跳羌舞,向世人展示他们的民族自豪感。

过去,人们普遍将民族文化的保护归属为政府的职能范围内,因此作为文化传承主体的羌族民众缺乏保护的自觉意识。但是在经过近二十的社会变迁之后,文化认同感和民族自信心促使本地羌族人开始有意识地将自己的生产生活与文化宣传和文化保护结合起来,而政府也将羌文化的挖掘、利用与羌族群体的民生改善结合起来,并对羌族文化的申遗工作给予大力支持,"羌历年""羌绣""羌笛""羊皮鼓舞""瓦尔俄足节""大禹的传说""羌戈大战"等被列入国家级非物质文化遗产名录,国家、省、州、县级的"非遗"传承人体系也已基本形成,这也进一步强化了羌族人对民族和国家的认同。

第四章　多元文化与羌族文化生态重建

"羌族文化是羌族人民在其生活的自然环境中所创造出的,是在不同历史时期多次交融、层层积淀而发展的一切社会文明成果,是羌族人民的智慧和结晶,是中华文化的重要组成部分。羌族文化包括人与自然的关系,以及物质文化遗产和非物质文化遗产,特别是羌族人民传承自身文化传统的历史、思想和观念。羌族文化的表现形式从语言、服饰、饮食到城镇规划、村落布局、羌族建筑、民间习俗、民间艺术、民间工艺、礼仪节庆等都与羌族人民的生产生活息息相关,无不展现出浓厚的羌族文化底蕴和鲜明的地方色彩。"[1]汶川地震后,岷江上游的羌族文化生态受到了严重破坏,不少羌族非物质文化遗产传承人遇难或失踪,羌族文化生态遭受到严重的损毁。值得庆幸的是,通过10多年的灾后重建,羌族文化已经推进到一个前所未有的新秩序中。羌族文化的发展秩序,正处于常态秩序与非常态秩序交织的发展时间与空间,文化生态发展面临更多的机遇,同时也遇到前所未有的挑战。

第一节　多元文化环境下羌族文化生态现状

"文化生态,是文化生态学的基本概念,是运用生态学的方法与观念来对文化进行的一种整体性、活态性把握,是一个以非物质文化为核心,涵盖文化系统与环境系统的动态平衡体系。"[2]在文化生态学的立场上,一个民族的文化及其发展的特殊形貌总是处在对环境的接触、适应及互动变迁中,这些环境既包括自然生态环境,也包括自身和其他民族的文化与社会环境。

汶川地震使整个羌族地区受灾严重。在国家确立的11个"地震极重灾区县(市)"中,汶川县、北川县、茂县、平武县4个羌族聚居县位列其中。其他羌族聚居县,如理县、松潘县、黑水县也成为地震重灾区县(市)。"羌族聚居区是汶川地震核心区,羌族

---

[1] 胡宏、马君豪:《"中国羌族文化产业发展",四川是关键——专访四川省社会科学院党委书记李后强教授》,《中国西部》,2012年第31期。
[2] 胡艳丽、曾梦宇:《侗族文化生态保护实验区建设刍论》,《前沿》,2010年第23期。

多元文化视域下的文化认同研究——以四川羌族为例

文化赖以生存的生态环境遭到严重破坏,部分处于半山、高半山的羌族民众被迫离开了自己的家园。非物质文化遗产的载体被毁损,一大批传统羌族民居受到不同程度的毁坏,如汶川萝卜寨房屋全部垮塌,列入世界文化遗产预备名录的羌藏碉楼部分垮塌。以大禹文化为特色的民间传说载体、民族信仰及相关遗址受到严重毁坏。代表性传承人受到损失,在羌族社会中享有很高地位的民间文化传承人中的'释比'有一定伤亡。"[①] 值得庆幸的事,文化部门自20世纪80年代初以来就开始着手保护羌族原生态非物质文化遗产音像、图文、录音资料等,这既增强了羌族群众的认同感,也为多元文化环境下羌族文化生态的保护和灾后重建提供了现实基础。

一、羌族文化生态赖以生存的自然环境受损

几千年来,羌族人在与自然生态的互动中生存下来,获得了与自然和谐相处的生产与生活经验,缔结了各种社会关系,形成了自己独特的文化,构建了适宜的生存体系。而地震对自然生态环境的农林业系统、生态旅游景区、动物栖息地、水环境等方面都造成了严重破坏,使得羌族生活区域的生态功能下降,次生地质灾害不断。加之羌族的传统村落分布在高山,许多村落在地震中被摧毁,恶劣的环境已不再适合居住,大量的羌族人将被移民安置,这就可能导致羌族文化载体的流失和消逝。经过10多年的灾后重建,羌族文化已从整体性保护迈向繁荣发展的新阶段,多元文化与羌族文化日益和谐交融、共生共荣。

二、羌族非遗传承人缺失

非物质文化遗产的保护与传承,应遵循"整体保护原则""以人为本原则""协调保护原则"和"活态保护原则",即保护非物质文化遗产传承人所持有的技术或技艺。由于"羌族非物质文化遗产的本质不在于"物"与"非物"的差别,而在于文化的传承"[②],羌族非物质文化遗产传承人就自然而然地成为羌族非物质文化遗产抢救保护的重点和核心。羌族非物质文化遗产的保护与传承,实质上是对创造、享有这种羌族非物质文化遗产传承人的保护与传承。羌族释比是羌族文化的当家人,是羌族原始宗教的执行人。羌族人主要以口口相传的方式继承了他们的历史和文化,这使得人们在文化遗产中的地位显得更加重要。汶川大地震给羌族人民造成了巨大的伤亡,严重影响了羌族的人口、素质、结构和分布。在地震中,超过2万羌族同胞遇难或失踪,约占羌族人口总数的10%。许多熟悉羌族语言、历史和文化的羌族人以及羌族释比都在地震中遇难,这给羌族非物质文化遗产的保护和传承造成了难以弥补

---

① 四川省文化厅:《四川省地震灾后非物质文化遗产抢救保护与恢复重建规划纲要》,2008年6月,内部编印,第4页。

② 国务院办公厅:《关于加强我国非物质文化遗产保护工作的意见(国办发〔2005〕18号)》,2005年3月26日。

第四章 多元文化与羌族文化生态重建

的损失，无疑也增加了羌族传统文化保护和传承的难度。

三、羌族文物和文史资料遭受损毁和遗失

羌族是一个古老的民族，只有语言，没有文字。经过岁月的沉淀，遗留至今的历史文物已成为羌族历史和文化的重要载体，从一个侧面深刻反映着羌族文化的形成过程，丰富和发展着羌族的美学价值和羌族人民的艺术风格，具有极为重要的历史意义和现实价值。汶川地震对羌族文物的保存造成了不可估量的损失，"受灾最严重的四川省北川县、汶川县、茂县是藏、羌等少数民族聚居区，中国唯一的羌族自治县北川县城在地震中被夷为平地，羌族现存的非物质文化遗产实物和非物质文化遗产普查资料全被掩埋。"[1]据有关统计，损毁的羌族文物主要包括以下方面：

一些有价值的历史遗存受损严重或不复存在。禹里乡禹穴沟传说中，大禹出生地的众多遗迹受到损毁；北川县永平堡石砌古城墙多处垮塌，城门开裂、变形；汶川姜维城基本上完全坍塌。

羌族的古老民居以及碉楼坍塌。汶川布瓦寨的3座黄泥羌碉的上部全部坍塌；汶川县最大的羌寨——萝卜寨房屋严重受损。

大量具有历史价值的文物被掩埋。"例如羌族文化保存最完好的北川县遭遇了全县城毁灭，北川县的羌族博物馆、文化馆、图书馆、大禹纪念馆、羌族民俗博物馆、禹羌文化研究中心等文化场馆都在地震中倒塌，大量文物和羌族文化档案资料、大禹研究史料文献、大量代表羌族民间文化的文化器物被掩埋或严重毁坏"[2]。"被埋在地下的羌族民俗博物馆建筑总面积960平方米，馆内设有历史文物、民俗文物等展厅共4个，办公室、资料室等4个，珍贵二、三级馆藏文物123件。许多文物都是孤品，而且非常珍贵，几乎不可能再找到了。"[3]

第二节 多元文化环境下羌族文化生态保护与重建的问题与困难

一、羌族文化生态保护与重建的重要性

传统与现代既相差异又相延续，现代化的方向是任何一个民族或者国家不可能摆脱的命运，传统的现代转型也就成为任何一个民族或者国家共同的使命。如何实现传统的现代转型，是摆在所有后发民族与国家面前的共同课题。羌族文化生态的保护与

---

[1] 应妮：《文化部通报：非物质文化遗产地震中损失惨重》，中新社，2008年6月11日。
[2] 喇明英：《地震后如何保护羌族文化》，《前进论坛》，2008年第8期。
[3] 陈刚：《痛心40多位羌族文化传承人遇难》，《成都晚报》，2008年6月27日。

多元文化视域下的文化认同研究——以四川羌族为例

重建是保持文化多样性、文化生态、空间完整性和文化资源丰富性的重要途径之一。当前,羌族文化进入了一个全面保护与传承的新阶段。"实施羌族文化生态区保护,是保持文化多样性、文化生态空间完整性、文化资源丰富性的重要方式之一。特别通过对与民众生活最为密切的非物质文化遗产表现形式(文化空间)的整体性保护,是唤起人们珍爱传统文化的自觉意识,培养民众的文化自信,并能够积极投身于非物质文化遗产保护事业的有效途径。国家级羌族文化生态保护实验区的目标,是通过保护工作的开展和保护措施的实施,在生态保护实验区内构建起人与人、人与社会、人与自然和谐共存的关系,从而使具有独特价值的羌族文化保持旺盛的生命力,为建设和谐文化和社会主义和谐社会、促进社会主义文化大发展大繁荣发挥重要作用。"[①]

通过完善保护措施,保护羌族的文化生态,加强羌族非物质文化遗产的保护与传承,与羌族人民的文化适应密切相关,有利于促进羌族内部以及羌族与其他民族和谐相处,对保持文化资源丰富性、文化生态空间完整性、羌族文化多样性等具有重要的促进作用。同时,加强保护和发展羌族文化生态,使羌族文化具有独特的精神价值、思维方式、想象力和文化意识,有利于羌族传统文化代际传承,并保持蓬勃的生命力和创造力,对弘扬中国传统文化,构建中国人民共同的精神家园和中华文化的复兴将起到积极的引领和示范作用。

"随着全球化的发展和现代化的加速,中国的文化和生态环境正在发生着快速的变化,曾经作为中华文明的重要载体、作为中华文明延续发展的历史见证、作为维系民族情感的精神纽带和重要桥梁的文明成果正受到经济大潮与现代生活方式的巨大冲击,这种冲击与改变在民族地区经济社会日渐发展起来的时候展现得尤其突出。如何在现代化的进程中实现传统文化的延续与发展,如何在现代化进程中发挥这些传统文化应有的作用,这是中华民族在复兴进程中所面临的巨大挑战。"[②]通过整体保护和承继羌族现有的文化现状,文明成就等,有利于营造健康、可持续发展的羌族文化生态环境,有助于促进羌族传统文化与当前多元文化的交融,实现自身的文化转型。

二、羌族文化生态保护与重建的问题与挑战

当前,多元文化环境下的羌族文化生态发展面临诸多挑战。归结起来,大致有以下几个方面:

羌族文化传承人严重不足。随着经济的发展,大量的年轻人为提高物质生活水平选择外出打工,而他们正是固有文化的传承主体,当走出传统文化传承的时间、空间和习俗生活后,受到多元文化的影响较之前呈现几何式增长。此外,在过去较长一段

---

① "阿坝州羌族文化生态保护实验区实施方案"编写委员会:《阿坝藏族羌族自治州羌族文化生态保护实验区实施方案》,2010年6月。

② 同上。

第四章 多元文化与羌族文化生态重建

时间里,羌族地区学校教育和社会教育对羌族传统文化教育的忽视和无能为力,也易使他们对民族文化盲目自卑,对民族文化失去信心,不愿或不再下功夫去学习和传承本民族的文化艺术,从而造成民族文化传承上的危机。

羌族文化生态土壤的原生基础弱化。现代社会发展和外来文化的冲击,使得羌族文化生态发展的土壤养分受到改变,原生于此的各种文化形态逐步失去了生存与发展的基础,被动地承载着外来文化的挤压,影响了民族文化的价值判断。

羌族地区经济发展模式发生根本性转变。羌族地区经济模式的转变和对经济利益的过分追求,加速了羌族文化从历史和传统中剥离出来,成为一个简单且纯粹的文化符号。经济模式的裂变直接导致了羌族民族文化传统与现代的割裂,羌族传统文化已不再似过去那样受到羌族群众的热情追捧和青睐。

羌族文化产业仍处于起步阶段。"就文化十大产业来看,羌族地区仅有演艺业、文化娱乐业、文化旅游业等传统产业,而新兴的动漫产业、游戏业、文化会展业、网络文化、艺术创意和设计、文化产品与数字相关服务等新兴产业基本上还未起步。即使在已有的产业中,也发育不全。以演艺业为例,演艺业包括文艺创作、表演及演出场所,文化艺术商务代理服务,以及其他未列明的商务服务三个大类,而整个羌族地区的演艺业中只有文艺创作、表演及演出场所,其余的产业如文化艺术商代理服务等缺乏。其他已有的文化产业也存在同样的状况。"①

短期来看,羌族文化生态的破坏和文化资源的减少似乎不会从根本上影响和冲击羌族群众的日常生活和社会发展。但由于文化传统和习俗的历史延续过程和发展变化通常只能以一种渐进的方式进行,而我国社会经济的发展是首先在生产关系、生产方式、社会体制等主导方面发生变化,且这些变化是以经济改革、体制转换、对外开放等方式进行,多采取急于脱贫致富、追求短期经济效益的发展战略,一旦在地方的社会发展计划和政策中占了主导,其导致的建设性破坏和掠夺式开发,将直接影响羌族文化生态环境系统的再生能力、恢复能力和维持系统平衡的能力,导致羌族文化资源的破坏和文化资源的减少。更有甚者,可能破坏羌族社会内部机制中羌族群众对自身历史的、宗教的、民俗的、道德的、文化的、艺术的规范和认知,消解羌族群众的文化心理建构,造成羌族民间文化传承和发展的危机,伤害羌族群众的感情,损害羌族地区的社会稳定,从而影响羌族地区经济社会的全面发展。

羌族文化生态保护面临的种种问题,将会随着时间的推移越来越突出。任何企求羌族文化生态建设会像经济建设那样,在质和量上产生飞跃的设想都是不切实际的。必须充分把握文化产业发展政策环境、资本市场环境和技术革命环境带来的新机遇,结合羌族文化发展的实际,多措并举,循序渐进,分阶段分批次逐步实现多元文化环

---
① 蒋彬:《羌族地区文化产业现状、问题与对策》,《民族学刊》,2014年第5期。

境下羌族文化生态的保护与重建。

第三节 多元文化环境下羌族文化生态的保护与重建

一、羌族文化生态重构

羌族文化生态的保护与重建是对文化生态学所总结的文化变迁规律的自觉运用，主要是对当前羌族文化生态环境下传统文化的抢救保护与延续发展进行有意识的引导与专门化建设，以拯救、保护和延续羌族传统文化的发展，促进传统与现代的交流与融合，搭建文化的多元化发展模式，建构富有生机与活力的现代文化生态。"必须指出的是，羌族所居住的生态环境在地震中受到很大破坏，次生地质灾害将长期存在，阿坝州面临羌族村寨被迫搬迁、羌村居民重新安置的难题，这使得阿坝州羌族文化区的生态结构在总体上保持延续的同时，在底层具体的文化生态结构上面临着相当繁重的'重构'任务。这种'重构'作为羌族文化生态保护的重要组成部分，所要实现的应是羌族文化精神的自觉，是要建构一整套能够让古老的羌族文化在现代社会中焕发新的生机与活力的文化保护与发展制度。"[①] 羌族文化生态的保护与重建，应重点根据羌族文化的地域特征，"选定传统文化保存的相对完整，在生产和生活方式、观念形态等方面具有代表性，在价值观、民间信仰以及诸多具体文化表现形式方面具有突出特点的人群聚居空间给予特别的关注，使这一特定区域传统的物质及非物质文化遗产能够得到有效的保护和健康的传承"[②]。

二、羌族文化生态保护与重建的具体实践

重建羌族地方优秀文化并不意味着要用异质文化去重构羌族文化。近年来，各级政府高度重视羌族文化生态的保护与重建，社会各界也掀起了羌族传统文化保护与传承的热潮。汶川地震发生后，各级政府制定出台了一系列政策措施，及时为羌族文化在灾后的保护和传承提供了政策保障和智力支撑。主要有文化部《关于公共文化设施灾后重建规划指导意见》[③]《羌族文化生态保护实验区规划纲要》[④]《阿坝州文化遗产灾后恢复重建规划实施方案》[⑤]《阿坝藏族羌族自治州羌族文化生态保护实验区实施

---

① "阿坝州羌族文化生态保护实验区实施方案"编写委员会：《阿坝藏族羌族自治州羌族文化生态保护实验区实施方案》，2010年6月。

② 胡艳丽、曾梦宇：《侗族文化生态保护实验区建设刍论》，《前沿》，2010年第23期。

③ 文化部：《关于公共文化设施灾后重建规划指导意见（文计发〔2008〕20号）》，2008年6月13日。

④ 四川省文化厅：《羌族文化生态保护实验区规划纲要》，2010年12月。

⑤ 阿坝州文化局：《阿坝州文化遗产灾后恢复重建规划实施方案》，2008年6月。

方案》①《北川羌族自治县非物质文化遗产保护条例》②等。

2008年11月，文化部正式设立了"羌族文化生态保护实验区"，将羌族文化生态保护实验区建设纳入《国家汶川地震灾后恢复重建总体规划》。计划建立羌族文化生态保护区域，打破行政区划的界限和地区，整合羌族物质文化资源和非物质文化资源，保持羌族原有的民风习俗、建筑风貌、祭祀礼仪等，着重体现了羌族地区的原生态文化环境和地质结构特点。

"羌族文化生态保护实验区是继闽南、徽州和热贡之后，我国的第四个文化生态保护实验区。其范围包括羌族主要聚居区汶川、茂县、理县、北川羌族自治县，以及毗邻的松潘县、平武县、黑水县，陕西省宁强县、略阳县等部分相关地区。"③其保护对象为，划定范围内的自然环境（如卧龙自然保护区、桃坪羌寨、鹰嘴河寨碉群等）、历史遗迹（如营盘山文化遗址、姜维城古文化遗址等），以非物质文化遗产的活态存在与传承为核心内容，即羌族建筑、羌族语言、羌族服饰、羌族文学、羌族民俗、羌族艺术、羌族传统工艺，以及相关实物、文字、图片、音像资料等。

羌族文化生态的保护与重建是保持文化多样性、文化生态空间完整、文化资源丰富、保存和保护羌族文化的重要途径。在多元文化环境下开展羌族文化生态保护工作、完善保护措施、加强整体保护，构建和谐共处和欣欣向荣的羌族文化生态，有助于羌族文化独特的精神价值、思维方式和文化意识代代相传，从而迸发出强大的生命力和创造力。

第四节　多元文化环境下羌族非物质文化遗产的保护与传承

羌族作为中国最古老的民族之一，在历史的发展进程中创造了丰富的物质文化遗产和非物质文化遗产。在中国文化建设新时期的研究过程中，羌族的非物质文化遗产不仅是进一步探索羌族历史文化的重要基础，也是研究中华民族内其他民族的历史文化，明确中华民族优秀传统文化的历史渊源和发展脉络不可缺少的文化资源。羌族非物质文化遗产中大量有待解决和发挥利用的历史文化信息，是新时期构建和谐社会先进文化的重要组成部分。

---

① "阿坝州羌族文化生态保护实验区实施方案"编写委员会：《阿坝藏族羌族自治州羌族文化生态保护实验区实施方案》，2010年6月。
② 四川省第十一届人民代表大会常务委员会：《北川羌族自治县非物质文化遗产保护条例》，2008年5月21日。
③ 代维：《绵阳市非物质文化遗产保护工作实践与思考》，《重庆科技学院学报》，2012年第14期。

多元文化视域下的文化认同研究——以四川羌族为例

一、非物质文化遗产的基本概念与分类

非物质文化遗产是指:"被各群体、团体、有时为个人视为其文化遗产的各种实践、表演、表现形式、知识和技能及其有关的工具、实物、工艺品和文化场所。"[①]随着环境的变化,与自然关系的变化和历史条件的变化,非物质文化遗产不断实现着自身的创新,丰富和促进了文化的多样性。相对于满足人们物质生活基本需求的物质生产而言,非物质文化遗产概念中的非物质性是指以满足人们的精神生活需求为目的的精神生产这层含义上的非物质性,是指其偏重于以非物质形态存在的精神领域的创造活动及其结晶。非物质文化遗产和物质文化遗产都属于文化遗产范畴。而"文化遗产"指人类的一种共同财产,它产生于生活,在生活中得到使用,在历史的洗礼中留存下来并得以传承。

根据《中华人民共和国非物质文化遗产法》规定:非物质文化遗产包括:传统口头文学以及作为其载体的语言;传统美术、书法、音乐、舞蹈、戏剧、曲艺和杂技;传统技艺、医药和历法;传统礼仪、节庆等民俗;传统体育和游艺;其他非物质文化遗产。[②]就羌族而言,可分为羌族技艺文化遗产、羌族口承文化遗产、羌族民俗文化遗产、羌族体态文化遗产、羌族歌舞文化遗产等。

二、羌族非物质文化遗产

(一)羌族技艺文化遗产

1. 乐器制作技艺

羌族的乐器有羌笛、口弦、羊皮鼓、响板,还有唢呐、锣鼓、钹等,它们的音色各具特色,制作风格和技艺各不相同,材料简单,体积小,可随时携带,体现了羌族人的乐观态度和对美好生活的向往。

2. 挑绣技艺

作为羌族民间传统工艺,挑绣是每个羌族妇女必备的技能,挑绣方法有扎花、十字挑花、盘花、帖花等。挑绣图案和纹样受汉文化影响较重,有花鸟鱼虫、飞禽走兽、瓜果、花卉、吉祥如意、百鸟朝凤等图案,主要用于鞋垫、鞋、裙、腰带、护垫、长裤、枕巾、手帕、香袋等。在以往,羌族妇女没有挑花打样的做法,她们用五色线或棉线,用熟练的技艺和想象力,在蓝色、红色或黑色的棉布上刺绣图案,展现了浓郁的民族风格。

---

① 联合国教科文组织:《保护非物质文化遗产公约》,2003年10月。
② 中华人民共和国第十一届全国人民代表大会常务委员会第十九次会议:《中华人民共和国非物质文化遗产法》,2011年2月25日。

第四章 多元文化与羌族文化生态重建

3. 木匠技艺

从羌族家庭的神龛、床、门窗、木锁等可以看出羌族木匠技艺之高超。羌族的门有"千斤的龙门"之说，最具有民族特色的当属门锁的制作，羌族地区通常使用木质锁而不是铁锁。由于选材考究，木锁通常很硬，不易损坏和腐烂变形，因此被称为"千年木锁"。羌族使用的床的床门、床顶都有镂空雕花，风格繁缛，分别用植物纹或花草纹装饰。几乎每个羌族家庭都设有神龛，刻有波纹和卷草纹等图样，龙凤图案也是主要的图案。

4. 石匠技艺

羌族的"石敢当"是羌族精湛的石匠技艺的典型表现。它主要由青石制成，通常放在大门两侧用来辟邪，不仅凸显了羌族民居的文化内涵，还具有较高的审美价值。羌族的石雕技艺还体现在羌族的墓碑上，墓碑上的文字和花纹是羌族传统的石刻技艺和独特的民族文化的生动再现。

5. 碉楼及其建筑技术

早在两千多年以前，羌族就以其精湛的建筑技术著称于世，羌族碉楼是最具有民族特色的物质遗产，具有保护家园、抵御外敌、储存物品和标识民族符号的功能。《后汉书·南蛮西南夷列传》和《羌戈史诗》等都对羌碉有大量的描述，可见羌族建筑具有悠久的历史和文化背景。

（二）羌族口承文化遗产

1. 羌族语言

羌语属汉藏语系藏缅语族羌语支，可分为南北两大方言区。其中茂县北部的赤不苏区、松潘县的小姓乡、中部的沙坝区、校场区、镇坪乡，以及黑水县和白羊乡的大部分地区是北部方言的主要分布区域；茂县南部、理县、汶川等地区是南部方言主要分布区。如今，羌族地区大多数羌族人使用双语或转用汉语，用羌语交流的人越来越少，羌族语言的代际传承已成为一个严重问题。

2. 羌族民歌

羌族的民间歌曲是对羌族的历史、社会、劳动、风土人情和日常生活的诗意反映，没有统一的形式和风格，存在着地域性的差异。南部地区的民歌为单声部形式，北部地区则以二声部为主，也有单声形式。虽然南北两地风格各具特色，但是民歌所根植的社会生活是共同的，因而民歌的分类也基本相同。按场合与社会功能，羌族民歌可分为"风俗歌""山歌""劳动歌"等。

风俗歌主要有酒歌、情歌、婚礼歌、丧歌，它们与古羌人的生活习惯、生活环境、思想感情、生产生活密切联系，在某种程度上反映了羌族人民的日常生活。

山歌是羌族人民在生活闲暇之间，用来消愁解闷、抒发情感的歌曲。在羌语里，山歌被称为"喔都惹木""纳基纳拉"和"哈依哈啦"，歌唱形式多为二声部的同声合唱或二声部的男女同声对唱，也有独唱。

劳动歌就是劳动时唱的歌，羌语称之为"直布勒惹木"。羌族人民在犁地、除草、打场、砍柴等劳动中都要唱歌。南部区域的劳动歌曲为单声部，歌唱的形式有独唱、对唱、齐唱；北部区域的劳动歌为二声部。

3. 羌族戏曲

羌戏主要有"花灯戏"和"释比戏"两种。

在羌族群众的心中，花灯是诸神的象征，可以驱除鬼魂，因表演者手持彩灯而被称为"花灯"。"花灯戏"原为羌族群众庆贺丰收及春节时围灯边唱边舞的"跳灯"，也是春节期间的"花灯舞"，也就是平地围灯，边歌边舞，洋溢着喜庆的气氛，后逐渐发展出"花灯戏"的情节。

释比戏分上坛戏、中坛戏和下坛戏。上坛戏叙说神事，一般在集体活动时演唱。如《木姐珠与斗安珠》讲述先祖木姐珠从天上下凡与牧羊人斗安珠结婚，建设羌寨的故事。中坛戏反映的是人事，一般是保佑平安吉祥，人畜兴旺，五谷丰登。如《羌戈大战》讲述羌人西迁四川茂县地区，与魔兵戈基人战斗，终于在天神木比塔帮助下，战胜戈基人，始得安居乐业。下坛戏叙说鬼事，主要讲述释比表演如何施展法术，驱逐鬼邪的故事。

4. 羌族神话

羌族神话是远古时代的人民所创造的具有高度幻想的故事，反映了自然、人与自然、社会形态之间的关系。其中具有代表性的神话故事主要有《猴皮帽的来历》《羊角花的来历》《开天辟地》《盘古出世开天地》等。

5. 羌族民间长诗

羌族民间长诗主要由叙事诗组成，它是羌族民间文学的瑰宝。主要代表作有《羌戈大战》《木姐珠与斗安珠》等。另外还有羌族媒人在订婚、结婚仪式唱诵的长诗，以及羌族在丧葬仪式上由释比或德高望重的长者在灵柩前吟诵的唱经，赞颂死者生前勤劳俭朴的高尚品德，都真实朴素地反映了羌族人民群众的生活民俗。

6. 羌族民间传说

羌族民间传说是羌族的口述历史，大多与历史人物、历史事件、当地古迹、自然风俗和社会习俗有关，具有浓厚的历史色彩和文学价值。羌族最著名的传说是大禹传说。羌族人认为大禹是他们的祖先，"羌族地区至今仍流传着很多关于大禹的神话传说，并形成了本民族的大禹神话传说体系，如《大禹王的故事》《石纽投胎》《刳儿坪出世》

等"①。除此之外,还有其他类传说,如人物传说、地方传说、民间传说、风俗传说等。

7. 羌族民间故事

民间故事有丰富多彩的内容,如机智人物故事、幻想故事、动物故事、鬼狐精怪故事、生活故事、寓言故事、笑话故事等。羌族的民间故事是对人们的社会生活、伦理道德、审美观念等多方面的反映。通过羌族民间故事,不仅可以欣赏艺术、感受和传播羌族文化,还有助于了解其错综复杂的社会关系。

(三)羌族民俗文化遗产

1. 生活礼仪

羌族自古就有敬老、好客、冠礼、尚武等良好的传统礼俗,它们体现在羌族生活的各个方面。羌族尤为尊重老人和长者,这种习俗体现在婚丧节日时的宴席、歌舞及日常生活中。此外,羌族有他们特有的出生仪式、婚礼、葬礼仪式等,在历史发展的过程中,羌族的出生仪式和成年仪式逐渐弱化,但婚礼和葬礼却极度膨胀,在羌族人民的生活中占据着极其重要的地位。

2. 节庆习俗

瓦尔俄足节、祭山会、羌历年是羌族较为隆重的节日。每年农历五月初五举行的"瓦尔俄足"即领歌节,是羌族妇女的节日。从五月初三起,羌族妇女就开始穿着节日服装,相约着载歌载舞,尽情享受节日的快乐。

祭山会由全寨的成年男丁参加,禁止女性在场,是羌族祭祀山神、祈求神灵保佑六畜兴旺、五谷丰登、林木茂盛、地方太平的大典。祭祀活动一年举行一次或几次,各地不一。

羌历年,羌语称为"日美吉"。一般在农历十月初一举行,持续三至五天。羌族把过春节叫作"过大年",把羌历年叫作"过小年"。

3. 医药文化

羌族医学具有典型的经验医学的独特风格,主要通过家传和师承的方式完成口传心授,或以药方对换等方法相互学习,而较少以书籍的形式流传后人。由于主要依靠经验的传承和积累,因此并没有统一的标准和固定原则,大多使用单方、秘方进行医治。大多时候所采用的药材取自于当地的野生药材,通常不经过炮制就直接使用。传统的羌族医治方法包括刺扎、出血、连杆、针灸、按摩、刮痧和拔火罐等。

4. 酒文化

羌族人喜饮并善引"咂酒"。咂酒醇香爽口,是各种场合羌民饮用之佳品。婚丧嫁娶或节庆时候,羌民一般都要喝咂酒。"喝咂酒首先是开坛,一般由年老的德高望

---

① 周毓华:《羌族的非物质文化遗产现状研究》,《西藏民族学院学报》(哲学社会科学版),2008年第3期。

重的人主持，说辞方面，根据所遇之事来决定，各有各的说法，不尽相同。开坛之后，从老到小，由男到女依次喝，现在有所改变，就是开坛之后，不分男女，由年龄大的开始喝，然后年龄小的喝。喝时用大指食指中指三指握竹竿，喝完一次立即盛满开水，喝多奖励喝少罚，喝时禁止说话聊天。"时至今日，仍保留着羌族原始酿酒工艺和原生酒文化的"咂酒"已经逐渐走入羌族地区周边的汉族家庭。

（四）羌族体态文化遗产

羌族体态文化遗产是指以羌族个体或群体的身体、行为、动作、体态、姿势作为表现对象和表现形式的文化艺术总称。主要包括：服饰文化，即服饰和装饰；形体文化，即舞蹈、武术、体育等各类竞技；行为文化，即生活生产民俗、人生礼仪民俗、节庆民俗、传统娱乐民俗等。

1. 羌族体式文化

羌族人民服饰朴素，无论男女一般都包头巾，穿土布长衫，外套羊皮或棉布长背心，缠绑腿。羌族男子的头巾、头帕以黑白两种颜色为主；妇女的头巾除黑白两色外还加些丝织品，头巾上绣有色彩艳丽的图案。女式服装刺绣花边，有的还有一排梅花形银饰，有的带绣花腰带，有的穿绣花鞋，喜戴圈子、耳环、簪子、银牌等首饰。

2. 羌族形体文化

羌族的形体文化主要体现在羌族民间舞蹈。羌族的民间舞蹈主要有以下几种：

（1）自娱舞蹈。"沙朗"和"席步蹴"是羌族主要的娱乐休闲舞蹈。"席步蹴"属岷江上游及杂古脑河流域的羌族民间歌舞，是羌族婚丧嫁娶或节庆时的主要庆祝方式，多流传在理县的通化、蒲溪，汶川县龙溪等地。"沙朗"主要是每逢传统的民族节日、重大聚会、欢庆丰收或婚丧嫁娶时跳的集体性舞蹈，主要流传于羌族地区各地，如今已成为羌族地区周边群众休闲健身的主要方式之一。

（2）礼仪歌舞。"巴绒"作为羌族的礼仪歌舞主要流传于茂县曲谷乡的西湖寨、河西寨等地，属羌族在"瓦尔俄足"民间节日场合跳的礼仪性舞蹈。

（3）祭仪舞蹈。"布兹拉"为羌族南部方言，即传统祭祀舞蹈"跳羊皮鼓"，属羌族自然崇拜的祭祀活动中必不可少的重要传统舞蹈形式，又称"莫恩纳莎"。主要分布在汶川、理县，它是羌族自然崇拜的祭祀活动的主要舞蹈形式。

（4）葬仪舞蹈。"克西格拉"羌族北部方言又称"赫苏德"，是羌族丧葬仪式上的主要舞蹈，主要流行于岷江上游茂县及黑水河流域沙坝、赤不苏等部分地区。这种舞蹈是一种男子集体舞，主要用于为民族英雄、战死者和德高望重的老人所举行的丧葬礼仪中。

（5）战仪舞蹈。"卡斯达温"，又称"铠甲舞"，是羌族和藏族的融合性舞蹈，在岷江上游地区流行。据传是古时黑水人打猎或战斗前战士们为了祈求胜利而跳的舞蹈，用来祈求和平和好运。卡斯达温不仅是一种祭祀的表现形式，还兼有狩猎、战争、丧葬和节日庆典的歌舞仪式，是民俗文化融合的产物。

三、羌族非物质文化遗产的基本特征

（一）符号性与象征性

非物质文化遗产的符号性特征与象征性特征相互渗透。羌族的每一个非物质文化都是一个符号，象征着不同的精神意义，包含着深层次的文化内涵。如羌族美丽的服饰与装饰，象征着羌族妇女勤劳能干，心灵手巧。

（二）集体性与综合性

1. 集体性

非物质文化集体性特征主要表现在以下几方面：

（1）创作氛围的集体性。每个创作者都在一种充满族群色彩的氛围中体验到一种群体精神与社会力量的感染。如羌族的沙朗舞蹈，羌族人民聚集在一起，围成圈，手舞足蹈，展现了羌族美丽的舞姿。

（2）创作主体的集体性。指非物质文化遗产由某些群体成员共同创造产生。羌族所有的文化都是世世代代羌族人民共同创造并延续下来的，羌族文化同时也是羌族独特的文化背景的展现、羌族人民智慧的结晶。

（3）创作意识的集体性。指非物质文化遗产在创作意识上体现了集体性，是一种集体无意识的创造结果，在某种程度上也强化了民族精神，塑造了民族品格。

2. 综合性

非物质文化遗产是环境、文化和时代精神的综合产物，与其历史、文化和社会生活息息相关。就其构成因素而言，非物质文化遗产往往是各种表现形式的综合。例如，羌族彩灯戏通过综合表演形式表现故事内容，抛开羌族歌舞、羌族说唱等任何一种表演形式，都会削弱其整体性和艺术魅力。此外，羌族戏曲通过艺术祭祀、神话、民俗等非物质文化形式，依托传说等有形文化形式，表现出其丰富的内容。

3. 地域性与民族性

（1）地域性。羌族主要分布在四川省阿坝藏族羌族自治州的茂县、汶川、理县、松潘、黑水等县以及绵阳市的北川羌族自治县，其余散居于四川省甘孜藏族自治州的丹巴县、绵阳市的平武县以及贵州省铜仁市的江口县和石阡县。此外，陕西省宁强县、略阳县、凤县；甘肃省岩昌县、文县等地都有少量羌族居住。这几个地区的羌族非物质文化遗产在不同地域呈现出不同的特点。

(2) 民族性。民族性的内涵包括地域、人种、语言、习俗、图腾、民族历史变迁等方面所形成的差异性。羌族非物质文化遗产的民族性特征体现了羌族的民族记忆，主要体现在服饰、语言、宗教信仰和民俗方面。

4. 传承性与变异性

（1）传承性。羌族非物质文化遗产的传承和延续经历了极为曲折的过程，羌族文化遭受了巨大的冲击，很多名胜古迹等遭受破坏，但是一些属于非物质文化方面的遗产损失却不大，例如羌族的释比经典、民间故事、民间叙事诗等，还有羌族的其他非物质文化包括羌笛、羌绣、羌族歌舞类以及羌族的民俗等都不同程度地保留了下来。这些非物质文化遗产虽然在传承的过程中内容和形式上产生异化，但是其核心文化却得以沿袭。

（2）变异性。变异性是指非物质文化遗产在传承过程中受到社会环境与生活条件等多方因素的影响，不断产生内容和形式上的变化。羌族服饰为例，受多元文化的影响，目前大部分羌族地区多数羌族人民已经不把羌族服装作为自己的生活服装，着羌族服装的也都为年老的长辈，年纪较轻的大多数都着现代服装，只有在羌族节庆时，才会着羌族服饰以示隆重。

四、多元文化环境下羌族非物质文化遗产保护的主要原则

（一）整体保护原则

羌族非物质文化遗产的产生或创造，是集体观念和集体行为的反映。这种集体观念和行为往往是建立在羌族村落、羌族聚居区、部分羌族聚居区的空间分布基础上的，与原始的生态环境和羌族群体是分不开的，是多种因素的结合。因此，在抢救羌族某一非物质文化遗产时，不仅要重视保护对象本身，而且要注重整个文化生态环境的完整性，共同创造社会群体，共同保护羌族的非物质文化遗产。

（二）以人为本原则

"羌族非物质文化遗产的本质不在于'物'与'非物'的差别，而在于文化的传承。"[①]因此，羌族非物质文化遗产传承人就自然而然地成为羌族非物质文化遗产抢救保护的重点和核心。羌族非物质文化遗产的保护与传承，实质也是对创造、享有这种羌族非物质文化遗产传承人的保护与传承。

（三）协调保护原则

汶川大地震发生后，政府相关职能部门、学者、爱心人士、企业、部分羌族人（传承者）都参与到羌族非物质文化遗产保护中来。全球都在关注汶川地震灾区，都在关

---

① 贾银忠：《中国羌族非物质文化遗产概论》，民族出版社 2010 年版，第 31 页。

注羌区的重建和羌族的文化遗产抢救保护，国内许多学者也在为保护人类共有的文化遗产而努力。由于地位和动机的差异，各保护阶层各自的立场和方法，各具其优势。所以应当对多种力量进行整合、协调，分工协作，才能使羌族的非物质文化遗产保护工作更加有效，才能使其传承更具生命力。

（四）活态保护原则

活态性是羌族非物质文化遗产的重要特征之一，如其社会礼仪、说唱表述、口头传说、表演艺术、传统工艺技能等文化形式都是通过羌族人的社会活动表现出来的。可以说，羌族非物质文化遗产是一种生命形态的存在，是一种活态的文化遗产。对羌族非物质文化遗产的保护，关键是要采取措施，延续和激发其非物质文化遗产的生命力，使其具有随时能展现的鲜活价值。

五、多元文化环境下羌族非物质文化遗产保护与传承研究现状

进入中华文化新时期研究进程以来，学界对羌族非物质文化遗产保护与传承的研究开始朝向深入、细致的方向推进。这些研究大致可以分为两类：

（一）以宏观问题研究为主

主要是系统介绍新时期以来羌族非物质文化遗产面临的困境，就羌族非物质文化遗产在灾后的抢救保护内容、主要原则等相关问题进行探讨。这类论述视角宏大，敏锐捕捉到历史上的羌族在游牧到农耕，再走向现代市场经济的进程中，尤其是在全球化、城市化进程的不断加快的今天，羌族非物质文化遗产的生态环境发生了巨大的变化，面临的问题和困难非常突出，并就此提出了可供参考和借鉴的对策建议。

（二）以具体问题研究为主

以"深描"的方式梳理羌族非物质文化遗产保护与传承的重要性、价值性、问题和困难，量身定制其传承机制、方法措施等。这类研究或以羌族村落、羌族地区为研究对象，或以羌族非物质文化遗产单项为研究个案，又或以羌族非物质文化遗产保护的具体问题为研究内容。然而，羌族非物质文化遗产的保护与传承内容庞杂、任务艰巨。不仅包括对羌族非物质文化遗产现状的普查整理，还包括羌族非物质文化遗产"造血""供血"创新机制体制研究、羌族非物质文化遗产保护与传承规划与政策体系研究，等等，这些内容远非一两篇各有侧重的文章可作系统论述。因此，该领域还有诸多问题亟待深入研究和探讨。

总体而言，羌族非物质文化遗产研究成果非常丰硕。取得的成果主要有：建立了羌族地区本土化的非物质文化遗产理论体系与实践框架，厘清了羌族非物质文化遗产

的内涵、范畴、特征、价值等；确立了保护与传承的原则、模式、措施等。但是，随着中华文化新时期研究进程的推进和全球化、城市化进程的不断加快，羌族的文化生态愈来愈面临巨大的冲击，羌族非物质文化遗产消亡的速度越来越快，羌族非物质文化遗产的保护与传承已经到了刻不容缓的地步，亟待解决。

六、多元文化环境下羌族非物质文化遗产保护与传承的路径

（一）开展全面性普查和建档工作

"充分利用国家实施非物质文化遗产保护工程，国家藏羌彝文化产业走廊、羌族文化生态保护区建设步伐加快，一批羌族非物质文化遗产被列入国家、省市非遗名录，非遗传承人认定和机制建立等历史性机遇，科学运用文字、录音、录像、数字化多媒体等各种方式，对羌族非物质文化遗产进行真实、系统和全面的记录，建立健全档案和数据库"[①]，使国家、省、市、县四级羌族非物质文化遗产名录体系更加完整。羌族非物质文化遗产名录体系的建立，对推动羌族非物质文化遗产的抢救、保护和传承羌族传统文化，增强羌族的文化自觉和文化认同，提高对羌族整体性和连续性的认知及促进多元文化交流与合作等都具有重要作用。

（二）建立科学的管理机构和完善的监督体系

政府有关职能部门应根据世界各国先进的非物质文化遗产保护经验，从中央到地方，建立完善的管理体制，专门负责非物质文化遗产的保护和继承。这些机构一般分为五个部分：中央政府专门机构、地方政府专门机构、各级专家咨询机构、民间社会组织和相关研究机构。使他们能够在保护非物质文化遗产方面发挥作用。此外，还可以建立更加一体化的管理制度，将各种权力下放的力量结合起来，建立自上而下的监督机构，建立科学健全的管理制度。

（三）加强羌族非物质文化遗产保护与传承的人文教育

1. 树立创造未来文化遗产的理念

人类文明由过去、现在和未来三点构成。与其对应，保护、利用和发展基于对非物质文化遗产的深层认识，但目前对非物质文化遗产的保护和利用的探讨主要是技术层面上的"保护"而没有上升到"传承"的高度。2005年，灵山宣言中首次出现了创造未来文化遗产的观点。未来遗产的提出有助于增强当代人的历史感、责任感、使命感、文化感和品牌感，能激励和引导人们站在历史发展的高度对遗产进行保护。作为人类文化遗产的一部分，羌族的非物质文化遗产完全可以沿用这一新的理念引导和促进保

---

① 魏霞：《关于贵州少数民族非物质文化遗产保护与开发利用的思考》，《贵州师范大学学报》（社会科学版），2009年第3期。

护与传承。

2. 提高羌族群众对非物质文化遗产的保护意识

羌族非物质文化遗产是中华民族的文化遗产，也是全人类的共有财产。羌族非物质文化遗产的保护，羌族人自身的积极参与是前提。对羌族传统文化最可怕的颠覆，就是羌族群众对自己文化的忽略、遗忘甚至背弃。因此，要做好文化自省，通过扩大宣传让更多的羌族群众认识到羌族非物质文化遗产的珍贵性、重要性以及濒危性，提高羌族群众对其非物质文化遗产的保护意识，参与抢救保护行动。

3. 增加羌区基层干部教育和考核范畴

据相关调查显示，基层领导干部对非物质文化遗产的基本知识了解甚少，羌区的人们对非物质文化遗产内容的学习和保护意识是不够的，羌族民众对本民族文化传承缺乏自觉性，尤其是新生一代对其漠视甚至排斥是羌族非物质文化遗产深度濒危的一个重要原因。把羌族非物质文化遗产的内容和保护纳入基层（县、相关科级局、乡镇、村四级）教育和考核，可以让基层领导干部们正确认识羌族非物质文化遗产的价值以及在中华民族中的重要影响，从而认识保护羌族非物质文化遗产的重要性，并形成自觉的保护行为。

（四）建立科学的羌族非物质文化遗产传承机制

羌族的非物质文化遗产面临极度濒危的原因，主要是没有建立一套科学、完整的传承机制。现在，羌族传统文化的生存环境发生了巨大改变，同时随着一批羌族老艺人的相继辞世，羌族非物质文化遗产几乎濒临"人去技灭，人亡歌息"的地步。可喜的是，我国政府已经越来越重视文化传承人，各级政府定期对非物质文化传承人给予政策支持、资金补助、荣誉表彰等，以激励工艺的创新、技艺的提高和技能的传承。早在2007年，成都市就出台了《非物质文化遗产领域作品著作权登记资助管理暂行办法》，以鼓励非物质文化遗产领域的作品创作。这一措施不但保护了传承人的利益，而且大大激励传承工作。[①]

羌族是一个向外输血的民族，中华大地上许多民族都流淌着羌族的血液。在中华文化新时期研究的历史进程中，羌族非物质文化遗产的保护与传承还有许多问题亟待回答。譬如如何从羌族非物质文化遗产研究着手，探究羌族族群从古到今在诞生、发展、延续过程中的集体记忆？如何通过羌族非物质文化遗产来弘扬羌族的民族文化自觉与文化自豪感？应该怎样对羌族地区丰富多彩的非物质文化遗产进行科学、合理的保护，而不是盲目地、非科学地甚至是破坏性地保护？等等。这些问题，都将是羌族非物质文化遗产保护工作中迫切需要在理论和实际操作中予以答复。时至今日，羌族非物质

---

① 王嘉：《非遗版权登记资助 成都在全国开先河》，《成都日报》，2007年7月24日。

文化遗产仍蕴含着大量的尚待破解和利用的历史文化信息，这些历史文化信息都是构建新时期和谐社会先进文化的重要组成部分。在今后较长一段时期，社会各界仍须倍加努力，加强学术研究和保护实践，以此丰富作为中华民族文化血脉源泉的羌族非物质文化遗产的文化根脉。

参考文献

一、中文专著

班固著，颜师古注：《汉书》，中华书局1965年版。
常璩：《华阳国志》，商务印书馆1939年版。
陈鼓应译注：《庄子今注今译》，商务印书馆2007年版。
陈梦雷：《古今图书集成》，北京图书馆出版社2001年版。
杜预：《春秋经传集解》，上海古籍出版社1988年版。
戴圣编：《礼记》，中华书局影印1998年版。
房玄龄等撰：《晋书》，中华书局1974年版。
范晔撰，李贤等注：《后汉书》，中华书局1965年版。
孔安国著，孔颖达正义：《尚书正义》，上海古籍出版社2007年版。
黎翔凤：《管子校注》，中华书局2004年版。
李昉：《太平御览》，河北教育出版社1994年版。
李延寿：《北史》，中华书局1974年版。
李学勤：《十三经注疏·礼记正义》，北京大学出版社1999年版。
郦道元著、陈桥驿校证：《水经注校证》，中华书局2007年版。
刘昫：《旧唐书》，中华书局1975年版。
罗泌：《路史》，中华书局据原刻本校刊。
欧阳修、宋祁：《新唐书》，中华书局1975年版。
石磊译注：《商君书》，中华书局2009年版。
司马光编著、胡三省音注：《资治通鉴》，中华书局1956年版。
司马迁：《史记》，中华书局1959年版。
司马迁著，泷川资言编撰：《史记会注考证》，新世界出版社2009年版。
欧阳修、宋祁：《新唐书》，中华书局1975年版。
宋衷注，秦嘉谟等辑：《世本八种》，商务印书馆1957年版。
脱脱等撰：《宋史》，中华书局1977年版。
宋濂、王祎：《元史》，中华书局1976年版。
王国维撰，黄永年点校：《古本竹书纪年辑校·今本竹书纪年疏证》，辽宁教育出版社 1997 年版。

王溥：《唐会要》，中华书局 1955 年版。

韦昭注：《国语》，世界书局 1936 年版。

韦昭汪：《钦定四库全书荟要》（影印版），吉林出版集团有限责任公司 2005 年版。

魏征：《隋书》，中华书局 1973 年版。

吴毓江，孙启治点校：《墨子校注》，中华书局 1993 年版。

萧子显：《南齐书》，中华书局 1974 年版。

许慎：《说文解字》，中华书局 1963 年版。

杨伯峻：《春秋左传注》，中华书局 1984 年版

应劭著，王利器校注：《风俗通义校注》，中华书局 1981 年版。

袁珂校注：《山海经校注》，上海古籍出版社 1980 年版。

张廷玉等撰：《明史》，中华书局 1974 年版。

左丘明：《国语》，上海古籍出版社 1978 年版。

左丘明著，杜预注，孔颖达正义：《春秋左传正义》，北京大学出版社 2000 年版。

《阿坝州文库》编委会：《汶川县志》，四川民族出版社 2013 年版。

阿坝藏族羌族自治州人民政府：《中国四川羌族装饰图案集》，广西民族出版社 1992 年版。

阿坝州文化局：《阿坝藏族自治州文化艺术志》，巴蜀书社 1992 年版。

北川县政协文史资料委员会编：《北川羌族资料选集》，1991 年版。

陈茂荣：《马克思主义视野的"民族认同"问题研究》，中国社会科学出版社 2014 年版。

陈国强主编：《简明文化人类学词典》，浙江人民出版社 1990 年版。

邓宏烈：《羌族宗教文化研究》，巴蜀书社 2013 年版。

段丽波：《中国西南氐羌民族源流史》，人民出版社 2011 年版。

费孝通：《费孝通文集》，群言出版社 1999 年版。

费孝通：《文化与文化自觉》，群言出版社 2010 年版。

费孝通：《中华民族多元一体格局》，中央民族大学出版社 1999 年版。

冯汉骥：《川大史学·冯汉骥卷》，四川大学出版社 2006 年版。

工藤元男：《流传在中华世界周边地区的禹的传说》，载于《羌族社会历史文化研究》，四川人民出版社 2000 年版。

何斯强、蒋彬：《羌族——四川汶川县阿尔村调查》，云南大学出版社 2004 年版。

贾银忠：《中国羌族非物质文化遗产概论》，民族出版社 2010 年版。

江波：《文化支持：农民工子女融入城市文化的研究》，苏州大学出版社 2012 年版。

江宜桦：《自由主义、民族主义与国家认同》，扬智文化事业股份有限公司1998年版。

教育部蒙藏教育司编：《川西调查记》，辽阳书社1982年版。

李绍明、冉光荣、周锡银：《羌族史》，四川人民出版社1985年版。

李绍明、周蜀蓉：《葛维汉民族学考古学论著》，巴蜀书社2004年版。

卢丁、［日］工藤元男主编：《羌族历史文化研究——四川理县桃坪羌族社会历史调查报告》，四川人民出版社2000年版。

陆德明：《经典释文》，中华书局1983年版。

马长寿：《氐与羌》，上海人民出版社1984年版。

宁骚：《民族与国家——民族关系与民族政策的国际比较》，北京大学出版社1995年版。

欧阳哲生主编：《傅斯年全集》，湖南教育出版社2000年版。

冉光荣、［日］工藤元男：《四川岷江上游历史文化研究》，四川大学出版社1996年版。

史慧颖、张庆林、张劲梅：《中国西南少数民族民族认同与行为适应研究》，重庆大学出版社2012年版。

四川省少数民族古籍整理办公室主编：《羌族释比经典》，四川民族出版社2008年。

王明珂：《华夏边缘：历史记忆与族群认同》，社会科学文献出版社2006年版。

王明珂：《羌在汉藏之间：川西羌族的历史人类学研究》，中华书局2008年版。

王明珂：《英雄祖先与弟兄故事：根基历史的文本与情境》，中华书局2009年版。

吴其付、陈静：《旅游与社会文化变迁下的民族文化认同：羌族实例》，《地方文化研究辑刊》（第九辑），四川大学出版社2015版。

徐杰舜：《族群与族群文化》，黑龙江人民出版社2006年版。

徐平：《羌村社会——一个古老民族的文化和变迁》，中国社会科学出版社1993年版。

杨正文、蒋彬等：《阿尔村：援建主导下的灾后重建模式》，华中科技大学出版社2012年版。

张世富：《民族心理学》，山东教育出版社1996年版。

张澍：《姓氏寻源》，岳麓书社1992年版。

郑雪：《社会心理学》，暨南大学出版社2009年版。

周建新：《中越中老跨国民族及其族群关系研究》，民族出版社2002版。

《斯大林选集》，人民出版社1979年版。

《马克思恩格斯全集》，人民出版社1965年版。

二、译著

［德］马克斯·韦伯：《经济与社会》，林容远译，商务印书馆1998年版。

［法］阿尔弗雷德·格罗塞：《身份认同的困境》，王鲲译，社会科学文献出版社2010年版。

［法］吉尔·德拉诺瓦：《民族与民族主义》，郑文彬、洪晖译，生活·读书·新知三联书店2005年版。

［法］孟德斯鸠：《论法的精神》，张雁深译，商务印书馆1998年版。

［法］以赛亚·柏林：《反潮流：观念史论文集》，冯克利译，译林出版社2002版。

［古希腊］荷马：《伊利亚特》，陈中梅译，花城出版社1994年版。

［古希腊］亚里士多德：《政治学》，颜一、秦典华译，中国人民大学出版社2003年版。

［加］威尔·金里卡：《少数的权利：民族主义、多元文化主义和公民》，邓红风译，上海世纪出版集团2005年版。

［加］威尔·金里卡：《多元文化公民权：一种有关少数族群权的自由主义理论》，杨立峰译，上海译文出版社2009年版。

［加］约翰·贝利：《跨文化心理学——理论研究与应用》，剑桥大学出版社2002年版。

［美］爱德华·萨丕尔：《语言论》，陆卓元译，商务印书馆2000年版。

［美］本尼迪克特：《文化模式》，张燕等译，浙江人民出版社1987年版。

［美］C.恩伯、G.恩伯：《文化的变异》，辽宁人民出版社1988年版。

［美］葛维汉：《四川岷江上游历史文化研究》，徐君译，四川大学出版社1996版。

［美］迈克尔·赫茨菲尔德：《什么是人类常识：社会和文化领域中的人类学理论实践》，刘珩、石毅、李昌银译，华夏出版社2005年版。

［美］迈克尔·M.塞尼：《社会整合与人口迁移：社会科学的贡献》，载于《社会科学与公共政策》，社会科学文献出版社2000年版。

［美］曼纽尔·卡斯特：《认同的力量》，曹荣湘译，社会科学文献出版社2006年版。

［美］米尔顿·M.戈登：《美国生活中的同化》，马戎译，译林出版社2015年版。

［美］塞缪尔·亨廷顿：《我们是谁：美国国民特性面临的挑战》，程克雄译，新华出版社2010年版。

［美］托马斯·哈定：《文化与进化》，韩建军、商戈令译，浙江人民出版社1987年版。

［美］约翰·奈斯比特：《大挑战——21世纪的指南针》，朱生坚等译，上海远东出版社1999年版。

［美］约瑟夫·奈：《硬权力与软权力》，门洪华译，北京大学出版社2005年版。

［日］石川荣吉：《现代文化人类学》，周星等译，中国国际广播出版社1988年版。

［古希腊］荷马：《伊利亚特》，陈中梅译，花城出版社1994年版。［英］安东尼·吉登斯：《第三条路：社会民主主义的复兴》，郑戈译，生活·读书·新知三联书店2000年版。

［英］安东尼·吉登斯：《民族——国家与暴力》，胡宗泽等译，生活·读书·新知三联书店1997年版。

［英］安东尼·史密斯：《民族主义：理论、意识形态、历史》，叶江译，上海人民出版社2006年版。

［英］马林诺夫斯基：《文化论》，费孝通译，中国民间文艺出版社1987年版。

［英］泰勒：《原始文化》，蔡江浓编译，浙江人民出版社1988年版。

［英］维克多·特纳：《象征之林：恩登布人仪式散论》，赵玉燕、欧阳敏、徐洪峰译，商务印书馆2006年版。

［英］维克多·特纳《仪式过程：结构与反结构》，黄剑波，柳博赟译，中国人民大学出版社2006年版。

［英］休·希顿－沃森：《民族与国家——对民族起源与民族主义政治的探讨》，吴洪英、黄群译，中央民族大学出版社2009年版。

［英］安东尼·史密斯：《文化、共同体和领土——关于种族与民族主义的政治学》，徐文娟译，《马克思主义与现实》2009年第4期。

三、期刊文章

［英］安东尼·史密斯：《文化、共同体和领土——关于种族与民族主义的政治学》，徐文娟译，《马克思主义与现实》2009年第4期。

陈茂荣：《"民族"概念的困境、原因及建议——兼论马克思主义民族概念》，《云南社会科学》2012年第6期。

陈茂荣：《"民族认同"的源与流及其认同变迁》，《黑龙江民族丛刊》2012年第6期。

陈敏荣、宋利君：《梁启超民族主义思想论析》，《理论月刊》2012第3期。

陈新海：《先秦时期河湟地区的自然环境与经济初探》，《青海民族研究》（社会科学版）1990年第4期。

陈慧，车宏生，朱敏：《跨文化适应影响因素研究述评》，《心理学》2004年第1期。

多元文化视域下的文化认同研究——以四川羌族为例

陈刚：《痛心 40 多位羌族文化传承人遇难》，《成都晚报》2008 年 6 月 27 日。

代维：《绵阳市非物质文化遗产保护工作实践与思考》，《重庆科技学院学报》(社会科学版) 2012 年第 14 期。

邓宏烈、吴音萃：《民族迁徙历史图景与宗教信仰的文化解读——以羌族神话史诗〈羌戈大战〉为例》，《宗教学研究》2017 年第 2 期。

邸永君：《"民族"一词非舶来——正史见于〈南齐书〉》，《中国民族报》2004 年 2 月 20 日。

段丽波、龚卿：《中国西南氐羌民族溯源》，《广西民族大学学报(哲学社会科学版)》2007 年第 4 期。

范丽军：《论文化的民族性教育对实现文化多元化发展的促进作用》，《长春工业大学学报》(社会科学版) 2013 年第 5 期。

冯广兰、孙龙存：《美国多元文化教育思潮探源》，《内蒙古师范大学学报》(教育科学版) 2008 年第 5 期。

费孝通：《"美美与共"和人类文明(上)》，《群言》2005 年第 1 期。

高梧、尧一三：《羌人的神灵信仰与羌寨的社区生活——以休溪寨为例》，《绵阳师范学院学报》，2014 年第 12 期。

耿静：《迁移、社会网络和知识体系建构——四川茂县蓝店坡村震后羌族自发移民的适应性研究》，《西南民族大学学报》(人文社会科学版) 2012 年第 11 期。

顾颉刚：《从古籍中探索我国的西部民族——羌族》，《社会科学战线》1980 年 1 期。

管彦波：《试论唐朝在边疆民族地区推行的羁縻府州制度》，《青海民族研究》2010 年第 2 期。

郭声波：《"河曲十六州"交通与地望考——唐贞观十三年政区考辨之三》，《中国历史地理论丛》1994 年第 2 期。

何叔涛：《民族概念的含义与民族研究》，《民族研究》1984 年第 3 期。

胡兴旺、蔡笑岳、吴睿明、李红、张志杰：《白马藏族初中学生文化适应和智力水平的关系》，《心理学报》2005 年第 4 期。

胡宏、马君豪：《"中国羌族文化产业发展"，四川是关键——专访四川省社会科学院党委书记李后强教授》，《中国西部》2012 年第 31 期。

胡发稳、李丽菊、荀利波：《哈尼族青少年的文化适应及其心理效应》，《广西民族研究》2016 年第 3 期。

胡艳丽、曾梦宇：《侗族文化生态保护实验区建设刍论》，《前沿》2010 年第 23 期。

黄兆群：《熔炉理论与美国的民族同化》，《山东师大学报》(社会科学版)

1990年第2期。

黄淑萍：《文化自觉：少数民族文化传承的内在动力》，《中国民族报》2012年7月6日。

黄兴涛：《清代满人的"中国认同"》，《清史研究》2011年第1期。

蒋彬：《羌族地区文化产业现状、问题与对策》，《民族学刊》2014年第5期。

孔又专：《论羌族宗教化的社会适应性》，《社会主义研究》2011年第4期。

喇明英：《地震后如何保护羌族文化》，《前进论坛》2008年第8期。

喇明英：《羌族文化灾后重构研究》，《西南民族大学学报》（人文社会科学版）2012年第5期。

李祥林：《从民间信仰看川西北尔玛人的生态意识》，《民俗研究》2015年第6期。

李祥林：《羌族释比文化研究三题》，《民间文化论坛》2010年第04期。

李子贤：《一种特殊类型的英雄史诗——试论羌族史诗〈羌戈大战〉》，《民族文学研究》1985年第2期。

李正元：《羌寨信仰的空间阶序、文化理性和实践》，《宗教学研究》2014年第1期。

李仲先、唐自群：《攀枝花尼罗人社会身份的变迁》，《攀枝花学院学报》2007年第4期。

［美］理查德·J.伯恩斯坦：《文化多元主义》，高莉娟，张国敬译，《国外理论动态》2017年第3期。

刘毅：《社会文化的变迁对民族心理的影响》，《社会纵横》1993年第6期。

马建春：《浅析族群关系中的文化认同——以河湟地区族群为例》，《西北民族大学学报》（哲学社会科学版）2005年第4期。

马季方：《文化人类学与涵化研究》，《国外社会科学》1994年第12期。

马戎：《试论"族群"意识》，《西北民族研究》2003年第3期。

马戎：《当前中国民族问题研究的选题与思路》，《中央民族大学学报》（哲学社会科学版）2007年第3期。

麻国庆：《全球化：文化生产与文化认同——族群、地方社会与跨国文化圈》，《北京大学学报》（哲学社会科学版）2000年第4期。

米海平：《简论唐代的鄯州》，《青海民族研究》（社会科学版）2002年第2期。

［美］纳尔逊·格雷本、金露：《中国旅游人类学的兴起》，金露译，《青海民族研究》2011年4月第2期。

阮西湖：《Ethnicity：民族抑或族群？》，《华侨华人历史研究》2008年第2期。

王希恩：《族性与族性认同》，《中国民族报》2002年6月3日。

王文兵：《文化自觉的方法论思考》，《思想战线》2007年第2期。

王东明:《关于"民族"与"族群"概念之争的综述》,《广西民族学院学报》(哲学社会科学版)2005年第2期。

王嘉:《非遗版权登记资助 成都在全国开先河》,《成都日报》2007年7月24日。

王丽娟:《跨文化适应研究现状综述》,《山东社会科学》2011年第4期。

王明珂:《民族考察、民族化与近代羌族社会文化变迁》,《民族论坛》2012年第11期。

王明珂:《羌族文化重建之道》,《21世纪经济报道》2010年5月11日。

王天孜:《多元文化主义与民族主义》,《理论月刊》2008年第3期。

王希恩:《民族认同发生论》,《内蒙古社会科学》1995年第5期。

王付欣:《民族认同:爱国主义理论的新拓展》,《天津市社会主义学院学报》2010年第4期。

王建民:《文化自信与文化自觉关系的省思》,《西北师大学报》(社会科学版)2018年第5期。

王建民:《扶贫开发与少数民族文化——以少数民族主体性讨论为核心》,《民族研究》,2012年第3期。

王彦、唐荣德:《在民族与国家之间——边境民族地区教师的文化认同与教育变革关系之研究》,《广西师范大学学报》(哲学社会科学版)2016年第5期。

王亚鹏,李慧:《少数民族的文化适应及其研究》,《集美大学学报》(教育科学版)2004年第5期。

魏霞:《关于贵州少数民族非物质文化遗产保护与开发利用的思考》,《贵州师范大学学报(社会科学版)》2009年第3期。

吴燕和:《中国少数民族的文化变迁与民族认同》,冷非译,《贵州民族研究》1996年第3期。

吴其付:《民族旅游文献中的文化认同研究》,《广西民族研究》2011年第1期。

肖滨:《两种公民身份与国家认同的双元结构》,《武汉大学学报》(哲学社会科学版)2010年第1期。

徐杰舜:《中华民族关系发展大趋势论》,《学术探索》2011年第10期。

杨杰宏:《释比进城:灾后羌族传统文化变迁新现象》,《中国社会科学报》2014年4月9日。

叶江:《当代西方的两种民族理论》,《中国社会科学》2002年第1期。

袁琳蓉:《百年来羌族民族学研究回顾》,《西南民族大学学报》(人文社会科学版)2017年第1期。

余伟、郑钢:《跨文化心理学中的文化适应研究》,《心理科学进展》2005年第6期。

詹小美、苏泽宇:《文化自觉的认同逻辑》,《贵州社会科学》,2017年第1期。

张世均、徐全利、朱彬:《地域变迁对民族地区非物质文化的影响》,《民族学刊》2011年第3期。

张劲梅、张庆林:《多维文化适应模型与国外族群关系研究》,《广西民族研究》2008年第4期。

张小倩:《印尼西加里曼丹省华人族群文化认同初探——以坤甸和山口洋为例》,《八桂侨刊》2016年第4期。

赵旭东、罗涛:《以文字书写典范与以文化融合多元之间的互动与生成——以羌语发展与羌族认同的社会史为例》,《广西民族大学学报》(哲学社会科学版)2010年第3期。

周毓华:《羌族的非物质文化遗产现状研究》,《西藏民族学院学报》(哲学社会科学版)2008年第3期。

周毓华、赵曦:《羌族文化空间的多重性与发展价值考量》,《西北民族大学学报》(哲学社会科学版)2008年第5期。

祝婕:《论跨文化适应的维度模型》,《大学教育》2014年第10期。

朱伦:《西方的"群体"概念系统——从"族群"概念在中国的应用错位说起》,《中国社会科学》2005年第4期。

宗晓莲:《旅游人类学与旅游的社会文化变迁研究》,《旅游学刊》2013年第11期。

Colleen Ward, "The A, B, Cs of Acculturation", The Handbook of Culture & Psychology, New York: Oxford University Press, 2001, pp.411-445.

Daniel J. Kealey, "A study of Cross-cultural Effectiveness: Theoretical Issues, Practical Applications", International Journal of Intercultural Relations, Vol.13, No.3, May 1989.

Duncan Light, "Dradula, Tourism in Romania: Cultural Identity and the State", Annals of Tourism Research, Vol.34, No.3, July 2007.

Genevieve Barrette, Richard Y. Bourhis, MariePersonnaz, Bernard Personnaz, "Acculturation Orientations of French and North African Undergraduates in Paris", International Journal of Intercultural Relations, Vol.28, No.5, Sep.2004.

Isam E. Babiker, John L. COX, Patrick M. Miller, "The Measurement of Culture Distance and its Relationship to Medical Consultations, Symptomatology, and Examination Performance of Overseas Students at Edinburgh University", Social Psychiatry, Vol.15, No.3, Sep.1980.

John Braun, Intercultural Communication in a Multicultural World, Tokyo: Eichosha Co.Ltd.1998, p.113.

Johann Gottfried Herder, On Social and Political Culture, Cambridge: Cambridge University Press, 2002, p.186.

John W. Berry, Ype P. Poortinga, Marshall H. Segall, et al, Cross-cultural Psychology: Research and Applications, Cambridge (UK): Cambridge University Press, 2002, pp.291-326.

Kalvero Oberg, "Culture Shock: Adjustment to New Cultural Environments", Practical Anthropology, Vol.3, No.7, Jul.1960.

Larry A.Samovar, Richard E.Porter, Communication between Cultures, 北京：外语教学与研究出版社, 2000, pp.249-250.

Mark Mendenhall, Gary Oddou, "The Dimensions of Expatriate Acculturation: a Review", Academy of Management Review, Vol.10, No.1, Jan.-Mar.1985.

Marisol Navas, Maria C.Garcia, et al. "Relative Acculturation Extended Model: New Contribution with Regard to the Study of Acculturation", International Journal of Intercultural Relations, Vol.29, No.1, Jan.2005.

Max Weber, "The Ethnic group", Theories of Society, Glencoe Illinois: The Free Press, 1961, p.306.

Paul Pedersen, The Five Stages of Culture Shock: Critical Incidents around the World, Westport, CT: Greenwood Press, 1995, pp.175-180.

Robert Redfield, Ralph Linton, Melville Jean Herskovits, "Memorandum for the Study of Acculturation", American Anthropologist, Vol.38, No.1, Jan.-Mar.1936.

Rogelio Diaz-Guerrero, "The Development of Coping Style", Human Development, Vol.22, No.5, Sep. 1979

Theodore Dumaine Graves, "Psychological Acculturation in a Tri-Ethnic Community", Journal of Anthropological Research, Vol.23, No.4, Winter, 1967.

Thomas Hylland Eriksen, Ethnicity and Nationalism, London: Pluto Press, 1993, pp.180-182.

William Edward Burghardt Du Bois, The Souls of Black Folk, Chicago: McClurg, 1903, p.3.

William Peter Flannery, Steven P. Reise, Jiajuan Yu, "An Empirical Comparison of Acculturation Models", Personality and Social Psychology Bulletin, Vol.27, No.8, Aug.2001.

四、政策法规

"阿坝州羌族文化生态保护实验区实施方案"编写委员会：《阿坝藏族羌族自治

州羌族文化生态保护实验区实施方案》，2010年8月。

阿坝州文化局：《阿坝州文化遗产灾后恢复重建规划实施方案》，2008年6月。

国务院办公厅：《关于加强我国非物质文化遗产保护工作的意见（国办发〔2015〕18号）》，2005年3月26日。

联合国教科文组织：《保护非物质文化遗产公约》，2003年。

四川省第十一届人民代表大会常务委员会：《北川羌族自治县非物质文化遗产保护条例》，2008年5月21日。

四川省文化厅：《羌族文化生态保护实验区规划纲要》，2010年12月。

四川省文化厅：《四川省地震灾后非物质文化遗产抢救保护与恢复重建规划纲要》，2008年6月。

文化部：《关于公共文化设施灾后重建规划指导意见》（文计发〔2008〕20号），2008年6月13日。

《中共中央国务院关于进一步加强民族工作，加快少数民族和民族地区经济社会发展的决定》，《光明日报》2005年6月1日。

中华人民共和国第十一届全国人民代表大会常务委员会第十九次会议：《中华人民共和国非物质文化遗产法》，2011年2月25日。

中华人民共和国国务院新闻办公室：《中国的民族政策与各民族共同繁荣发展》，人民出版社2009年版。

后记

认同是一个重要且复杂的概念，它强调个人或群体的归属意识，是一个关于群体的身体、心理、情感或社会属性的选择。从本质而言，它以"我或我们是谁"为核心思想，是对自我意识的反思。费孝通把民族认同的发生看作是一种"人己之别"形成的过程，并将斯大林经典民族定义四要素中的"共同心理素质"解释为"同一民族的人感觉到大家是同属于一个人们共同体的自己人的这种心理"，而"所谓民族共同心理素质其实就是民族认同意识"，在此基础上系统提出了"中华民族多元一体格局"理论。

国内外学者对多元文化与民族认同之间的关系做了一些研究，基本形成了共识，即文化认同总是产生在特定的社会历史情境中。由于各种被文化所界定的群体都存在于被地域划定的空间中，因此，不同民族成员交往联系的过程中，需要突破民族的狭隘性和局限性，彼此认可、承认对方的文化或者文化要素，在此基础上形成一系列民族文化的共同之处、共享之点和民族间的亲近感，逐步构成不同民族间的利益共同体。

羌族具有自己独特的风俗与文化，但同时也与汉族、藏族等少数民族有密切的联系，而且这种联系是源于各民族共同的文化渊源关系，而不是靠某种政治因素来维系的，所以羌族与中华民族在文化根部是联结在一起的。这种联结形成了一种巨大的文化凝聚力，使得羌族人在由农耕文化向现代文明的文化适应中，先是完成了产业上的转型，然后逐渐在精神文化上吸收不同文化的养分。凡是能够纳入本民族既有文化体系的，就被迅速吸收；凡是不能直接吸收的，也要经过一番激荡，创造出来的新的文化形式，兼收并蓄，既不全盘照搬异民族，也不局限于传统，而是适应社会和自然变化的全新自有体系。

在全球化的大趋势下，不同文化间的交流日益频繁，跨文化交往的重要性越来越为人们所认识和重视，民族关系、民族认同越来越得到重视和强调。羌族在日益发展变化的社会经济文化中，迅速与以汉文化为主的多元文化交融发展。尤其汶川地震后，许多羌族村寨异地重建，面临全新的文化生态环境，羌族文化遇到新的挑战和机遇。在传统的信念和观念与全新的世界碰撞与融合的过程中，羌族人不得不进行文化适应和选择，逐渐将外来文化吸收纳入既有的文化体系之中，并在此过程中发扬光大羌族自身的文化魅力。

总之，世界在变化和发展，羌族人也逐渐走向这个充满现代文明的新世界，但这并不意味着羌族文化和文明的遗失。历史证明，任何民族文化的适应，都是在传统文化上的选择、吸收和包容。外来文化不可能全部被吸收，传统文化更不可能被彻底地抛弃，二者总会经过取长补短，批判和扬弃，形成新的文化体系，这是一个缓慢而痛苦的新生过程，但却让人期待。

2008年以来，我参与了一系列多元文化研究的学术研讨和田野调查，更强烈地感受到多元文化与民族认同关系的研究正朝向更广阔的领域、更深入的层面拓展，迫切需要理论的指导。基于这个背景，我于2013年申请了教育部人文社科基金项目"多元文化与民族认同关系研究——以四川羌族为例"并获准立项（编号13YJCZH119）。为确保课题顺利进行，我进一步补充完善了课题组成员，并积极酝酿本课题的具体研究和写作。经过长期的资料收集整理、田野调查等准备，在充分吸取国内外已有研究成果的基础上，我和我的研究伙伴于2018年完成了研究报告，并于2019年顺利通过教育部结题验收。在书稿付梓出版前，我们又根据专家学者的意见建议对文本进行了两次集中修改。

在此，对长期给予我们开展研究工作大力支持的领导和同仁们表示衷心的感谢：

感谢西南科技大学刘知贵教授、陈清贵教授、易发成教授、宋绵新教授、张勇教授、郑剑平教授、肖素梅教授、韩新明教授对我长期从事羌族文化田野调查研究给予的大力支持和鼓励、鞭策和督促我克服重重困难，矢志不渝把这项研究坚持至今。

感谢四川文化艺术学院校长龚珍旭教授，中国非物质文化遗产研究院院长耿纪朋教授，秘书长柯小杰教授、潘昱州副教授、焦虎三研究员及仲昭铭、余林玲、薛海燕等同仁。在你们的支持和帮助下，我在中国非物质文化遗产研究院担任客座副研究员期间的研究和教学工作一直进行得很顺利。

感谢四川汇德轩文化艺术有限公司李云川先生、范芸芸女士、高颖先生，你们为羌族文化的传播交流推广做了大量卓有成效的工作，着实让人钦佩。尤其感谢羌族文化艺术家李云川先生为本书亲自精心设计制作封面，艺术性地展现了羌族文化的无穷魅力，让人回味无穷。

感谢当代浙江绍兴书法名家鲁建华先生为本书题写书名，您创作的欧楷书、魏碑书、行书、隶书四种字体，为这部力求严谨的学术性著作平添了许多艺术气息。

感谢我的恩师、四川师范大学博士生导师刘朝谦教授，指引我走上羌族文化研究的道路，您严肃的科学态度、严谨的治学精神、精益求精的工作作风，一直深深地感染和激励着我。

感谢冯骥才老师、张善云教授对我从事羌族文化研究给予的无私帮助和学术指引，您们的谆谆教诲让我受益匪浅，尤其是在百忙中对本书提出了许多意见和建议，并亲自为本书作序以资鼓励，对后生晚辈的关心和呵护之情令人感动。

课题组在实地考察和写作的过程中，得到了阿坝藏族羌族自治州人民政府、汶川县、理县、茂县、松潘县、北川羌族自治县政府各有关部门领导和社会各界的关心、支持和帮助、在此一并表示感谢！

感谢我的研究伙伴、羌族学者赵荣女士，在繁重的教学和研究任务之余，把几乎所有的闲暇时间都投入到这本书中。即便在亲人生病住院和留美访学期间，也没放下书稿的撰写和校对等工作。

全书分工如下：成都川化中学付国凤老师负责羌族历史文献资料整理、西安市鄠邑区东关初级中学刘荣老师、南充市高坪中学韩艳老师负责国外相关文献的翻译和整理。西南科技大学王静、张玉奇、吴佼玲老师，四川文化艺术学院薛海燕、仲昭铭、陈嫒莉、薛林、刘雷老师，自由撰稿人陈紫玉女士，简阳市实验中学付佳怡老师、广元市实验小学校刘佳婧老师、西南科技大学在读研究生王美娅、陈瀚胤、张邦芮、程杰、纪雪霏、王文洁负责资料整理和校对。全书由鲁炜中统稿并定稿。在写作过程中，我们尽可能地参考和借鉴了国内外专家学者的有关论著。对于所引用的材料，均加注或在正文中予以说明。

值此书出版之际，谨对给予本书的写作和出版提供帮助和支持的专家学者和所有同仁表示衷心的感谢，并再次恳请前辈、同行和广大读者批评指正。

鲁炜中
2021 年 5 月